Umschlaggestaltung: Ralf Berszuck, Silvia Kasper
Satz und Layout: Arne Niederhut

Originaltitel: Beasts, Men and Gods
Übersetzung von: Wolf von Derwall
Illustrationen: Bilder der Originalausgabe und Archiv Compart
Druck und Bindearbeiten: Fuldaer Verlagsanstalt
Die deutsche Erstausgabe erschien 1923
bei der Fankfurter Societäts-Druckerei

Copyright dieser Ausgabe © 2001 by Strange Verlag, Erkrath
Copyright des Nachworts © 2001 by Martin Compart
Besuchen Sie unsere Website *http://strange-verlag.de*
Printed in Germany 2001

ISBN 3-89064-810-X

Tiere, Menschen & Götter

von

Dr. Ferdinand Ossendowski

mit einem Nachwort von

Martin Compart

Es gibt Zeiten, Männer und Ereignisse, über die die Geschichte allein ein endgültiges Urteil abgeben kann. Zeitgenossen und individuelle Beobachter dürfen nur schreiben, was sie gesehen und gehört haben. Das verlangt schon die Wahrheit

    Titus Livius

Inhalt   Seite
Einführung   7
Zur Erklärung   8
Teil I. Zwischen Leben und Tod.
1. Kapitel. In die Wälder hinein   11
2. „   Das Geheimnis meines Reisebegleiters   16
3. „   Ein Kampf ums Dasein   21
4. „   Ein Fischer   25
5. „   Ein gefährlicher Nachbar   26
6. „   Ein Fluß in Gärung   29
7. „   Durch Sowjet-Sibirien hindurch   33
8. „   Drei Tage unter Feinden   35
9. „   Im Gebiet der Sajanen   40
10. „   Die Schlacht am Seybi   47
11. „   Die Barriere der roten Parteigänger   54
12. „   Im Lande des ewigen Friedens   58
13. „   Mysterien, Wunder und ein neues Gefecht   65
14. „   Der Teufelsfluß   71
15. „   Der Geistermarsch   76
16. „   Im geheimnisvollen Tibet   80
Teil II. Das Land der Dämonen.
17. Kapitel. Die geheimnisvolle Mongolei   88
18. „   Der geheimnisvolle Lama-Rächer   99
19. „   Die wilden Tschahars   106
20. „   Der Dämon von Jagisstai   109
21. „   Eine Stätte des Todes   118
22. „   Unter Mördern   122
23. „   Auf einem Vulkan   127
24. „   Ein furchtbares Verbrechen   134
25. „   Tage der Unruhe   138
26. „   Eine Bande weißer Hunghutzen   151
27. „   Ein Mysterium in einem kleinen Tempel   154
28. „   Dem Tode nah   159

Teil III. Das Herz Asiens in Zuckungen.
29.	Kapitel.	Auf der Straße der großen Eroberer	166
30.	„	Verhaftet!	178
31.	„	Die „Urga"	180
32.	„	Ein alter Wahrsager	187
33.	„	„Tod in der Gestalt eines weißen Mannes wird hinter Ihnen stehen"	191
34.	„	Der Schrecken des Krieges	195
35.	„	In der Stadt der lebenden Götter, der dreißigtausend Buddhas und sechzigtausend Mönche	200
36.	„	Ein Sohn der Kreuzfahrer und Seeräuber	205
37.	„	Unter Baron Ungerns Offizieren	215
38.	„	Vor dem Antlitz Buddhas	220
39.	„	„Der Mann mit dem Kopf wie ein Sattel"	230

Teil IV. Der Lebende Buddha.
40.	Kapitel.	In dem glückspendenden Garten der tausend Freuden	235
41.	„	Der Staub der Jahrhunderte	242
42.	„	Das Buch der Wunder	246
43.	„	Die Geburt des Lebenden Buddha	250
44.	„	Aus dem Leben des gegenwärtigen Lebenden Buddha	252
45.	„	Die Vision des Lebenden Buddha vom 17. Mai 1921	256

Teil V. Das Mysterium der Mysterien. Der König der Welt
46.	Kapitel.	Das unterirdische Königreich	259
47.	„	Der König der Welt vor dem Antlitz Gottes	265
48.	„	Wirklichkeit oder religiöse Phantasie?	268
49.	„	Die Prophezeiung des Königs der Welt im Jahre 1890	271

Fremdwörter-Verzeichniss	274
Nachwort von Martin Compart	278
Bibliographie	301
Uebersichtskarte	306

Einführung.

Dies amerikanische Buch verdankt seine Entstehung einer Hotelbekanntschaft. Mr. Lewis Stanton Palen, einer der besten Kenner Ostasiens in den Vereinigten Staaten, hörte die an Aufregungen und wichtigen Einblicken reiche Geschichte der Flucht des Verfassers durch Sowjetsibirien, Tibet und die Mongolei und entschied, daß sie ein Buch werden müsse. Der Erfolg, den das Werk in den literarischen Kreisen und darüber hinaus in der gesamten Oeffentlichkeit der angelsächsischen Länder fand, dankt ihm für den Entschluß.

Die Zuckungen des europäischen Geschehens dehnen sich aus bis an die Peripherie unserer Kulturwelt. Der Hirte in der mongolischen Jurte spürt das Beben unseres Erdteiles ebenso wie der Bürger in den Großstädten der Zivilisation. Auch die Nomaden der unerschlossenen mittelasiatischen Hochländer fühlen das Kommen eines neuen Tages. Was geht heute in ihrer Seele vor? Darüber und über anderes berichtet das Buch Dr. Ossendowskis.

Wer das Werk zu lesen beginnt, mag eine politische Tendenz zu erkennen glauben. Das wäre ein Irrtum. Denn der Verfasser will lediglich wahrheitsgemäß schildern, was er erlebt und gesehen hat. In den Urwäldern Sibiriens und am Rande der mongolischen Steppen ist er den Grausamkeiten von *Bolschewiken* ausgesetzt, im Herzen der politisch bis an die Wurzeln ältester Traditionen und religiöser Mysterien durchbebten Mongolei aber hat er es mit der Verkommenheit russischer Offiziere, Bekämpfer der Revolution, zu tun. Das Buch steigert sich aus dem ruhigen Bericht des vorübergehend zum Einsiedler gewordenen Flüchtlings allmählich zu einer immer packender werdenden Erzählung, um schließlich, je tiefer sie in das Seelenleben der gespannt in die Welt hineinhorchenden Mongolen eintaucht, geradezu dramatische Wucht zu erhalten.

Zu uns spricht ein Mann, der unser Vertrauen verdient. Dr. Ossendowski, der in Sibirien im Dienste russischer Regierungen höhere Stellungen innegehabt hat, berichtet mit der Gewissenhaftigkeit des Wissenschaftlers und der Lebendigkeit künstlerischer Einfühlung. Die Länder, die er unter außerordentlichen Umständen durchquerte, waren ihm zum Teil nicht unbekannt. So sind der Schilderung

seiner Erlebnisse und Beobachtungen Voraussetzungen gegeben, die sie über den Rahmen gewöhnlicher Reiseberichte weit hinausheben. Es ist mir, da ich viele Jahre im Fernen Osten verbracht und jene Gegenden selber bereist habe, eine angenehme Pflicht, dieses Buch im deutschen Leserkreise einzuführen.
Frankfurt a. M., im August 1923.
Wolf von Dewatt.

Zur Erklärung.

Einer der führenden Publizisten Amerikas, Dr. Albert Shaw von der Review of Reviews, hat nach Durchsicht des Manuskripts von Teil I dieses Buches den Verfasser als „den Robinson Crusoe des zwanzigsten Jahrhunderts" bezeichnet. Damit berührte er eine Eigenschaft der Erzählung, die zugleich die reizvollste, aber auch die gefährlichste ist; denn die Aufeinanderfolge von ergreifenden und aufregenden Erlebnissen, die in dem Buche erzählt werden, scheint stellenweise zu stark gefärbt zu sein, um wirklich oder selbst in dieser Zeit und dieser Generation möglich sein zu können. Ich möchte deshalb dem Leser von vornherein die Versicherung geben, daß Dr. Ossendowski ein Mann von langjähriger und verschiedenartiger Erfahrung als Gelehrter und Schriftsteller ist, daß er über die Ausbildung eines sorgfältigen Beobachters verfügt. Dies sollte der Erzählung den Stempel der Genauigkeit und Zuverlässigkeit geben. Nur die außerordentlichen Ereignisse unserer außerordentlichen Zeit konnten einen Mann mit so vielen Talenten in die Lebensverhältnisse eines „Höhlenmenschen" zurückwerfen und uns so diese ungewöhnliche Aufzeichnung persönlicher Abenteuer, großer menschlicher Mysterien und politischer und religiöser Motive geben, die das „Herz Asiens" zur Zeit in Bewegung setzen.

Mein Arbeitsanteil hat darin bestanden, Dr. Ossendowski zu veranlassen, seine Geschichte niederzuschreiben und ihm bei der Niederlegung seiner Erzählung in der englischen Sprache behilflich zu sein.
Lewis Stanton Palen.

Teil I.

Zwischen Leben und Tod.

1. Kapitel.
In die Wälder hinein.

Der Zufall wollte es, daß mein Wohnsitz zu Beginn des Jahres 1920 in der sibirischen Stadt Krasnojarsk war, die an den Ufern des Jenissei liegt, jenes herrlichen Stromes, der seine Wiege in den sonnenbeschienenen Bergen der Mongolei hat, um sein erwärmendes Leben in das Eismeer zu ergießen, an dessen Mündung Nansen zweimal gelandet ist, um den kürzesten Handelsweg von Europa nach dem Herzen Asiens zu finden. Dort wurde ich in der Tiefe eines sibirischen Winters plötzlich von dem Wirbelsturm der tollen Revolution ergriffen, die in ganz Rußland wütete und in diesem friedlichen und reichen Lande Abgründe des Hasses und des Rachedurstes aufriß und furchtbares Blutvergießen und zahllose ungeahndete Verbrechen entstehen ließ. Niemand konnte damals sagen, was ihm bevorstand. Man lebte von einem Tag auf den anderen. Wenn man sein Heim verließ, wußte man nicht, ob man dorthin zurückkehren oder von der Straße hinweggerissen und in die Kerker jenes Zerrbildes von Gerichten, der Revolutionskomitees, geworfen würde, die fürchterlicher und blutiger waren, als die Gerichtshöfe der mittelalterlichen Inquisition. Auch wir, die wir in diesem zerrissenen Lande Fremde waren, waren von diesen Verfolgungen nicht ausgenommen. Eines Morgens, als ich ausgegangen war, um einen Bekannten zu besuchen, erhielt ich plötzlich die Nachricht, daß zwanzig rote Soldaten mein Haus umzingelt hatten, um mich zu verhaften. Ich mußte fliehen. Ich legte schleunigst ein altes Jagdgewand meines Bekannten an, versah mich mit Geld und eilte zu Fuß durch die Seitenstraßen der Stadt, bis ich auf die offene Landstraße kam. Dort mietete ich einen Bauern, der mich in vier Stunden zwanzig Meilen von der Stadt hinwegfuhr, um mich inmitten eines dichtbewaldeten Gebietes abzusetzen. Unterwegs kaufte ich ein Gewehr, dreihundert Patronen, eine Axt, ein Messer, einen Schafspelz, Tee, Salz, getrocknetes Brot und einen Kessel.

Ich drang in das Innere des Waldes ein und gelangte an eine halb niedergebrannte Hütte.

Von nun ab wurde ich zu einem richtigen Trapper, aber ich ließ mir nicht träumen, wie lange ich diese Rolle zu spielen haben würde. Am nächsten Tage ging ich auf die Jagd und hatte das Glück, zwei

Birkhähne zu schießen. Ich fand eine große Zahl von Rotwildspuren. Das gab mir die Gewißheit, daß ich hier nicht an Nahrungsmittelmangel zu leiden haben würde. Indessen sollte mein Aufenthalt an dieser Stelle nicht von langer Dauer sein. Nach fünf Tagen bemerkte ich, als ich von der Jagd zurückkehrte, daß Rauch aus dem Schornstein meiner Hütte aufstieg. Ich schlich mich langsam an das Haus heran und sah dort zwei gesattelte Pferde, an deren Sätteln Soldatenflinten befestigt waren. Die ungebetenen Besucher hatten also ihre Waffen draußen gelassen. Zwei nicht bewaffnete Männer aber waren für mich, der ich die Waffe mit mir trug, nicht gefährlich. So lief ich schnell über den freien Raum und trat in die Hütte ein. Von der in ihr befindlichen Bank sprangen zwei Soldaten erschreckt in die Höhe. Sie waren Bolschewiki. Auf ihren großen Astrachankappen sah ich die roten Sterne des Bolschewismus und auf ihren Blusen die schmutzig-roten bolschewistischen Bänder.

Wir begrüßten uns und setzten uns hin. Die Soldaten hatten sich Tee gekocht. So tranken wir dieses immer willkommene Getränk zusammen und plauderten, indem wir uns die ganze Zeit über argwöhnisch beobachteten. Um den Argwohn auf ihrer Seite zu entwaffnen, erzählte ich, ich sei ein Jäger von einem fern gelegenen Orte und wohne jetzt hier, weil ich gefunden hätte, daß diese Gegend ein an Zobeltieren reiches Land sei. Sie stellten sich ihrerseits als Soldaten eines Detachements vor, das von der Stadt in die Wälder geschickt worden war, um verdächtiges Volk zu jagen.

„Verstehst Du, Kamerad," sagte der eine zu mir, „wir sind auf der Jagd nach Gegenrevolutionären, um sie zu erschießen."

Das wußte ich auch so. Alle meine Bemühungen gingen dahin, sie durch mein Verhalten glauben zu machen, ich sei ein einfacher bäuerlicher Jäger und habe mit Gegenrevolutionären nichts zu tun. Gleichzeitig überlegte ich in einem fort, wohin ich mich nach dem Fortgehen meiner unwillkommenen Gäste begeben könnte.

Es wurde dunkel. In der Dunkelheit erschienen ihre Gesichter noch weniger anziehend. Sie zogen Wotkaflaschen heraus und tranken. Der Alkohol begann in sehr erkennbarer Weise seine Wirkung zu haben. Sie schwatzten unter ständigen Unterbrechungen laut, indem sie sich damit brüsteten, wie viele Mitglieder der Bourgeoisie sie schon in Krasnojarsk getötet und wie viele Kosaken sie unter das Flußeis geworfen hätten. Dann begannen sie zu streiten; doch bald wurden sie müde und schickten sich an, sich zum Schlaf niederzulegen.

Da ging ganz plötzlich die Tür der Hütte weit auf. Der Dampf des geheizten Raumes schlug in einer großen Wolke in die Kälte hinaus. Aus dieser Wolke stieg, als der Dampf sich ein wenig niederschlug, wie ein Geist die Gestalt eines großen hageren Bauern heraus, der eine hohe Astrachankappe auf dem Kopfe trug und in einen großen Schafspelz gehüllt war, was dazu beitrug, den massiven Eindruck der Gestalt zu verstärken. Er stand mit seinem Gewehr schußbereit. Unter seinem Gürtel befand sich die scharfe Axt, ohne die der sibirische Bauer nicht leben kann. Augen, schnell und funkelnd wie die Augen eines wilden Tieres, hefteten sich abwechselnd auf einen jeden von uns. Nach einem Augenblick nahm er seine Kappe ab, bekreuzigte sich und fragte: „Wer ist hier der Herr?"

Ich gab ihm Bescheid. „Darf ich hier die Nacht verbringen?" „Jawohl," antwortete ich. „Es ist genug Raum für alle. Nehmen Sie eine Tasse Tee zu sich. Der Tee ist noch heiß."

Der Fremde legte seinen Pelz ab und stellte sein Gewehr in die Ecke. Dabei hielt er seine Augen beständig auf uns und alles, was sich im Raum befand, gerichtet. Er trug eine alte Lederbluse mit Hosen aus demselben Material, die in hohe Filzstiefel gesteckt waren. Sein Gesicht war jung, fein und von leisem Spott übergossen. Seine weißen scharfen Zähne blitzten. Sein Blick war durchdringend. Ich stellte graue Locken auf seinem zottigen Haupte fest. Züge der Verbitterung liefen um seinen Mund. Sie zeigten, daß sein Leben sehr stürmisch und reich an Gefahren gewesen sein mußte.

Der Mann nahm neben seinem Gewehr Platz und legte sein Beil neben sich auf den Boden.

„Warum? Ist das Deine Frau?" fragte einer der betrunkenen Soldaten, indem er auf die Axt wies.

Der große Bauer sah ihn aus klaren Augen ruhig an und antwortete ebenso ruhig: „Man stößt auf allerlei Volk heutzutage. Da ist's mit einer Axt viel sicherer."

Er begann gierig Tee zu trinken, während seine Augen des öfteren wie in scharfer Fragestellung auf mich blickten und dann durch den ganzen Raum liefen, als ob sie nach einer Antwort auf seine Zweifel suchten. Sehr langsam und mit bedächtiger Dehnung antwortete er auf alle Fragen, die die Soldaten zwischen Teerülpsern an ihn richteten. Schließlich drehte er sein Glas um, um zu zeigen, daß er mit Trinken fertig war, legte das übrig gebliebene kleine Stück Zucker auf das Glas und bemerkte zu den Soldaten: „Ich geh hinaus, um nach meinem Pferd zu sehen, und werde auch Eure Pferde absatteln."

„Sehr schön!" rief der in halbem Schlaf befindliche jüngere Soldat aus. „Bring auch unsere Gewehre herein."

Die Soldaten lagen auf den Bänken und ließen für uns nur den Boden übrig. Der Fremde kam bald zurück, brachte die Gewehre und stellte sie in die dunkle Ecke. Er ließ die Sattelunterlagen auf den Boden fallen, setzte sich auf sie und zog seine Stiefel aus.

Die Soldaten und mein Gast schnarchten bald. Doch ich schlief nicht, denn ich hatte zu überdenken, was nun für mich zu tun war. Als schließlich die Morgendämmerung kam, döste ich ein wenig ein, um beim vollen Tageslicht zu erwachen und den Fremden nicht im Raum zu finden.

Ich ging aus der Hütte hinaus und fand ihn mit dem Satteln eines schönen Fuchshengstes beschäftigt.

„Gehen Sie fort?", fragte ich ihn,

„Ja. Aber ich möchte mit diesen — Kameraden zusammen gehen," flüsterte er. „Nachher werde ich zurück-kommen."

Ich richtete keine weitere Frage an ihn, sondern sagte ihm nur, daß ich auf ihn warten würde.

Er nahm die Ledertaschen ab, die an seinem Sattel gehangen hatten, und legte sie in die verbrannte Ecke der Hütte, so daß sie außer Sicht waren, prüfte die Bügel und den Zügel nach und lächelte mir, nachdem er mit dem Satteln fertig war, zu, indem er sagte: „Jetzt bin ich fertig und werde nun meine Kameraden wecken."

Eine halbe Stunde nach dem Morgentee verabschiedeten sich meine drei Gäste. Ich blieb außerhalb der Hütte und beschäftigte mich mit dem Spalten von Holz für meinen Ofen. Plötzlich ertönten aus einer gewissen Entfernung Gewehrschüsse durch den Wald, erst einer, dann ein zweiter. Danach war alles still.

Von dem Ort, in dessen Nähe die Schüsse gefallen waren, stieg ein Flug aufgescheuchter Haselhähne auf und kam zu mir herübergeflogen. Von der Spitze einer hohen Fichte ertönte der Schrei eines Eichelhähers. Ich lauschte eine lange Zeit in den Wald hinein, um festzustellen, ob sich jemand meiner Hütte näherte, doch alles war still.

Am Unterlauf des Jenissei wird es sehr früh dunkel. Ich setzte in meinem Ofen ein Feuer auf und kochte meine Suppe, indem ich dauernd auf jedes Geräusch achtete, das von außerhalb zu mir hereindrang. Denn es war mir die ganze Zeit über klar, daß der Tod an meiner Seite stand und mich durch den Eingriff von Menschen, wilden Tieren, Kälte, Unfall oder Krankheit jederzeit anfordern konnte. Ich wußte, daß sich niemand in meiner Nähe befand, der mir hätte helfen können, und daß meine einzige Hilfe in den Händen Gottes, in der Kraft meiner Hände und Füße, in der Genauigkeit meines Zielens und in meiner Geistesgegenwart lag.

Mein Lauschen nutzte indessen nichts. Ich bemerkte gar nicht, wie der Fremde zurückkehrte. Wie gestern erschien er ganz plötzlich auf der Türschwelle. Durch den Dampf hindurch sah ich seine lachenden Augen und sein feines Gesicht. Er schritt in die Hütte hinein und ließ mit lautem Poltern drei Gewehre in die Ecke fallen.

„Zwei Pferde, zwei Gewehre, zwei Sättel, zwei Schachteln mit getrocknetem Brot, ein halber Ziegel Tee, ein kleiner Salzsack, fünfzig Patronen, zwei Mäntel, zwei Paar Stiefel." So zählte er lachend auf. „Wahrlich, ich hatte heute eine recht erfolgreiche Jagd."

Erstaunt blickte ich ihn an.

„Warum sind Sie erstaunt?" lachte er. „Komu Nujny eti tovarischi? Was kann man mit diesen Kerlen anfangen? Trinken wir Tee und legen wir uns schlafen. Morgen werde ich Sie an einen anderen, sichereren Platz bringen und dann fortfahren."

2. Kapitel.
Das Geheimnis meines Reisebegleiters.

Beim dämmernden Morgen wachten wir auf, um alsbald diesen meinen ersten Zufluchtsort hinter uns liegen zu lassen. In die Satteltaschen wurde unser persönlicher Besitz gepackt und dann auf einem der Sättel befestigt. „Wir müssen vier- bis fünfhundert Werst reisen.", kündigte mein Reisebegleiter ganz gemütlich an.

Er hieß Iwan, ein Name, der für mich in Rußland, wo jeder zweite Mann diesen Namen trägt, nichts bedeutete, „Also werden wir eine sehr lange Zeit zu reisen haben", bemerkte ich im Tone des Bedauerns.

„Nicht mehr als eine Woche, vielleicht sogar weniger", antwortete er.

Die erste Nacht verbrachten wir im Walde unter freiem Himmel. Wie viele derartige Nächte waren mir noch in den anderthalb Jahren meiner Wanderungen bestimmt! Am Tage hatte scharfe Kälte geherrscht. Unter den Hufen der Pferde knirschte der gefrorene Schnee. Die Ballen, die von den Hufen losbrachen, rollten über die gefrorene Kruste mit dem Geräusch von brechendem Glas. Birkhähne flogen in fauler Trägheit von den Bäumen, Hasen sprangen gemächlich das Sommerbett von Strömen hinunter. In der Nacht begann der Wind zu seufzen und zu pfeifen, indem er die Spitzen der Bäume über unseren Häuptern zusammenbog. Doch unter den Bäumen herrschte Windstille und Ruhe.

Wir rasteten in einer tiefen Schlucht, die von wuchtigen Bäumen eingerahmt war. Dort fanden wir gestürzte Tannen, die wir in Klötze für das Feuer spalteten. Nachdem wir Tee gekocht hatten, nahmen wir die Mahlzeit ein.

Iwan schleppte zwei Baumstämme herbei, kantete sie an einer Seite mit seiner Axt ab und legte sie mit den abgekanteten Seiten aufeinander. Dann trieb er einen großen Keil an den Enden ein, der sie drei oder vier Zoll voneinander trennte. Darauf legten wir Holzkohle in diese Öffnung und beobachteten, wie das Feuer schnell die ganze Länge der abgekanteten Seiten uns gegenüber entlang lief.

„So werden wir noch am Morgen ein Feuer haben," kündigte er an. „Das ist die Naida der Goldsucher Wir Goldsucher, die wir Sommer und Winter in den Wäldern wandern, schlafen immer neben einer Naida. Feine Sache. Das werden Sie selber sehen," fuhr er fort.

Er schnitt Tannenzweige ab und stellte aus ihnen ein abfallendes Dach her, das er auf zwei Pfosten, der Naida entgegen, ruhen ließ. Über unserem Astdach und unserer Naida breiteten sich die Zweige der schützenden Tannen. Weitere Zweige wurden von ihm herbeigebracht und auf den Schnee unter dem Dach hingelegt. Diese bedeckten wir mit den Satteldecken. So entstand ein Lager, auf dem Iwan sich niederlassen und seine Außenkleider bis zur Bluse ablegen konnte. Bald entdeckte ich, daß seine Stirn Schweißtropfen zeigte und daß er sie und seinen Nacken mit den Ärmeln rieb.

„Jetzt ist es nett warm," rief er aus.

Nach kurzer Zeit war ich gleichfalls gezwungen, meinen Mantel auszuziehen. Ich legte mich bald zum Schlafen hin ohne irgendwelche Bedeckung. Während durch die Zweige der Tannen und unseres Daches die kalten, klaren Sterne schimmerten und jenseits der Naida eine schmerzende Kälte herrschte, waren wir hier gemütlich geschützt. Nach dieser Nacht fürchtete ich die Kälte nicht mehr. Am Tage im Sattel gründlich durchgefroren, ließ ich mich in der Nacht tüchtig von der freundlichen Naida erwärmen, ruhte ohne meinen schweren Ueberzieher, indem ich lediglich mit meiner Bluse bekleidet unter dem Dach von Fichten und Tannen saß und den immer willkommenen Tee schlürfte.

Auf unseren Tageswanderungen erzählte mir Iwan die Wandererlebnisse, die er in den Bergen und Wäldern von Transbaikalien auf der Suche nach Gold gehabt hatte. Diese Erzählungen waren eine lebendige Reihe von spannenden Abenteuern, Gefahren und Kämpfen. Iwan war der Typus der Goldsucher, die in Rußland und vielleicht auch in anderen Ländern die reichsten Goldminen entdecken und dabei selber Bettler bleiben. Er vermied mir zu erzählen, warum er Transbaikalien verlassen hatte und nach dem Jenissei gekommen war. Ich entnahm aus seinem Verhalten, daß er diese Sache für sich behalten wollte, und drängte ihn nicht. Indessen wurde dieser Teil seines geheimnisvollen Lebens eines Tages ganz zufällig ein wenig gelüftet.

Wir befanden uns nahe am Ziel unserer Reise. Den ganzen Tag über waren wir nur mit Schwierigkeit durch ein Weidendickicht vorwärtsgekommen, indem wir uns dem Ufer des großen rechten Nebenflusses des Jenissei, der Mana, näherten. Überall sahen wir hartgetretene Spuren von Hasen, die in dem Gestrüpp lebten. Diese kleinen weißen Waldbewohner liefen kreuz und quer vor uns her. Ein andermal sahen wir den roten Schwanz eines Fuchses, der sich hinter einem Felsen versteckte und uns und die arglosen Hasen zu gleicher Zeit beobachtete.

Iwan war eine lange Weile schweigend gewesen. Dann begann er zu reden. Er erzählte mir, daß nicht weit von hier ein kleiner Arm der Mana liege, an dessen Mündung sich eine Hütte befände.

„Was sagen Sie? Wollen wir nicht dorthin vordringen oder sollen wir wieder die Nacht an der Naida verbringen?"

Ich schlug vor, bis zu der Hütte zu gehen, da ich mich zu waschen wünschte und da es mir angenehm schien, wieder einmal eine Nacht unter einem wirklichen Dache zu verbringen. Iwan zog seine Augenbrauen zusammen, gab aber nach.

Es wurde bereits dunkel, als wir uns einer Hütte näherten, die von einem dichten Wald und Himbeergestrüpp umgeben war. Sie umfaßte einen kleinen Raum mit zwei winzigen Fenstern und einem riesigen russischen Ofen. An das Gebäude angelehnt befanden sich die Ueberbleibsel eines Schuppens mit Keller.

Iwan trank aus der von den Soldaten geerbten Flasche und wurde nach kurzer Zeit recht gesprächig. Seine Augen glänzten und seine Hände fuhren häufig und schnell durch seine langen Locken. Er erzählte mir die Geschichte eines seiner Abenteuer, hielt aber plötzlich inne mit dem Ausdruck der Furcht in den Augen, die in eine dunkle Ecke schielten.

„Ist dort eine Ratte?" fragte ich.

Er wurde von neuem schweigsam und dachte mit zusammengezogenen Brauen nach. Da wir häufig lange Stunden hindurch zu schweigen pflegten, erstaunte mich dieses Benehmen nicht. Auf einmal lehnte sich Iwan zu mir hinüber und flüsterte: „Ich möchte Ihnen eine alte Geschichte erzählen. Ich hatte einen Freund in Transbaikalien. Er war ein Sträfling. Sein Name war Gavronsky. Durch viele Wälder und über viele Berge sind wir zusammen auf der Suche nach Gold gewandert. Wir hatten ein Uebereinkommen, daß wir alles zu gleichen Teilen teilen würden. Doch plötzlich ging Gavronsky nach der Taiga am Jenissei fort und verschwand. Nach fünf Jahren hörten wir, daß er eine sehr ergiebige Goldmine gefunden hatte und ein reicher Mann geworden war. Dann sind er und mit ihm seine Frau später ermordet worden ..." Iwan schwieg einen Augenblick lang.

Dann fuhr er fort: „Dies ist ihre alte Hütte. Hier lebte er mit seiner Frau, und irgendwo am Fluß fand er das Gold. Aber er sagte niemandem wo. Alle in der Umgebung lebenden Bauern wissen, daß er eine Menge Geld auf der Bank und daß er Gold an die Regierung verkauft hatte. Hier wurden sie ermordet, ..."

Iwan schritt zu dem Ofen, nahm ein brennendes Stück Holz heraus und beleuchtete eine Stelle des Bodens, indem er sich nach vorn bog.

„Sehen Sie diese Flecken auf dem Boden und an der Wand? Es ist ihr Blut, das Blut von Gavronsky. Sie starben, doch sie verrieten das Goldlager nicht. Das Gold war aus einem tiefen Loch genommen worden, das sie in das Flußufer getrieben hatten, und in dem Keller unter dem Schuppen versteckt worden. Doch Gavronsky gab nichts her ... Und großer Gott, *wie habe ich ihn gefoltert!* Ich habe sie mit Feuer gebrannt, ich habe ihre Finger umgebogen, ich habe ihre Augen mit den Fingern herausgedrückt. Doch Gavronsky starb schweigend."

Er dachte einen Augenblick lang nach. Dann sagte er schnell zu mir: „Alles dies habe ich von den Bauern gehört." Iwan warf das Holzstück wieder in den Ofen und sank auf die Bank nieder. „Es ist Schlafenszeit," stieß er hervor und wurde still.

Ich lauschte eine lange Zeit dem Geräusch seines Atmens und eines Geflüsters, das er mit sich selber führte, während er sich von einer Seite auf die andere wendete und seine Pfeife rauchte.

Am Morgen verließen wir diese Stätte so schlimmen Leidens und Verbrechens.

Am siebenten Tage unserer Reise kamen wir in einem dichten Zedernwalde an, der an den Vorbergen einer langen Bergkette gelegen ist.

„Von hier," so erklärte mir Iwan, „sind es achtzig Werst bis zur nächsten Bauernniederlassung. Das Volk kommt nach diesen Wäldern, um Zedernzapfen zu sammeln. Doch geschieht das nur im Herbst. Vor dieser Zeit werden Sie also niemanden treffen. Sie werden hier auch viele Vögel und Tiere und einen reichen Vorrat von Nüssen finden, so daß Sie hier leben können. Sehen Sie diesen Fluß. Wenn Sie zu den Bauern gelangen wollen, dann müssen Sie dem Strome folgen, er wird Sie zu ihnen bringen."

Iwan half mir, eine Lehmhütte zu bauen. Doch war es nicht eine richtige Lehmhütte, sondern eine Hütte, die entstand, indem wir zunächst das Wurzelwerk einer großen, wahrscheinlich in irgendeinem wilden Sturm gestürzten Zeder herauszogen. So entstand ein tiefer Raum, der das Zimmer meines Hauses bildete und auf einer Seite durch eine Lehmmauer geschützt wurde, die die umgedrehten Wurzeln hielten. Ueberhängende Wurzeln bildeten zugleich ein Gerüst, in das wir Stöcke und Zweige schoben. So wurde ein Dach hergestellt, das schließlich, um es festzuhalten, mit Steinen und zur Abwehr gegen die Kälte mit Schnee bedeckt wurde. Die Frontseite der Hütte blieb offen, war jedoch ständig durch die Naida geschützt.

In dieser schneebedeckten Hütte verbrachte ich zwei Monate, als wenn Sommer wäre. Ohne irgendein anderes menschliches Geschöpf zu sehen und ohne mit der übrigen von wichtigen Ereignissen erschütterten Welt in Berührung zu sein, lebte ich hier in diesem Grab unter den Wurzeln des gestürzten Baumes, im Angesicht der Natur mit meinen schweren Sorgen über das Schicksal meiner Familie als meinen beständigen Begleitern.

Iwan verließ mich am nächsten Tage. Er ließ mir einen Sack mit getrocknetem Brot und ein wenig Zucker zurück. Ich habe ihn niemals wiedergesehen.

3. Kapitel.
Ein Kampf ums Dasein.

Dann war ich allein. Um mich nur der Wald von ewig grünen, mit Schnee bedeckten *Zedern,* die nackten Büsche und der zugefrorene Fluß. So weit ich durch die Zweige und Stämme der Bäume blicken konnte, nichts als der große Ozean von *Zedern* und Schnee. Sibirische Taiga! Wie lange werde ich gezwungen sein, hier zu leben? Werden mich die Bolschewiki hier finden? Werden meine Freunde erfahren, wo ich bin? Was geschieht mit meiner Familie? Diese Fragen brannten beständig in meinem Gehirn.

Bald wurde mir klar, warum Iwan mich so weit weggeführt hatte. Wir hatten auf unserer Reise manche einsamen Stellen berührt, wo Iwan mich hätte in Sicherheit zurücklassen können. Aber er hatte immer gesagt, daß er mich an eine Stelle bringen würde, wo es leichter wäre zu leben. Und das war richtig. Das Zedergehölz und die mit Zedernwäldern bedeckten Berge gaben meinem einsamen Schlupfwinkel einen besonderen Reiz. Die Zeder ist ein wundervoller, mächtiger Baum mit sich weit verzweigenden Ästen, ein immergrünes Zelt, das unter seinen Schutz jede Art Lebewesen zieht. Zwischen den Zedern herrschte immer munteres Leben. Dort lärmten fortwährend die von Ast zu Ast springenden Eichkätzchen. Hier schrien Nußhäher schrill. Eine Schar Dompfaffen mit karminroten Brüsten strich durch die Bäume wie eine Flamme. Ein kleines Heer Goldfinken brach herein und füllte das Amphitheater von Bäumen mit seinem Gepfeife an. Ein Hase hüpfte von einem Baumstamm zum ändern. Hinter ihm schlich der kaum sichtbare Schatten eines auf dem Schnee entlang kriechenden Wiesels. Sorgsam auf dem hartgefrorenen Schnee entlang schreitend näherte sich ein edler Hirsch. Und schließlich sollte ich auch vom Gipfel des Berges den Besuch des Königs des sibirischen Waldes, des braunen Bären, erhalten.

Alles dies zerstreute mich. Es vertrieb mir die schwarzen Gedanken und ermutigte mich auszuharren. Ein guter, obwohl schwieriger Zeitvertreib bestand für mich auch darin, auf den Gipfel meines Berges zu steigen, der sich aus der Mitte des Waldes erhob und von dem ich bis zu einem roten Streifen am Horizont sehen konnte. Dies war die rote Klippe des jenseitigen Ufers des Jenissei. Dort lag das Land, dort befanden sich die Städte, die Feinde und die Freunde. Dort befand sich auch der Punkt, den ich als den Wohnort meiner Familie feststellen konnte. Dies war der Grund, warum Iwan mich hierher gebracht hatte.

Mit dem Verstreichen der Tage in der Einsamkeit begann ich meinen Begleiter schmerzlich zu vermissen, den Mann, der, obgleich er der Mörder von Gavronsky war, mich wie ein Vater bedacht hatte, der stets mein Pferd gesattelt, das Holz für mich geschnitten und alles für mich getan hatte, um mir das Leben bequem zu machen.

Manchmal kam mir der Gedanke, daß, wenn ich meinen Tod an diesem Orte finden sollte, ich meine letzte Kraft zusammennehmen würde, um mich auf den Gipfel des Berges zu schleppen, damit ich dort sterben könnte.

Doch dieses Leben in der wilden Natur gab mir auch viel Anlaß zum Nachdenken und noch mehr Beschäftigung in körperlicher Beziehung. Es war ein beständiger harter und ernster Existenzkampf. Die schwerste Arbeit war die Vorbereitung der großen Holzklötze für die Naida. Die Stämme der gestürzten Bäume waren stets mit Schnee bedeckt und an den Grund festgefroren. So war ich gezwungen, sie auszugraben und nachher mit Hilfe einer langen Stange von ihrer Stelle fortzubewegen. Um mir diese Arbeit zu erleichtern, wählte ich den Berg für meine Holzlieferungen, von wo, obgleich es schwierig war, ihn zu erklimmen, ich die Stämme leicht hinabrollen konnte. Bald machte ich eine glänzende Entdeckung: ich fand in der Nähe meiner Hütte eine große Menge von Lärchen, dieser schönen und doch traurigen Waldriesen, die durch einen gewaltigen Sturm gefällt worden waren. Die Stämme waren mit Schnee bedeckt, jedoch an den Stümpfen haften geblieben. Als ich mit meiner Axt in diese Stümpfe hineinhieb, grub sich die Schneide tief hinein, so daß sie nur mit Schwierigkeit wieder herausgezogen werden konnte. Bei der Untersuchung des Grundes fand ich, daß die Stümpfe stark mit Harz durchsetzt waren. Splitter dieses Holzes brauchten nur von einem Funken getroffen zu werden, um sie zu entzünden. Auch später hatte ich immer einen Vorrat davon bei mir, um schnell Feuer zur Erwärmung meiner Hände nach der Rückkehr von der Jagd oder zum Teekochen zu haben.

Der größere Teil meiner Zeit wurde mit der Jagd verbracht. Es wurde mir klar, daß ich jeden Tag mit Arbeit ausfüllen müßte, denn nur so wurde ich von meinen traurigen Gedanken abgelenkt. Nach meinem Morgentee ging ich gewöhnlich in den Wald, um Birkhähne und Haselhähne zu schießen. Nachdem ich einen oder zwei Hähne erlegt hatte, machte ich mir mein Mittagessen, das niemals aus einem ausgedehnten Menü bestand. Es gab beständig Geflügelsuppe mit einer Handvoll getrockneten Brotes und danach endlose Tassen Tee. Einmal hörte ich auf der Jagd nach Vögeln ein Geräusch in dem dichten Gestrüpp. Als ich aufmerksam hindurchblickte, entdeckte ich die Spitzen eines Hirschgeweihs. Ich kroch auf der Erde entlang zu dem betreffenden Fleck hin. Aber das wachsame Tier hörte mich näherkommen. Mit einem mächtigen Lärm sprang es in den Busch. Nachdem es ungefähr dreihundert Schritte gelaufen war, konnte ich es ganz genau sehen, wie es am Hange des Berges Halt machte. Es war ein wunderbares Tier. Mit dunkelgrauem Fell, mit fast schwarzem Rückgrat und so groß wie eine kleine Kuh. Ich legte mein Gewehr über einen Ast und schoß. Das Tier machte einen riesigen Satz, lief wenige Schritte und fiel. So schnell ich konnte, eilte ich dorthin, aber der Hirsch sprang wieder auf und schleppte sich den Berg hinauf. Ein zweiter Schuß brachte ihn nieder. So hatte ich einen warmen Teppich und einen großen Fleischvorrat gewonnen. Das Geweih, das ich an den Zweigen meiner Mauer befestigte, bildete einen schönen Hutaufhänger.

Ich werde niemals ein sehr interessantes, aber wildes Bild vergessen, dessen Zeuge ich eines Tages einige Kilometer von meiner Hütte entfernt wurde. Dort lag ein kleines Moor, das mit Gras und Preiselbeeren bedeckt war. Hier pflegten der Haselhahn und das Rebhuhn Beeren zu suchen. Ich näherte mich der Stelle geräuschlos hinter den Büschen und sah eine große Schar Haselhähne im Schnee kratzen und Beeren picken. Während ich diese Szene überblickte, sprang plötzlich einer der Hähne in die Höhe. Der Rest der erschreckten Schar flog sofort davon. Zu meinem Erstaunen stieg der erste Vogel in Spiralen senkrecht in die Höhe und fiel auf einmal tot hernieder. Als ich mich der betreffenden Stelle näherte, sprang von dem Körper des getöteten Hahnes ein gieriges Wiesel und versteckte sich unter dem Stamm eines gefallenen Baumes. Der Hals des Vogels war in schlimmer Weise zerrissen. Es wurde mir nun klar, daß das Wiesel den Hahn angegriffen, sich an seinem Halse festgebissen hatte und dann von dem Vogel in die Luft getragen worden war, während es das Blut aus dessen Kehle saugte, und daß auf diese Weise der plötzliche Fall des Vogels herbeigeführt worden war. Dieser aeronautischen Geschicklichkeit des Wiesels verdankte ich, daß ich eine Patrone sparte.

So lebte ich im beständigen Kampfe mit der Natur. Mehr und mehr vergifteten mich harte und bittere Gedanken.

Die Tage und Wochen verstrichen. Ich fühlte den Hauch wärmerer Winde. An den offenen Stellen begann der Schnee zu schmelzen. Hin und wieder erschienen kleine Wasserläufe. Bald sah ich hier und dort eine Fliege und eine Spinne, die nach dem harten Winter erwacht waren. Der Frühling meldete sich an. Ich sah ein, daß es im Frühjahr unmöglich sein würde, den Wald zu verlassen. Denn dann treten sämtliche Flüsse über. Die Moore werden undurchquerbar. Alle von den Tieren gebahnten Wege werden zu Betten strömenden Wassers.

Das Frühjahr kam sehr schnell zu seinem Recht. Bald war mein Berg frei von Schnee und nur noch bedeckt mit Steinen, den Stämmen von Birken- und Espenbäumen und hohen Ameisenhügeln. Der Fluß zerbrach stellenweise seine Eisdecke. Er kochte und schäumte.

4. Kapitel.
Ein Fischer.

Eines Tages, als ich auf der Jagd war, kam ich an das Flußufer. Da bemerkte ich viele sehr große Fische mit roten Rücken, die aussahen, als wenn sie mit Blut gefüllt wären. Sie schwammen an der Oberfläche und genossen die Sonnenstrahlen. Als der Fluß ganz von Eis frei war, erschienen diese Fische in ungeheuren Mengen. Bald entdeckte ich, daß sie sich den Fluß hinauf arbeiteten, um die Laichzeit auf den kleineren Flußläufen zu verbringen. Ich kam zu dem Entschluß, eine Raubmethode für den Fischfang zu benutzen, die durch das Gesetz aller Länder verboten ist. Aber alle Anwälte und Gesetzgeber würden einem Menschen gegenüber milde sein, der unter den Wurzeln eines gestürzten Baumes zu leben hat und der unter diesen Verhältnissen ihre rationellen Gesetze durchbricht.

Ich las viele dünne Birken- und Espenzweige zusammen und baute aus ihnen ein Wehr, das die Fische nicht passieren konnten. Sie versuchten vergeblich, es zu überspringen. In der Nähe des Ufers ließ ich in meiner Barriere ein Loch von ungefähr achtzehn Zoll Breite unter der Oberfläche und befestigte an der stromaufwärts gerichteten Seite einen tiefen Korb, der aus weichen Weidenruten geflochten war. In diesen mußten die Fische eintreten, wenn sie das Loch passierten. Dann stand ich mit kalter Grausamkeit daneben und schlug sie mit einem dicken Knüppel auf den Kopf. Mein Fang wog meist dreißig, manchmal bis achtzig Pfund. Diese Fischart wird Taimen genannt. Sie gehört zu der Familie der Forellen und ist eine der besten Sorten am Jenissei.

Nach zwei Wochen war der Fischfang vorüber. Mein Korb lieferte mir keine weiteren Schätze. So ging ich von neuem auf die Jagd.

5. Kapitel.
Ein gefährlicher Nachbar.

Die Jagd wurde um so einträglicher und genußvoller, je mehr das Frühjahr die Natur belebte. Des Morgens bei Sonnenaufgang war der Wald mit Stimmen angefüllt, mit Stimmen, die dem Bewohner der Stadt fremd und schwer voneinander unterscheidbar waren. Da balzte der Auerhahn und sang seinen Liebesgesang, indem er auf den spitzen Zweigen der Zeder saß und die graue unter ihm in den gefallenen Blättern kratzende Henne bewunderte. Es war ganz leicht, an diesen befiederten Caruso heranzukommen und ihn mit einem Schuß aus seinen poetischen in seine mehr utilitaristischen Pflichten heranzubringen. Sein Tod war ein leichter Abgang, denn er war verliebt und hörte nichts. Draußen in der Lichtung kämpften die Haselhähne mit weit ausgespreizten gefleckten Schwänzen, während die Hennen dicht dabei herumstolzierten, die Hälse reckten und miteinander schwatzten, wahrscheinlich irgendeinen Klatsch über ihre Kampfhähne. Aus der Entfernung kam ein festes und tiefes Gebrüll, doch voller Zärtlichkeit und Liebe, der Liebesschrei des Hirsches, während von der Klippe über mir die kurze, abgerissene Stimme des Bergbocks ertönte. Unter den Büschen trieben die Hasen lustige Streiche. Oft lag ganz in ihrer Nähe ein roter Fuchs platt auf dem Bauch, seine Gelegenheit erspähend. Ich habe dort niemals etwas von Wölfen gehört, sie befinden sich gewöhnlich nicht in den sibirischen Gebirgs- und Waldgegenden.

Aber es gab ein anderes Tier, das zu meinem Nachbar wurde. Einer von uns beiden hatte das Feld zu räumen. Eines Tages, als ich mit einem großen Birkhahn von der Jagd zurückkam, bemerkte ich plötzlich eine schwarze, bewegliche Masse unter den Bäumen. Ich hielt an und sah einen Bären, der in einem Ameisenhügel wühlte. Als er von mir Witterung erhielt, schnaubte er heftig und stampfte schnell davon. Die Geschwindigkeit seiner ungeschickten Beine überraschte mich in hohem Maße. Als ich am folgenden Morgen noch mit meinem Mantel bedeckt in meiner Hütte lag, wurde meine Aufmerksamkeit durch ein Geräusch hinter mir angezogen. Ich spähte hinaus und entdeckte den Bären. Er stand auf seinen Hinterbeinen und schnupperte geräuschvoll Offenbar untersuchte er die Frage, was für ein Geschöpf die Sitte der Bären, im Winter unter den Stämmen gefallener Bäume zu leben, angenommen haben mochte. Ich stieß einen Schrei aus und schlug mit der Axt auf den Kessel. Mein früher Besucher lief darauf mit aller Energie davon. Doch sein Besuch bereitete mir kein Vergnügen. Es war früh im Frühjahr, als sich dies ereignete. Der Bär hätte seine Ueberwinterungsstelle eigentlich noch nicht verlassen haben sollen. Er gehörte zu der Klasse der sogenannten Ameisenfresser. Ein anormaler Bärentypus, dem es an jeder Etikette der Familien des Bärenstammes fehlt.

Ich wußte, daß die Ameisenfresser sehr reizbar und kühn sind. Ich bereitete mich deshalb baldigst sowohl für die Verteidigung wie auch für den Angriff vor. Meine Vorbereitungen waren kurz. Ich rieb die Spitzen von fünf meiner Patronen ab und machte sie dadurch zu Dumdums. So wurden sie gegenüber einem so unwillkommenen Gast zu einem genügend verständlichen Argument. Ich zog meinen Rock an und begab mich an die Stelle, wo ich den Bären zum ersten Male getroffen hatte und wo sich viele Ameisenhügel befanden. Ich ging den ganzen Berg ab, schaute in sämtliche Schluchten, doch entdeckte ich nirgends meinen Besucher. Enttäuscht und ermüdet näherte ich mich meinem Obdach, ganz ohne irgendwelche Vorsicht walten zu lassen. Da entdeckte ich plötzlich den König des Waldes selber, wie er gerade aus meiner niedrigen Wohnung heraustrat und überall am Eingang herumschnupperte. Ich schoß. Er brüllte vor Schmerz und Wut und richtete sich auf seinen Hinterbeinen auf. Als eine zweite Kugel eines seiner Beine zerschmetterte, ging er nieder. Doch schickte er sich sofort an, mich anzugreifen, indem er sein krankes Bein hinter sich herzog und sich bemühte, sich wieder aufzurichten. Erst die dritte Kugel, die ihn in die Brust traf, erledigte ihn. Er wog ungefähr 200 bis 250 Pfund und schmeckte ausgezeichnet. Am besten präsentierte er sich in Koteletts. Doch machte er sich auch als Hamburger Steak gut, auf heißen Steinen gerollt und geröstet, auf denen das Fleisch zu großen Klumpen anschwoll, die so leicht waren wie die feinsten Omelettessoufflees im „Medved" in Petersburg. Nach dieser willkommenen Zugabe für meine Speisekammer lebte ich an meiner Zufluchtsstelle, bis der Boden ausgetrocknet und der Fluß genügend abgeströmt war, um mir die Reise an seinem Ufer entlang nach dem Lande zu erlauben, auf das Iwan mich hingewiesen hatte.

Ich reise mit der größten Vorsicht und machte den Weg den Fluß entlang zu Fuß, indem ich meine ganze Haushaltseinrichtung und mein Eigentum in einen Hirschfellbeutel eingepackt mit mir schleppte. So beladen durchwatete ich die kleinen Ströme und die Sümpfe, die auf meinem Wege lagen. Nach ungefähr fünfzig Meilen gelangte ich in das Gebiet, das Sifkowa genannt wird. Dort fand ich die Hütte eines Bauern mit Namen Tropow, die dem Walde am nächsten lag. Bei ihm wohnte ich eine Zeitlang.

Wenn ich nun meine Erfahrungen in der sibirischen Taiga zusammenfassen soll, so komme ich zu den folgenden Schlußfolgerungen: In jedem gesunden Individuum unserer Zeit erweckt die Gelegenheit von neuem die Eigenschaften des primitiven Menschen, ob Jägers oder Kriegers, und ermöglicht ihm den Kampf mit der Natur. Der Mensch mit ausgebildetem Verstand ist dem Ungebildeten gegenüber in vorteilhafterer Lage, da dieser nicht genügend Wissen und Willenskraft besitzt, um sich durchzuschlagen. Doch der Preis, den der kultivierte Mensch zu zahlen hat, liegt darin, daß es für ihn nichts Fürchterlicheres gibt als die absolute Einsamkeit und das Bewußtsein der völligen Isolierung von der menschlichen Gesellschaft und dem Leben, von der geistigen und ästhetischen Kultur. Ein Schritt, ein Augenblick der Schwäche, und völliger Wahnsinn wird diesen Menschen ergreifen und ihn in unvermeidbare Zerstörung reißen. Ich habe fürchterliche Tage des Kampfes mit der Kälte und dem Hunger zugebracht. Aber noch schrecklicher waren für mich die Tage des Kampfes meines Willens gegen die schwächenden und zermürbenden Gedanken. Die Erinnerung an diese Tage macht mein Herz und Gemüt sogar noch heute erzittern, und wenn ich sie jetzt bei der Niederschrift meiner Erfahrungen wieder ins Leben zurückrufe, wirft sie mich erneut in einen Zustand der Furcht und des Zagens zurück.

Schließlich möchte ich noch bemerken, daß die Menschen in hochzivilisierten Staaten der Ausbildung in Bezug auf das, was dem Menschen unter primitiven Verhältnissen nützlich ist, zu wenig Beachtung schenken, unter Verhältnissen, die aus dem Lebenskampf gegen die Natur erwachsen. Dies zu ändern wäre der einzige Weg. um eine neue Generation von starken, gesunden, eisernen Menschen heranzubilden, die zugleich aber auch entwickelte Seelen haben.

Die Natur vernichtet den Schwachen, aber sie hilft dem Starken; sie erweckt in der Seele Bewegungen, die unter den gewöhnlichen Verhältnissen des modernen Lebens schlafend bleiben.

6. Kapitel
Ein Fluß in Gärung

Meine Anwesenheit in der Sifkowa-Gegend dauerte nicht lange. Aber ich nutzte sie in jeder Weise aus. Zunächst entsandte ich einen Mann, dem ich Vertrauen schenken durfte, zu meinen Freunden in der Stadt und empfing so von diesen Wäsche, Stiefel, Geld und eine kleine Kiste, die Material für die erste Hilfe und die wesentlichsten Medizinen enthielt. Und so erhielt ich auch, was am wichtigsten war, einen Paß mit einem falschen Namen, denn für die Bolschewiki war ich natürlich tot.

Unter diesen ein wenig günstigeren Verhältnissen dachte ich über meinen zukünftigen Aktionsplan nach. Man hörte bald in Sifkowa, daß ein bolschewistischer Kommissar ankommen werde, um Vieh für die Rote Armee zu requirieren. So wurde es gefährlich, länger hier zu bleiben. Ich wartete nur, bis der Jenissei seine massive Eisdecke verloren haben würde, die ihn noch lange Zeit verschloß, nachdem die kleineren Flußläufe bereits offen standen und die Bäume bereits ihr Frühlingslaub erhalten hatten. Für tausend Rubel verpflichtete ich einen Fischer, der sich bereit erklärte, mich fünfundfünfzig Meilen den Fluß hinauf nach einer verlassenen Goldmine zu bringen, sobald der Fluß gänzlich vom Eise befreit wäre.

Eines Morgens hörte ich einen ohrenbetäubenden Krach, der wie ein furchtbarer Kanonenschuß klingt. Ich lief hinaus und fand, daß der Fluß seine mächtige Eismasse gehoben hatte und dann durchgebrochen war, um sie in Stücke zu reißen. Ich lief zum Ufer, wo ich eine schreckenerregende, aber großartige Szene erblickte. Der Fluß hatte die große Eismenge heruntergeschwemmt, die im Süden losgebrochen war, und schleppte sie in nördlicher Richtung unter dem dicken Lager, das ihn hier noch teilweise verdeckte. Ihr Druck zerbrach schließlich diesen Winterdamm des Nordens und machte so die ganze große Masse zu einem letzten Ansturm nach dem Eismeer frei.

Der Jenissei, „Vater Jenissei", „Held Jenissei", ist einer der längsten Flüsse Asiens. Er ist tief und wundervoll, besonders sein Mittellauf, der von Bergketten eingerahmt ist.

Der ungeheure Strom hatte riesige Eisfelder heruntergeschleppt, die er auf den Stromschnellen und den hier und da herausragenden

Felsen zerbrach, indem er sie in zornigen Wirbeln packte und dabei die Lagerstellen mit hinabriß, die man auf dem Eise für Karawanen errichtet hatte, welche im Winter auf dem Wege von Minusinsk nach Krasnojarsk stets den zugefrorenen Fluß benutzen. Von Zeit zu Zeit stockte der freie Abfluß des Stromes. Dann entstand ein Gebrüll. Die großen Eisfelder wurden gequetscht und häuften sich auf, manchmal bis zu einer Höhe von dreißig Fuß. Sie bildeten so gegen das hinter ihnen befindliche Wasser einen Damm, so daß dieses schnell höher und höher stieg, an niedrigen Uferstellen übertrat und größere Eismengen auf das Land warf. Dann jedoch eroberte die Gewalt der verstärkten Wasser den sperrenden Eisdamm und rissen ihn mit dem Klirren brechenden Glases in Stücke.

An den Flußkrümmungen und an den großen Felsen entstand ein schreckliches Chaos. Ungeheure Eisblöcke drängten sich dort und tanzten wild umher, bis sie hoch in die Luft geschleudert wurden, gegen andere Eisblöcke stießen oder gegen die Klippen des Ufers schmetterten, wo sie Geröll, Erde und Bäume herausrissen. Das ganze Ufer entlang häufte dieser Naturriese mit einer ungeheuren Plötzlichkeit eine große, fünfzehn bis zwanzig Fuß hohe Mauer auf, die von den Bauern Zaberega genannt wird und durch die sie nur an den Fluß gelangen können, indem sie sich eine Straße hindurchschlagen. Eine unglaubliche Leistung sah ich den Riesen vollbringen. Er schleuderte nämlich einen viele Fuß dicken und viele Meter breiten Eisblock steil in die Höhe, so daß er mehr als fünfzig Fuß vom Uferrande auf die Erde niederfiel, um dort Jungholz und kleine Bäume zu zerschmettern.

Während ich diesen großartigen Abgang des Eises beobachtete, füllte sich mein Herz mit Schrecken und Entsetzen, als ich die fürchterliche Beute sah, die der Jenissei auf diesem jährlichen Rückzug mit sich hinabschleppte. Sie bestand aus den Leichen hingerichteter Gegenrevolutionäre — Offiziere, Soldaten und Kosaken der früheren Armee des Obergouverneurs des antibolschewistischen Rußland, Admiral Koltschaks. Sie war das Ergebnis der blutigen Arbeit der Tscheka in Minusinsk. Hunderte dieser Leichen mit abgeschnittenen Köpfen und Händen, mit verstümmelten Gesichtern, halbverbrannten Körpern und mit zerschmetterten Schädeln schwammen an der Oberfläche und mischten sich mit den Eisblöcken auf der Suche nach ihren Gräbern; oder sie wurden im Gewirbel der wütenden Strudel zwischen den spitzigen Eisblöcken zerrieben und zu gestaltlosen Massen zerrissen, die der Fluß, entsetzt über die ihm zugedachte Aufgabe, auf die Inseln und Sandbänke ausspie. Ich bin den ganzen mittleren Jenissei entlang gegangen und stieß beständig auf diese verwesenden entsetzlichen Spuren der Arbeit der Bolschewiki. An einer Stelle des Flusses sah ich an einer Biegung einen großen Haufen von Pferdekadavern, die durch den Strom und das Eis in einer Zahl von nicht weniger als dreihundert dorthin geworfen worden waren. Ein Werst unterhalb dieser Stelle machte ich eine andere Entdeckung, die zu ertragen meine Nerven nicht imstande waren. Ich fand nämlich eine Reihe von Weiden am Ufer, die aus dem geschändeten Strom mit ihren fingerartig herabhängenden Zweigen menschliche Leichen in allen Formen und Lagen herausgefischt hatten und in so natürlicher Weise festhielten, daß mein belastetes Gemüt diesen Eindruck niemals wieder vergessen kann. Siebzig Leichen bildeten hier eine fürchterliche Gruppe.

Schließlich waren all die Berge von Eis hinabgeschwommen und in ihrem Gefolge die Stämme gefallener Bäume, Holzklötze und Leichen, Leichen, Leichen. Der Fischersmann und sein Sohn setzten mich und mein Gepäck in einen kleinen Nachen, der aus einem ausgehöhlten Espenbaumstamm bestand, und stießen mich, dem Ufer folgend, mit Stangen stromaufwärts. Kähne in einer starken Strömung mit Stangen aufwärts zu stoßen, ist eine sehr harte Arbeit. An den scharfen Kurven wurden wir gezwungen, zu rudern und mit unseren Muskeln gegen die ganze Gewalt des Stromes anzukämpfen. An manchen Stellen mußten wir uns an die Klippen klammern und konnten nur vorwärts kommen, indem wir die Felsen mit unseren Händen ergriffen und uns langsam vorwärts zogen. Wiederholt dauerte es überaus lange, um fünf oder sechs Meter in derartigen Stromschnellen voranzukommen.

Wir erreichten unser Reiseziel in zwei Tagen. Ich verbrachte mehrere Tage in einer Goldmine, in der ein Wächter und seine Familie lebten. Da diese selber Mangel an Vorräten hatte, konnten sie mir nichts abgeben, so daß mein Gewehr wieder in Funktion treten mußte, um mir Nahrung zu verschaffen wie auch um meinen Wirten zu Nahrungsmitteln zu verhelfen.

Eines Tages tauchte hier ein Agronom auf. Ich verbarg mich nicht vor ihm, denn während meines Winteraufenthalts im Walde war mir ein großer Vollbart gewachsen, so daß mich eigentlich selbst meine eigene Mutter nicht erkannt haben dürfte. Unser Gast war indessen scharfsichtig genug, sofort zu sehen, wer ich war. Doch hatte ich keine Furcht vor ihm, denn ich merkte, daß er kein Bolschewiki war. Wir fanden, daß wir gemeinsame Bekannte und gemeinsame Anschauungen in Bezug auf die Gegenwartsereignisse hatten. Er lebte in der Nähe der Goldmine in einem kleinen Dorf, wo er öffentliche Arbeiten zu beaufsichtigen hatte. Wir beschlossen, zusammen aus Rußland zu fliehen. Eine lange Zeit hatte ich mir bereits über diese Frage den Kopf zerbrochen. Jetzt war mein Plan gereift. Da ich meine geographische Position in Sibirien gut kannte, entschied ich mich dahin, daß der beste Weg zur Sicherheit folgender sei: durch Urianhai nach dem nördlichen Teil der Mongolei, der zum Quellgebiet des Jenissei gehört, und dann quer durch die Mongolei hindurch nach dem Fernen Osten und dem Stillen Ozean. Vor dem Sturz der Koltschak-Regierung hatte ich den Auftrag erhalten, Urianhai und die Westmongolei zu erforschen, und hatte damals infolgedessen mit großer Genauigkeit alle Karten und Bücher studiert, die ich über dieses Gebiet erhalten konnte. Zur Durchführung meines kühnen Planes war mein Drang nach Sicherheit die stärkste Triebkraft.

7. Kapitel.
Durch Sowjet-Sibirien hindurch.

Wenige Tage später begaben wir uns auf die Reise. Wir gingen durch die Wälder am linken Ufer des Jenissei in südlicher Richtung vor. Aus Furcht, eine Spur zu hinterlassen, vermieden wir die Dörfer so sehr wie möglich. Wo wir dies nicht tun konnten, wurden wir im allgemeinen von den Bauern gut empfangen, die unser Incognito nicht durchschauten. Wir stellten fest, daß sie die Bolschewiki haßten, die viele ihrer Dörfer zerstört hatten. In einem Orte wurde uns gesagt, daß ein Rotes Detachement von Minusinsk ausgesandt worden sei, um die Weißen zu jagen. Diese Nachricht zwang uns. weit vom Ufer des Jenissei abzubiegen und uns in den Wäldern und Bergen zu verstekken. Dort blieben wir fast vierzehn Tage, denn während dieser ganzen Zeit durchzogen Rote Soldaten das Land und fingen dort schlecht bekleidete, unbewaffnete Offiziere, die sich vor der grausamen Rache der Bolschewiki verbargen. Durch Zufall gelangten wir an einen Sumpf, wo wir die Leichen von achtundzwanzig, an Bäumen aufgehängten, Offizieren fanden, deren Gesichter und Körper verstümmelt waren. Bei diesem Anblick beschlossen wir, niemals lebend in die Hände der Bolschewiki zu fallen Dafür hatten wir unsere Waffen und einen Vorrat von Cyankali bei uns.

Als wir einmal einen Nebenfluß des Jenissei überschritten, stießen wir auf einen engen, schlammigen Paß, an dessen Eingang die Kadaver von Menschen und Pferden umherlagen. Ein wenig weiter fort fanden wir einen zerbrochenen Schlitten mit ausgeplünderten Kisten und zerstreuten Papieren. Nahe dabei lagen zerrissene Gewänder und weitere Leichen. Wer waren diese armen Menschen? Was für eine Tragödie hatte sich in diesem wilden Walde zugetragen? Wir versuchten das Rätsel zu lösen, indem wir uns die Dokumente und Papiere ansahen. Es waren amtliche Schriftstücke, die an den Stab des Generals Pepelajew gerichtet waren. Wahrscheinlich war ein Teil des Stabes während des Rückzugs der Koltschakschen Armee durch diesen Wald gekommen, um sich vor den von allen Seiten herandringenden Feinden zu verbergen. Hier aber waren sie in die Hände der Roten gefallen und getötet worden. Nicht weit von dieser Stelle fanden wir den Leichnam einer Frau, dessen Zustand klar bewies, was ihr zugestoßen war, bis sie durch eine mitleidige Kugel Erlösung gefunden hatte. Der Leichnam befand sich neben einem Zweiglager, das mit Flaschen und Konservenbüchsen bestreut war und so von der Orgie zeugte, die diesem Mord vorausgegangen war.

Je weiter wir nach dem Süden vordrangen, umso gastlicher empfing uns die Bevölkerung, um so feindseliger war sie gegen die Bolschewiki gesinnt. Schließlich kamen wir aus den Wäldern heraus und in die ungeheure Weite der Steppen von Minusinsk hinein, die von der hohen roten Kizill-Kaja genannten Bergkette durchkreuzt wird und hier und dort mit Salzseen bedeckt ist. Dies ist ein Land der Gräber, das Land Tausender großer und kleiner Dolmen, der Grabmäler seiner ersten Besitzer: Steinpyramiden bis zu zehn Meter Höhe, die als Denkmäler von Dschingis Khan auf seinem Eroberungswege und später von dem Krüppel Tamerlan-Timur aufgerichtet wurden. Tausende dieser Dolmen und Steinpyramiden erstrecken sich in endlosen Reihen in nördlicher Richtung. In dieser Ebene leben jetzt die Tataren. Sie waren von den Bolschewiki beraubt worden, die sie deshalb haßten, So konnten wir ihnen offen sagen, daß wir uns auf der Flucht befanden. Sie gaben uns kostenlos Nahrungsmittel, versahen uns mit Führern und gaben uns Auskunft, wo wir anhalten könnten und wo wir uns im Falle von Gefahren zu verstecken hätten.

Nach mehreren Tagen sahen wir vom hohen Ufer des Jenissei hinab auf den ersten Dampfer, den Oriol. der auf der Fahrt von Krasnojarsk nach Minusinsk Rote Truppen als Ladung hatte.

Bald gelangten wir an die Mündung des Flusses Tuba, dem wir in scharf östlicher Richtung bis zu dem Sajangebirge zu folgen hatten, wo Urianhai beginnt. Wir waren der Ansicht, daß die Reisestrecke an der Tuba und ihrem Nebenfluß, dem Amyl, entlang der gefährlichste Teil unserer Reise sein würde, da die Täler dieser beiden Flüsse dicht von einer Bevölkerung bewohnt sind, die eine große Zahl von Soldaten für die bekannten kommunistischen Parteigänger Schetinkin und Kraftschenko hergegeben hatte.

Ein Tatar fuhr uns und unsere Pferde in einer Fähre auf das rechte Ufer des Jenissei hinüber und sandte uns bei Tagesanbruch überdies noch einige Kosaken, die uns bis zur Mündung der Tuba brachten. Dort genossen wir einen ganzen Tag der Ruhe. Wilde schwarze Johannisbeeren und Kirschen waren unsere Nahrung,

8. Kapitel.
Drei Tage unter Feinden.

Mit unseren falschen Pässen ausgerüstet, gingen wir in dem Tal der Tuba vor. Alle zehn oder fünfzehn Werst kamen wir an Dörfer, die einhundert bis sechshundert Häuser umfaßten, in denen die ganze Verwaltung in den Händen der Sowjets lag und wo Spione alle Vorüberkommenden argwöhnisch beobachteten. Diesen Dörfern konnten wir aus zwei Gründen nicht aus dem Wege gehen. Denn erstens würde dieser Versuch, wo wir doch beständig Bauern auf den Feldern trafen, Argwohn erregt und vielleicht irgend eine Sowjetbehörde veranlaßt haben, uns festzunehmen und uns zur Tscheka in Minusinsk zu schicken, wo wir dann das Tageslicht zum letzten Male erblickt haben würden. Und zweitens war meinem Reisegefährten in seinem Paß Erlaubnis gewährt worden, die Regierungspost für seine Reisezwecke zu benutzen. So waren wir gezwungen, die Dorfsowjets aufzusuchen und uns von ihnen unsere Pferde wechseln zu lassen. Unsere eigenen Tiere hatten wir den tatarischen Kosaken gegeben, die uns an der Mündung der Tuba behilflich gewesen waren. Die Kosaken hatten uns ihrerseits in einem Wagen nach dem ersten Dorfe gebracht, in dem wir Postpferde erhielten. Trotzdem die Bolschewiki das Land beherrschten, machten wir die Entdeckung, daß die Bauern, mit Ausnahme einer kleinen Minderheit, bolschewikifeindlich waren und uns bereitwilligst unterstützten. Ich entschädigte sie für empfangene Hilfe, indem ich ihre Kranken behandelte, und mein Reisebegleiter gab ihnen praktische Ratschläge in Bezug auf die Führung ihrer landwirtschaftlichen Betriebe. Diejenigen, die uns vor allem halfen, waren die alten Dissidenten und die Kosaken.

Manchmal gelangten wir in Dörfer, die völlig kommunistisch waren. Bald lernten wir, wie diese zu erkennen waren. Wenn wir mit unseren klingenden Pferdeschellen in ein Dorf hineinritten und fanden, daß die zufällig vor ihren Häusern sitzenden Bauern Neigung bekundeten, mit Stirnrunzeln oder ärgerlichen Bemerkungen aufzustehen, deswegen nämlich, weil sie glaubten, daß neue rote Teufel ankämen, wußten wir, daß das ein den Kommunisten feindlich gesinntes Dorf war, in dem wir in Sicherheit Halt machen konnten. Doch wenn die Bauern näher kamen, uns mit Vergnügen begrüßten und uns als Kameraden anredeten, dann wußten wir sofort, daß wir uns in Feindesland befanden und entsprechende Vorsichtsmaßnahmen zu treffen hatten. Die Dörfer dieser Art waren von einer Volksklasse bewohnt, die nicht aus den die Freiheit liebenden sibirischen Bauern, sondern aus Emigranten aus der Ukraine zusammengesetzt war, faulen und dem Trunke ergebenen Leuten, die in kleinen, schmutzigen Hütten lebten, obgleich ihre Dörfer von dem schwarzen und fruchtbaren Steppenboden umgeben waren. Sehr gefährliche, doch zugleich angenehme Augenblicke verbrachten wir in dem großen Dorf Karatuz. Dieses ist eigentlich eine Stadt. Im Jahre 1912 waren hier zwei Schulen eröffnet worden. Die Bevölkerung zählt fünfzehntausend Köpfe. Karatuz ist die Hauptstadt der Kosaken des südlichen Jenissei. Jetzt aber ist es sehr schwer, diesen Ort wiederzuerkennen; denn die Bauernemigranten und die Rote Armee hatten die ganze Kosakenbevölkerung ermordet und die meisten ihrer Häuser durch Feuer zerstört. Die Stadt ist gegenwärtig das Zentrum des Bolschewismus im östlichen Teil des Bezirks von Minusinsk. Als wir dort an das Gebäude des Sowjet kamen, um unsere Pferde zu wechseln, wurde gerade eine Sitzung der Tscheka abgehalten. Man umringte uns sofort und verlangte, unsere Papiere zu sehen. Da wir hinsichtlich des Eindrucks, den wir durch unsere Pässe machen konnten, kein allzu gutes Gewissen hatten, versuchten wir dieser Untersuchung zu entgehen. Mein Reisebegleiter sagte später öfters zu mir:

„Es ist für uns ein großes Glück, daß unter den Bolschewisten der nichtsnutzige Schuhmacher von gestern der Gouverneur von heute ist, und daß die Männer der Wissenschaft die Straßen zu kehren und die Ställe der roten Kavallerie zu reinigen haben. Ich kann mit den Bolschewiki reden, weil sie keinen Unterschied zu machen wissen zwischen Desinfektion und Diphtheritis, zwischen Anthrazit und Appendicitis. Auf diese Weise kann ich sie in allen Dingen so beschwatzen, daß ich sie davon abbringe, mir eine Kugel in den Leib zu jagen." Und so beschwatzten wir die Mitglieder der Tscheka von Karatuz dermaßen, daß wir alles erlangten, was wir zu haben wünschten. Wir unterbreiteten ihnen einen großartigen Plan für die zukünftige Entwicklung ihres Bezirks, wir stellten ihnen vor, daß wir für sie Straßen und Brücken bauen würden, die sie dazu befähigen sollten, das Holz von Urianhai, Eisen und Gold von den Bergen der Sajanen und Vieh und Felle von der Mongolei zu exportieren. Was für einen

Triumph würde der Schöpfungswille der Sowjetregierung dann feiern! Die Ode, die wir ihnen vorsangen, dauerte ungefähr eine Stunde. Als wir damit fertig waren, hatten die Mitglieder der Tscheka vollkommen unsere Papiere vergessen. Sie versahen persönlich den Pferdewechsel, luden persönlich unser Gepäck auf den Wagen und wünschten uns guten Erfolg. Dies war die letzte Nervenprobe an den Grenzen Rußlands.

Als wir das Tal des Amyl durchkreuzten, war uns das Glück hold. In der Nähe der Fähre traf er wir ein Mitglied der Miliz von Karatuz. Dieser Soldat hatte auf seinem Wagen mehrere Gewehre und automatische Pistolen, größtenteils Mauser, die dazu dienen seilten, eine Expedition auszustatten, welche Urianhai auf der Suche nach einigen Kosakenoffizieren durchqueren sollte. Das mahnte uns zur Vorsicht. Denn wir hätten sehr leicht auf diese Expedition stoßen können und waren nicht sicher, ob die Soldaten ebensoviel Verständnis für unsere schwungvollen Phrasen haben würden wie die Mitglieder der Tscheka. Durch an den Milizsoldaten gerichtete Fragen erfuhren wir, welchen Weg die Expedition einschlagen würde. Im nächsten Dorf übernachteten wir mit ihm in ein und demselben Hause. Ich mußte mein Gepäck öffnen und entdeckte sogleich, daß er auf meinen Reisesack bewundernde Blicke fallen ließ,

„Was macht Ihnen so viel Vergnügen?" fragte ich. Er flüsterte: „Hosen ... Hosen ...,"

Ich hatte von meinen Mitbürgern in der Stadt ganz neue Reithosen aus dickem schwarzem Tuch bekommen. Diese Hosen zogen die gierige Aufmerksamkeit des Milizmannes auf sich.

„Wenn Sie keine anderen Hosen haben ..." bemerkte ich, indem ich meinen Angriffsplan gegen meinen neuen Freund überdachte.

„Nein," erklärte er traurig. „Der Sowjet liefert keine Hosen. Die Sowjetleute sagen mir, sie gingen auch hosenlos. Und meine Hosen sind absolut erledigt. Sehen Sie einmal her."

Nach diesen Worten zog er das untere Stück seines Mantels in die Höhe. Als ich hinsah, mußte ich mich allerdings fragen, wie er sich in diesen Hosen halten konnte; denn sie hatten so große Löcher, daß sie eher ein Netz als Hosen waren, ein Netz, durch das noch ein kleiner Haifisch hätte schlüpfen können.

„Verkaufen?" flüsterte der Soldat mit fragendem Ton in der Stimme.

„Das kann ich nicht; denn ich brauche sie selber," antwortete ich entschlossen.

Er dachte wenige Minuten nach. Dann kam er auf mich zu und sagte: „Wir wollen hinausgehen und die Sache überreden. Hier geht das nicht gut."

Wir gingen hinaus. „Nun, wie steht's damit?" begann er. „Sie gehen nach Urianhai. Dort haben die Sowjetbanknoten keinen Wert, so daß Sie nicht imstande sein werden, irgend etwas zu kaufen, wo es doch dort eine Menge von Zobelfellen, Fuchsfellen, Hermelinen und Goldstaub gibt, die die Bevölkerung sehr gerne für Gewehre und Patronen austauscht. Jeder von Ihnen beiden hat ein Gewehr. Ich werde Ihnen noch ein Gewehr und hundert Patronen geben, wenn Sie mir Ihre Hosen geben."

„Wir brauchen keine Waffen. Uns schützen unsere Papiere", antwortete ich, als ob ich ihn nicht verstünde.

„Aber nein," unterbrach er mich. „Sie können dann das Gewehr gegen *Pelze* und Gold austauschen. Ich gebe Ihnen das Gewehr sofort."

„Ach so, darum handelt sich's. Doch das ist sehr wenig für diese Hosen. Sie können jetzt nirgends in Rußland Hosen bekommen. Ganz Rußland geht ohne Hosen, und für Ihr Gewehr würde ich gerade ein Zobelfell bekommen. Was soll ich aber mit einem Fell anfangen?"

So gelangte ich zur Erfüllung meiner Wünsche. Der Milizmann bekam meine Hosen, und ich erhielt ein Gewehr mit einhundert Patronen und außerdem zwei automatische Pistolen mit je vierzig Patronen. Jetzt waren wir so bewaffnet, daß wir uns verteidigen konnten. Ueberdies überredete ich den glücklichen Besitzer meiner Hosen, uns für das Tragen der Waffen einen Erlaubnisschein zu geben. Danach hatten wir sowohl das Gesetz wie auch die Macht auf unserer Seite.

In einem entlegenen Dorf kauften wir drei Pferde, zwei zum Reiten und eines als Packtier, nahmen einen Führer, versahen uns mit getrocknetem Brot, Fleisch, Salz und Butter. Nachdem wir dort 24 Stunden ausgeruht hatten, begannen wir die Reise den Amyl hinauf nach dem Sajangebirge an die Grenze von Urianhai, Dort hofften wir, keine Bolschewik! mehr zu treffen.

Nach drei Tagereisen von der Mündung der Tuba passierten wir das letzte russische Dorf an der Grenze des mongolischen Urianhai-

Gebietes, nach drei Tagen beständiger Berührung mit einer gesetzlosen Bevölkerung, fortdauernder Gefahr und der immerwährenden Möglichkeit eines plötzlichen Todes. Nur unsere eiserne Willenskraft, unsere Geistesgegenwart und unsere verbissene Hartnäckigkeit brachten uns durch alle Gefahren und bewahrten uns davor, den Abgrund hinunterzustürzen, an dessen Fuß so viele andere lagen, denen es nicht gelungen war, den von uns vollbrachten Anstieg zur Freiheit zu machen. Vielleicht fehlte es diesen an Ausdauer und Geistesgegenwart, vielleicht hatten sie nicht die poetische Fähigkeit, Oden über Straßen, Brücken und Goldminen zu singen, oder vielleicht hatten sie keine überflüssigen Hosen.

9. Kapitel.
Im Gebiet der Sajanen.

Dichtes jungfräuliches Gehölz umgab uns. In dem hohen, bereits gelb gefärbten Grase war die Wegspur zwischen den Büschen und Bäumen, die schon begannen ihr vielfarbiges Laub zu verlieren, kaum sichtbar. Wir befanden uns auf der alten, bereits vergessenen Paßstraße des Amyl. Vor fünfundzwanzig Jahren wurden auf ihr die Vorräte, die Maschinen und die Arbeiter für die zahlreichen, jetzt aufgegebenen Goldminen des Amyltales befördert. Die Straße wand sich den schnell fließenden Amyl entlang, dann drang sie in einen tiefen Wald ein, indem sie uns um sumpfiges Land, mit dem dieser gefährliche sibirische Marschboden angefüllt ist, durch dichtes Gestrüpp, über Berge und weite Matten führte.

Unser Führer, der wahrscheinlich unsere wirklichen Zwecke durchschaute, sagte, indem er besorgt auf den Boden niederblickte: „Drei Reiter auf Pferden mit Hufeisen sind hier vorübergekommen. Vielleicht Soldaten."

Seine Sorge hörte auf, als er entdeckte, daß die Spur sich nach einer Seite abzweigte und dann auf den Weg zurückkehrte.

„Sie sind nicht weitergeritten", bemerkte er mit einem schlauen Lächeln.

„Wie schade", antworteten wir, „es wäre unterhaltsamer gewesen, in Gesellschaft zu reisen."

Doch der Bauer streichelte nur seinen Bart und lachte. Offenbar hatte unsere Erklärung auf ihn keinen Eindruck gemacht.

Wir kamen auf unserm Wege an einer Goldmine vorbei, die ehemals in großartiger Weise angelegt worden war, die wir jetzt jedoch verlassen und mit zerstörten Gebäuden fanden. Die Bolschewiki hatten sämtliche Maschinen, Vorräte und auch Teile der Gebäude hinweggenommen. In der Nähe davon stand eine dunkle, düstere Kirche mit zerbrochenen Fenstern, abgerissenem Kruzifix und verbranntem Turm, ein trauriges, aber typisches Merkmal des Rußland von heute. Die hungernde Familie des Wächters lebte in der Mine in fortdauernder Gefahr. Die Leute erzählten uns, daß in dieser Waldgegend eine Bande von Roten herumstrich, die alles raubte, was sich noch auf dem Gelände der Mine befand, die den reichsten Teil des Bergwerkes bearbeitete und das so erhaltene Gold in fernen Dörfern zu vertrinken und verspielen pflegte, wo die Bauern den verbotenen Wodka aus Beeren und Kartoffeln herzustellen und für sein Goldgewicht zu verkaufen pflegten. Ein Zusammenstoßen mit dieser Bande würde für uns den Tod bedeutet haben.

Nach drei Tagen überschritten wir den nördlichen Rücken des Sajangebirges, durchritten den Grenzfluß Algiak und befanden uns von diesem Tage ab außerhalb von Rußland im Gebiete von Urianhai.

Dieses wunderbare, in verschiedenster Weise an Naturschätzen reiche Land wird von einem Zweige des Mongolenstammes bewohnt, der jetzt nur sechstausend Häupter zählt und allmählich ausstirbt, der eine von den übrigen Dialekten der Mongolen ganz verschiedene Sprache spricht und an dem Grundsatz des „Ewigen Friedens" als Lebensideal festhält. Urianhai ist vor geraumer Zeit zum Objekt von Verwaltungsversuchen der Russen, Mongolen und Chinesen geworden, die alle die Souveränität über dieses Gebiet beanspruchten, dessen unglückliche Bewohner, die Sojoten, deshalb allen drei Oberherren zu gleicher Zeit Tribut zu zahlen hatten.

Infolge dieser Tatsache war das Land für uns kein völlig sicherer Zufluchtsort. Wir hatten bereits von unserem Milizsoldaten von der Expedition gehört, die sich darauf vorbereitete, nach Urianhai vorzudringen. Von unserem Bauern erfuhren wir nun, daß die Dörfer am Kleinen Jenissei und die Orte weiter südlich rote Detachements gebildet hatten, die alle Leute beraubten und töteten, die in ihre Hände fielen. Kürzlich hatten sie zweiundsechzig Offiziere getötet, die durch Urianhai nach der Mongolei gelangen wollten; sie hatten eine Karawane von chinesischen Kaufleuten beraubt und getötet, und sie hatten einige deutsche Kriegsgefangene getötet, die aus dem Sowjetparadies entkommen waren.

Am vierten Tage gelangten wir in ein sumpfiges Tal, wo zwischen offenen Wäldern ein einsam gelegenes russisches Haus stand. Hier verabschiedeten wir uns von unserem Führer, der sich beeilte, an seinen Ausgangspunkt zurückzukommen, bevor ihm der Schnee die Straße über die Sajanen versperren würde. Der Besitzer des Hauses willigte ein, uns für zehntausend Sowjetrubel nach dem Seybi-Fluß zu führen. Da unsere Pferde ermüdet waren, waren wir gezwungen, ihnen Ruhe zu gönnen. Deshalb entschlossen wir uns, hier vierundzwanzig Stunden zu verbringen.

Wir waren gerade beim Teetrinken, als die Tochter unseres Gastfreundes ausrief: „Die Sojoten kommen." In das Zimmer drangen plötzlich vier mit Gewehren bewaffnete Sojoten, mit zugespitzten Hüten auf den Köpfen. „Mende," grunzten sie uns an. Und dann begannen sie plötzlich, uns ohne jede Zeremonie zu untersuchen. Kein Knopf, kein Saum in unserer ganzen Ausrüstung entging ihren durchdringenden Blicken. Danach fing einer von ihnen, der der Merin oder Gouverneur des Ortes zu sein schien, an, unsere politischen Ansichten zu erforschen. Als er hörte, daß wir die Bolschewiki kritisierten, gefiel ihm das offenbar; denn er begann nun freimütig zu reden.

„Sie sind gute Menschen. Sie lieben nicht die Bolschewiki. Wir werden Ihnen helfen."

Ich dankte ihm und beschenkte ihn mit der dicken Silberschnur, die ich als Gürtel trug.

Bevor die Nacht hereinbrach, verließen sie uns, indem sie sagten, sie würden am Morgen zurückkehren. Es wurde dunkel. Wir gingen auf die Matte hinaus, um nach unseren erschöpften Pferden zu sehen, die dort grasten. Dann gingen wir zum Hause zurück. Wir plauderten gerade fröhlich mit unserem gastfreien Wirt, als wir plötzlich im Hof Hufschläge von Pferden und rauhe Stimmen hörten. Unmittelbar darauf traten fünf mit Gewehren und Säbeln bewaffnete Rote Soldaten in den Raum. Ein unangenehmes, kaltes Gefühl lief über meinen Rücken. Mein Herz begann zu klopfen. Wir wußten, daß die Roten unsere Feinde waren. Diese Leute hatten die roten Sterne auf ihren Astrachankappen und rote Dreiecke auf ihren Aermeln. Sie gehörten zu dem Detachement, das nach Kosakenoffizieren jagte.

Uns scheel ansehend, zogen sie ihre Mäntel aus und setzten sich hin. Wir eröffneten zunächst die Unterhaltung, indem wir erklärten, unser Reisezweck sei, wegen Brücken, Straßen und Goldminen Nachforschungen anzustellen. Von ihnen erfuhren wir dann, daß ihr Kommandeur sehr bald mit weiteren sieben Mann ankommen würde, und daß sie unseren Wirt als Führer nach dem Seybi-Fluß nehmen wollten, wo sie glaubten, daß die Kosakenoffiziere verborgen sein müßten. Ich sagte sofort, daß sich das sehr günstig treffe, daß wir nun zusammen reisen könnten. Einer der Soldaten antwortete, das würde vom Kameradoffizier abhängen.

Während unserer Unterhaltung trat der Sojoten-gouverneur ein. Er musterte auch die Neuangekommenen sehr genau und fragte sie:

„Warum habt Ihr den Sojoten die guten Pferde genommen und uns die schlechten gelassen?"
Die Soldaten lachten ihn aus.
„Denkt daran, daß Ihr Euch in einem fremden Lande befindet!" entgegnete der Sojot, mit drohendem Tone in seiner Stimme.
„Hol Dich der Teufel!" schrie einer der Soldaten.
Doch der Sojot setzte sich ruhig am Tische nieder und nahm die Tasse Tee entgegen, die ihm die Wirtin eingegossen hatte. Die Unterhaltung hörte auf. Der Sojot trank den Tee, rauchte aus seiner langen Pfeife und stand dann auf.
„Wenn bis morgen früh die Pferde nicht bei ihren Eigentümern sind," sagte er, „werden wir sie uns holen." Nach diesen Worten drehte er sich um und ging hinaus.
Ich stellte den Ausdruck der Besorgnis auf den Gesichtern der Soldaten fest. Bald danach wurde einer von ihnen als Bote abgesandt, während die übrigen mit gesenkten Köpfen still sitzenblieben. Spät in der Nacht kam der Offizier mit seinen übrigen sieben Mann an. Als er die Meldung über den Sojoten entgegennahm, runzelte er die Stirn und sagte: „Das ist eine böse Geschichte. Wir müssen durch das Sumpfland hindurch, wo sich ein Sojot hinter jedem Hügel auf der Lauer befinden wird."
Er schien wirklich sehr besorgt zu sein. Seine Erregung hielt ihn glücklicherweise davon ab, uns viel Aufmerksamkeit zu schenken. Ich beruhigte ihn und versprach ihm, diese Angelegenheit am morgigen Tage mit den Sojoten in Ordnung zu bringen. Der Offizier war ein rohes Vieh und ein dummer Kerl, der nur zu sehr den Wunsch hatte, als Belohnung für die Gefangennahme der Kosakenoffiziere befördert zu werden, und der befürchtete, daß der Sojot ihn daran hindern könnte, den Seybi zu erreichen.
Bei Tagesanbruch brachen wir zusammen mit dem roten Detachement auf. Nachdem wir ungefähr fünfzehn Kilometer zurückgelegt hatten, sahen wir in der Entfernung zwei Reiter hinter den Büschen. Sie waren Sojoten. Auf ihren Rücken trugen sie Flinten.
„Warten Sie einen Augenblick," sagte ich zu dem Offizier. „Ich werde mit ihnen verhandeln."
Ich stürmte von dannen, so schnell mich mein Pferd tragen konnte. Einer der Reiter war der Sojotengouverneur. Dieser sagte zu mir: „Bleiben Sie hinter dem Detachement und helfen Sie uns."

„Schön," antwortete ich. „Aber wir wollen ein bißchen plaudern, damit die Leute da denken, daß wir verhandeln."

Nach einer Weile gab ich dem Sojoten die Hand und kehrte zu den Soldaten zurück.

„Alles in Ordnung," rief ich aus. „Wir können unsere Reise fortsetzen. Die Sojoten werden uns nichts in den Weg stellen."

Wir setzten uns erneut in Bewegung. Als wir eine große Matte überschritten, erblickten wir in großer Entfernung zwei Sojoten, die in vollem Galopp einen Berg hinaufritten.

Ganz allmählich führte ich das nötige Manöver aus, das darin bestand, mich und meinen Reisegefährten etwas hinter das Detachement zu bringen. Hinter unserem Rücken blieb nur noch ein Soldat übrig, der viehisch aussah und uns offenbar sehr feindlich gesinnt war. Ich hatte Gelegenheit, meinem Begleiter nur ein Wort zuzuflüstern: „Mauser", und sah, daß er sorgfältig seine Satteltasche aufknöpfte und aus ihr den Griff seiner Pistole ein wenig herauszog.

Bald verstand ich, warum diese Soldaten, obwohl sie erfahrene Waldleute waren, nicht versuchten, an den Seybi ohne Führer zu gelangen. Das ganze Gebiet zwischen dem Algiak und dem Seybi besteht aus Bergketten, die voneinander durch tiefe, sumpfige Täler getrennt sind. Es ist ein verdammtes und gefährliches Land. Oft sanken die Pferde bis zu den Knien ein, strauchelten und verfingen ihre Beine in den Wurzeln von Moorbuschwerk. Oft stürzten sie hin, so daß wir unter sie zu liegen kamen, Sattelteile zerbrachen und die Zügel zerrissen. Manchmal brachen wir sogar so tief ein, daß der Boden bis zu den Knien der Reiter reichte. Mein Pferd versank einmal mit seiner ganzen Brust und seinem Kopf in dem roten flüssigen Schlamm. Danach stürzte das Pferd des Offiziers, so daß dieser seinen Kopf an einem Stein verletzte. Mein Begleiter beschädigte sein Knie an einem Baum. Auch einige der Soldaten stürzten und wurden verletzt.

Die Pferde atmeten schwer. Irgendwo ertönte das heisere und unheimliche Krächzen einer Krähe. Danach wurde die Straße sogar noch schlechter. Die Wegspur ging weiter durch den Sumpf; aber überall war der Weg durch die Stümpfe von gefallenen Bäumen versperrt. Wenn die Pferde die Stümpfe übersprangen, landeten sie oft in tiefen Löchern und rannten sich darin fest. Wir und die Soldaten waren mit Blut und Schlamm bedeckt und in großer Furcht, unsere Tiere zur völligen Erschöpfung zu bringen. Einen großen Teil des Weges hatten wir abzusitzen und die Pferde zu führen. Schließlich gelangten wir in einen breiten Sumpf, der mit Buschwerk bedeckt und von Felsblöcken umrahmt war. Hier sanken nicht allein die Pferde, sondern auch die Reiter mit dem halben Körper in den scheinbar grundlosen Morast ein. Die ganze Oberfläche des Sumpfes bestand nur aus einem dünnen Torflager, das einen mit schwarzem, fauligem Wasser angefüllten See überdeckte. Als wir schließlich eingesehen hatten, daß wir unsere Kolonne auseinanderziehen und mit großen Abständen marschieren mußten, fanden wir, daß wir uns auf der Oberfläche halten konnten, die unter den Tritten wie dünnes Eis schwankte und das Buschwerk hin- und herzittern ließ. Stellenweise wogte förmlich der Boden.

Plötzlich fielen drei Schüsse. Sie waren nicht lauter als die Knalle von Flobertgewehren, aber sie waren wirkliche Schüsse, denn der Offizier und zwei Soldaten stürzten zur Erde. Die anderen Soldaten griffen nach den Gewehren und sahen sich furchtsam nach dem Feinde um. Vier weitere Mann waren bald aus dem Sattel gebracht. Da bemerkte ich, wie der Kerl, der unsere Arrieregarde bildete, sein Gewehr erhob und gerade auf mich zielte. Mein Mauser war indessen schneller als sein Gewehr, so daß ich jetzt in meiner Erzählung fortfahren kann.

„Los!" rief ich meinem Freunde zu. Wir beteiligten uns nun am Schießen. Bald schwärmten überall auf dem Sumpf die Sojoten umher. Sie entkleideten die Gefallenen, teilten sich die Beute und nahmen wieder von ihren Pferden Besitz.

Nach einer Stunde eines sehr schwierigen Weges hatten wir einen Hang zu ersteigen und kamen bald auf einem mit Bäumen bedeckten Hochplateau an.

„Eigentlich sind die Sojoten nicht gerade zu friedliche Leute," bemerkte ich indem ich mich dem Gouverneur näherte.

Dieser warf mir einen scharfen Blick zu und erwiderte: „Es waren nicht Sojoten, die das Töten besorgten."

Er hatte recht; denn es waren Abekantataren in Sojotenkleidern, die die Bolschewiki getötet hatten. Diese Tataren waren unterwegs, um ihre Vieh- und Pferdeherden aus Rußland hinaus durch Urianhai nach der Mongolei zu treiben. Ihr Führer und Unterhändler war ein kalmückischer Lamaist.

Am nächsten Morgen näherten wir uns einer kleinen Niederlassung russischer Kolonisten und bemerkten einige Reiter, die aus dem Wald hinausspähten. Einer unserer jungen und tapferen Tataren galoppierte im schnellsten Tempo auf die Leute im Walde zu, aber wendete bald wieder um und kehrte zu uns mit beruhigendem Lächeln zurück.

„Alles in Ordnung," rief er lachend aus. „Immer weiter vorwärts."

Wir setzten unsere Reise auf einer guten breiten Straße fort, die an einem hohen hölzernen Gatter entlang führte, welches eine Matte umgab. Auf dieser weidete eine große Herde von Wapiti oder auch Izubr genannt. die die Russen ihrer Hörner wegen aufziehen. Denn diese Hörner haben im Zustand von Schößlingen großen Verkaufswert für tibetanische und chinesische Medizinhändler. Nachdem sie gekocht und getrocknet worden sind, werden sie Panti genannt und den Chinesen sehr teuer verkauft.

Wir wurden von den Kolonisten mit großer Furcht empfangen.

„Gott sei Dank," rief unsere neue Wirtin aus. „Wir dachten..." Dann brach sie ab und blickte ihren Gatten an.

10. Kapitel.
Die Schlacht am Seybi

Dauernde Gefahren entwickeln die Wachsamkeit und das Erkennungsvermögen des Menschen. Müde, wie wir waren, zogen wir weder unsere Kleider aus, noch sattelten wir unsere Pferde ab. Ich steckte meine Mauserpistole in meinen Rock und schickte mich an, umherzublicken und mir die hier anwesenden Leute anzusehen. Das erste Ding, das ich wahrnahm, war der Kolben eines Gewehres unter dem Berge von Kissen, der immer auf den großen Betten der Bauern zu finden ist. Danach bemerkte ich, daß die Angestellten unseres Gastfreundes beständig ein- und ausgingen, um von ihm Befehle zu empfangen. Sie hatten nicht das Aussehen von einfachen Bauern, obwohl sie lange Bärte trugen und sehr schmutzig gekleidet waren. Sie sahen mich mit sehr aufmerksamen Augen an und ließen mich und meinen Freund nicht mit dem Herrn des Hauses allein. Wir konnten die Sachlage nicht im geringsten verstehen. Dann aber kam der Sojotengouverneur herein und erklärte unserem Gastfreund, als er die Gezwungenheit der Lage erkannte, in der Sprache der Sojoten, was von uns zu berichten war.

„Entschuldigen Sie bitte," sagte der Kolonist, „aber Sie wissen ja, daß es heutzutage unter zehntausend Mördern und Räubern nur einen ehrlichen Menschen gibt."

Danach begannen wir frei zu plaudern. Unser Gastfreund hatte erfahren, daß eine Bande von Bolschewiki seine Besitzung auf der Suche nach Kosakenoffizieren angreifen würde, die in seinem Hause lebten. Er hatte schon von der völligen Vernichtung eines Detachements gehört. Unsere Erzählung konnte indessen den alten Mann nicht völlig beruhigen, denn es war ihm zu Ohren gekommen, daß ein großes Detachement von Roten von der Grenze des Usinskibezirks im Anmarsch sei, um die Tataren zu verfolgen, die versuchten, mit ihrem Vieh in südlicher Richtung nach der Mongolei zu entkommen.

„Wir erwarten sie jede Minute voller Sorge," sagte unser Gastfreund zu mir. „Mein Sojot ist gerade gekommen und hat berichtet, daß die Roten bereits den Seybi überschreiten und die Tataren sich für den Kampf vorbereiten."

Wir gingen sogleich hinaus, um unsere Sättel und Packtaschen nachzuprüfen. Dann nahmen wir unsere Pferde beim Zügel und versteckten sie in dem dicht dabei liegenden Gebüsch. Unsere Gewehre und Pistolen wurden fertig gemacht. So postierten wir uns an der Einzäunung, um auf unseren gemeinsamen Feind zu warten. Eine Stunde aufregenden Wartens verrann. Da kam einer der Arbeiter aus dem Gehölz herbeigelaufen und flüsterte: „Sie durchqueren unseren Sumpf ... Das Gefecht hat begonnen."

In der Tat ertönte, wie als Bestätigung seiner Worte, durch den Wald der Knall eines einzigen Gewehrschusses. Bald darauf entstand ein immer schärfer werdendes Geknatter von Gewehren verschiedener Arten. Der Lärm kam dem Hause näher. Bald hörten wir den Aufschlag von Pferdehufen und die rohen Schreie der Soldaten. Plötzlich sprangen drei der Roten in das Haus, von der Straße kommend, wo sie jetzt aus zwei Richtungen von den Tataren bestrichen wurden. Sie fluchten wild. Einer von ihnen schoß auf unseren Gastfreund, der niederstürzte und auf die Knie hinfiel, als seine Hand nach dem Gewehr unter den Kissen greifen wollte.

„Wer seid Ihr?" schrie ein Soldat roh, indem er sich uns zuwandte und sein Gewehr erhob. Wir antworteten mit unseren Mausern und taten das erfolgreich, denn nur einer der Soldaten, der weiter zurück in der Nähe der Tür geblieben war, konnte entkommen, und das nur, um im Hofe in die Hände eines Arbeiters zu fallen, der ihn erwürgte. Der Kampf war im Gange. Die Roten hatten sich in dem Graben, der neben der Straße herlief, dreihundert Schritt von dem Hause entfernt niedergeworfen und erwiderten das Feuer der sie umzingelnden Tataren. Einige Soldaten liefen nach dem Hause, um ihren Kameraden zu helfen. Doch jetzt hörten wir eine regelrechte Salve der Arbeiter unseres Gastfreundes. Sie feuerten wie im Manöver, ruhig und genau. Fünf Rote Soldaten blieben auf der Straße liegen, während sich die übrigen nun in ihrem Graben in Deckung hielten. Nach nicht langer Zeit stellten wir fest, daß sie nach dem Ende des Grabens krochen, das dem Walde, in dem sie ihre Pferde zurückgelassen hatten, am nächsten lag. Die Gewehrschüsse ertönten in immer größerer Entfernung. Bald sahen wir, daß fünfzig bis sechzig Tataren die Roten über die Matte verfolgten.

Zwei Tage ruhten wir hier am Seybi aus. Es zeigte sich daß die Arbeiter unseres Gastfreundes, acht Mann an der Zahl, Offiziere waren, die sich vor den Bolschewiki verbargen. Sie erbaten Erlaubnis, uns begleiten zu dürfen, womit wir einverstanden waren.

So hatten mein Freund und ich, als wir die Reise fortsetzten, eine Bedeckung von acht bewaffneten Offizieren und drei Packpferden, Wir durchschritten ein schönes Tal, das zwischen den Flüssen Seybi und Ute gelegen ist. Überall sahen wir herrliche Weiden mit zahlreichen Herden, Aber in den zwei oder drei Häusern, die an der Straße lagen, konnten wir keinen lebenden Menschen finden. Alles hatte sich aus Furcht versteckt, als die Nachricht von dem Kampfe mit den Roten hierher gedrungen war. Am nächsten Tage erklommen wir die Hohe Daban genannte Bergkette. Dann überquerten wir ein weites, niedergebranntes Waldgebiet, wo unsere Wegspur an gestürzten Bäumen vorbeiführte. Darauf stiegen wir von neuem in ein Tal hinab, dessen Grund vor uns durch Geländefalten verborgen war. Dort hinter diesen Falten floß der Kleine Jenissei, der letzte große Fluß, bevor man die eigentliche Mongolei erreicht.

Ungefähr zehn Kilometer vom Fluß entfernt erspähten wir eine Rauchsäule, die aus dem Gehölz aufstieg. Zwei Offiziere gingen nach vorn auf Kundschaft aus. Lange war nichts von ihnen zu sehen. Da wir fürchteten, daß ihnen etwas zugestoßen sein könnte, bewegten wir uns vorsichtig auf den Rauch zu, stets bereit zu kämpfen, falls es nötig wäre. Schließlich kamen wir nahe genug heran, um die Stimmen vieler Menschen zu hören, unter ihnen das laute Lachen unserer Kundschafter.

Auf der Mitte einer Matte sahen wir ein großes Zelt mit zwei Lagerstätten aus Zweigen und drum herum eine Schar von fünfzig bis sechzig Männern, Als wir aus dem Walde heraustraten, liefen sie auf uns zu und gaben uns ein freudiges Willkommen. Wir waren auf ein großes Lager russischer Offiziere und Soldaten gestoßen, die nach ihrer Flucht aus Sibirien in den Häusern der russischen Kolonisten und reichen Bauern von Urianhai lebten,

„Was treiben Sie hier?" fragten wir überrascht,

„Oho, wissen Sie denn nichts von dem, was sich ereignet hat?" erwiderte ein ziemlich alter Mann, der sich Oberst Ostrowsky nannte, „In Urianhai ist von dem Militärkommissar der Befehl ergangen, alle mehr als achtundzwanzig Jahre alten Männer zu mobilisieren. Überall befinden sich jetzt Detachements dieser Parteigänger im Vormarsch auf die Stadt Belotzarsk. Sie berauben die Kolonisten und

Bauern und töten jeden, der in ihre Hände fällt. Wir verbergen uns hier vor ihnen!"

Das ganze Lager verfügte nur über sechzehn Gewehre und drei Bomben, die einem Tataren gehörten, der mit seinem kalmückischen Führer zu seinen Herden in der westlichen Mongolei reiste. Wir erklärten den Zweck unserer Reise und unsere Absicht, durch die Mongolei hindurch nach dem nächsten Hafen am Stillen Ozean vorzudringen. Die Offiziere baten mich, sie mit hinauszunehmen. Ich willigte ein.

Unsere Kundschafter stellten auf dem weiteren Vormarsch fest, daß sich in der Nähe des Hauses des Bauern, der uns in einer Fähre über den Kleinen Jenissei zu setzen hatte, keine Parteigänger befanden. Wir bewegten uns so schnell wie möglich vorwärts, um baldigst die gefährliche Zone des Jenissei verlassen und in den jenseits davon gelegenen Wäldern untertauchen zu können. Es schneite. Doch der Schnee taute sofort wieder auf. Vor Einbruch des Abends begann ein kalter Nordwind zu wehen, der einen dünnen Nebel mit sich führte.

Spät in der Nacht langte unsere Gesellschaft am Flusse an. Der dort wohnende Kolonist hieß uns willkommen und erbot sich sogleich, uns überzusetzen und die Pferde hindurchschwimmen zu lassen, obgleich im Strome noch immer Eis trieb. Während unserer Unterhaltung war einer der Arbeiter des Kolonisten zugegen, ein rothaariger Kerl mit schielenden Augen. Er lief die ganze Zeit über auf und ab. Plötzlich verschwand er. Als unser Gastfreund das bemerkte, sagte er mit dem Ausdruck der Furcht in seiner Stimme: „Er ist zum Dorfe gelaufen und wird die Parteigänger hierher bringen. Wir müssen sogleich übersetzen."

Nun begann die fürchterlichste Nacht meiner ganzen Reise. Wir schlugen dem Kolonisten vor, er solle nur unsere Vorräte und Munition in das Boot nehmen, während wir unsere Pferde hindurchschwimmen lassen wollten, um so zu vermeiden, daß die Fähre mehrere Male hin- und herfahren müßte. Der Jenissei ist an dieser Stelle ungefähr dreihundert Meter breit. Die Strömung ist sehr stark, und das Ufer bricht plötzlich zur vollen Tiefe des Stromes ab. Die Nacht war absolut dunkel, nicht ein Stern am Himmel. Der Wind trieb uns mit scharfem Pfeifen den Schnee entgegen und schnitt scharf in unsere Gesichter. Vor uns floß der Strom mit seinem schwarzen, reißenden Wasser, das dünne, tanzende, umhergewirbelte Eisblöcke hinabtrug.

Lange weigerte sich mein Pferd, das tiefe Ufer hinabzuspringen. Es schnaubte und bäumte sich auf Mit aller meiner Kraft hieb ich es mit der Peitsche über den Hals, bis es sich endlich mit einem mitleiderregenden Stöhnen in den kalten Strom hinabwarf. Wir sanken beide zunächst völlig unter, so daß ich mich kaum im Sattel halten konnte. Bald befand ich mich einige Meter von dem Ufer. Mein Pferd streckte bei seinen Anstrengungen Kopf und Hals weit nach vorne und schnaubte unaufhörlich. Ich fühlte jede seiner Bewegungen im Wasser und das Zittern seines unter mir befindlichen Körpers. Schließlich gelangten wir in die Mitte des Stromes. Dort wurde die Strömung außerordentlich reißend. Sie begann uns mit hinabzureißen. In der fürchterlichen Dunkelheit hörte ich die Rufe meiner Begleiter und das Stöhnen der Furcht und des Leidens der Pferde. Ich war bis an die Brust im Eiswasser. Einige Male trafen mich treibende Eisblöcke. Einige Male schlossen sich die Wellen über meinem Kopfe. Ich hatte keine Zeit mich umzublicken und die Kälte zu fühlen. Der animalische Wunsch, zu leben, hatte völlig von mir Besitz ergriffen. Ich war nur von dem Gedanken erfüllt, daß, wenn die Kraft meines Pferdes in diesem Kampfe mit dem Strome versagen würde, ich umkommen müßte. Meine ganze Aufmerksamkeit war deshalb auf die Anstrengungen des Tieres und seine bebende Furcht gerichtet.

Plötzlich stöhnte es laut. Ich bemerkte, daß es zu sinken begann. Das Wasser ging offenbar bereits über seine Nüstern, denn stellenweise wurden die Zwischenräume zwischen seinem erschreckten Schnaufen länger. Ein großer Eisklotz schlug gegen seinen Schädel und brachte es zum Umdrehen, so daß es jetzt stromabwärts schwamm. Nur mit Mühe gelang es mir, es wieder in Richtung auf das Ufer zurückzubringen. Doch fühlte ich, daß seine Kraft nahe am Ende war. Sein Kopf verschwand mehrere Male unter der wirbelnden Oberfläche. So hatte ich keine Wahl, Ich ließ mich vom Sattel hinabgleiten und schwamm, indem ich mich mit meiner linken Hand festhielt, mit meiner rechten Hand neben dem Tier, es durch häufige Anrufe ermutigend. Eine Zeitlang trieb es mit offenen Lippen und fest zusammengebissenen *Zähnen*. In seinen weit geöffneten Augen war unbeschreibliche Furcht zu lesen. Sobald ich aus dem Sattel war, hob es sich im Wasser und schwamm ruhiger und schneller.

Schließlich hörte ich unter den Hufen meines erschöpften Tieres Geröll. Und ähnlich gelangten, einer nach dem anderen, auch meine

Gefährten an das Ufer. Die gut trainierten Pferde hatten alle ihre Reiter heil hinübergebracht. Viel weiter unterhalb landete unser Kolonist mit den Vorräten. Ohne einen Augenblick zu zögern, packten wir unsere Sachen auf die Pferde und setzten die Reise fort.

Der Wind wurde stärker und kälter. Bei Tagesgrauen wurde die Kälte außerordentlich scharf. Unsere durchnäßten Kleider gefroren und wurden so hart wie Leder. Unsere Zähne schlugen aufeinander. In unseren Augen stand das rote Feuer des Fiebers. Aber wir drängten weiter vorwärts, um so viel Raum wie möglich zwischen uns und die Parteigänger zu bringen. Nachdem wir ungefähr fünfzehn Kilometer im Walde zurückgelegt hatten, traten wir in ein offenes Tal ein, von dem aus das andere Ufer des Jenissei sichtbar war. Es war ungefähr acht Uhr in der Frühe. Auf der Straße am anderen Ufer wand sich eine schwarze, schlangenähnliche Linie von Reitern und Wagen. Wir stellten fest, daß dies eine Kolonne Roter Soldaten mit ihrem Train war. Drum stiegen wir ab und verbargen uns im Gebüsch, um nicht ihre Aufmerksamkeit auf uns zu lenken.

Den ganzen Tag über setzten wir, während das Thermometer auf Nullpunkt stand, die Reise fort. Erst zur Nachtzeit machten wir Halt in einem Gebirge, das mit Lärchenwäldern bedeckt war. Dort entzündeten wir große Feuer, trockneten unsere Kleider und wärmten uns gründlich. Die hungrigen Pferde gingen nicht von den Feuern fort, sondern standen direkt hinter uns mit gesenkten Köpfen und schliefen. Früh am nächsten Morgen kamen Sojoten in unser Lager.

„Ulan?" (rot?) fragte einer von ihnen.

„Nein, nein," rief unsere ganze Gesellschaft aus.

„Tzagan?" (weiß?) war die nächste Frage.

„Ja, ja," sagte unser Tatar. „Sie sind alle Weiße."

„Mende! Mende!" grunzten sie jetzt und begannen dann, nachdem sie Tee zu sich genommen hatten, uns äußerst wichtige Dinge zu erzählen. Aus ihrem Bericht ergab sich, daß die roten Parteigänger von dem Tannu-Ola-Gebirge vorgestoßen waren, und daß sie die ganze Grenze der Mongolei entlang Vorposten aufgestellt hatten, um die Bauern und Sojoten, die ihr Vieh wegzutreiben suchten, abzufangen. Demnach würde es jetzt unmöglich sein, das Tannu-Ola-Gebirge zu überschreiten.

Ich sah nur einen Ausweg: Im sumpfigen Tal von Buret Hei vorzustoßen, um an das Südufer des Kosogolsees zu gelangen, der sich bereits im Gebiet der eigentlichen Mongolei befindet.

Die von den Sojoten überbrachten Nachrichten waren in der Tat sehr unangenehm. Bis zum ersten mongolischen Posten in Sangaltai war es nicht mehr als sechzig Meilen von unserem Lager, während die Entfernung nach Kosogol auf der kürzesten Linie zweihundertfünfundsiebzig Meilen betrug. Den Pferden, die mein Freund und ich ritten, konnte kaum diese weitere Anstrengung zugemutet werden, nachdem sie bereits mehr als sechshundert Meilen auf schlechten Straßen und ohne eigentliche Nahrung und Ruhe zurückgelegt hatten. Doch als ich die Lage überdachte und auch den Zustand meiner übrigen Reisegefährten in die Waagschale warf, entschloß ich mich, die Überschreitung des Tannu-Ola-Gebirges nicht zu versuchen. Denn meine Offiziere waren nervöse, moralisch gesunkene Männer, die schlecht bekleidet und schlecht bewaffnet waren. Die meisten von ihnen hatten sogar überhaupt keine Waffen. Ich weiß, daß es in einem Gefecht keine größere Gefahr gibt als diejenige, die von unbewaffneten Menschen ausgeht. Sie werden leicht zum Opfer einer Panik, verlieren den Kopf und stecken alle übrigen an. Deshalb beriet ich mich mit meinen Freunden, mit dem Ergebnis, daß wir beschlossen, nach Kosogol zu gehen. Unsere Gesellschaft willigte ein, uns zu folgen.

Nach dem Mittagessen, das aus Suppe mit großen Fleischstücken, trockenem Brot und Tee bestand, setzten wir uns in Bewegung. Etwa um zwei Uhr begannen die Berge sich vor uns zu erheben. Es waren die nordöstlichen Ausläufer des Tannu-Ola-Gebirges, hinter dem das Tal von Buret Hei lag.

11. Kapitel.
Die Barriere der roten Parteigänger.

In einem Tal, das zwischen zwei steilen Rücken lag, entdeckten wir eine Herde von Yaks und Rindvieh, die in nördlicher Richtung von zehn berittenen Sojoten in beschleunigtem Tempo getrieben wurde. Müde kamen die Sojoten auf uns zu und gaben uns nach einer Weile zu wissen, daß Noyon (Fürst) von Todji sie geheißen habe, die Herden, dem Buret Hei folgend, nach der Mongolei zu treiben, da er befürchtete, daß sie sonst durch die roten Parteigänger geraubt würden. Sie hätten entsprechend gehandelt, seien aber von Sojoten Jägern dahin verständigt worden, daß dieser Teil des Tannu-Ola-Gebirges von Parteigängern aus dem Dorfe Wladimirovka besetzt worden sei. Infolgedessen seien sie gezwungen gewesen, umzukehren. Wir erkundigten uns bei ihnen nach der Stellung dieser Vorposten und nach der Zahl der Parteigänger, die den nach der Mongolei hinüberführenden Bergpaß besetzt hielten. Dann sandten wir unseren Tataren und den Kalmücken auf Kundschaft aus, während wir anderen uns auf den weiteren Vormarsch vorbereiteten, indem wir die Füße unserer Pferde mit unseren Hemden umwickelten und um ihre Nasen Tücher und Seilstücke banden, so daß sie nicht wiehern konnten.

Es war bereits dunkel, als unsere Kundschafter zurückkehrten und berichteten, daß ungefähr dreißig Parteigänger ein Lager etwa zehn Kilometer von uns entfernt aufgeschlagen hätten, und zwar in den Jurten von Sojoten. Am Paß stünden zwei Vorposten, der eine aus zwei, der andere aus drei Soldaten bestehend. Die Entfernung von den Vorposten nach dem Lager betrage wenig über eine Meile.

Unser Weg lag zwischen den beiden Vorposten. Vom Gipfel des Berges konnten wir sie ganz deutlich stehen sehen und hätten sie niederknallen können.

Als wir in die Nähe der Paßhöhe kamen, ließ ich unsere Gesellschaft zurück und nahm meinen Freund, den Tataren, den Kalmücken und zwei junge Offiziere mit mir. Von dem Berge sah ich in einer Entfernung von fünfhundert Meter vor mir zwei Lagerfeuer. An jedem derselben saß ein Soldat mit Gewehr. Die übrigen schliefen. Ich wünschte an sich nicht mit den Parteigängern zu kämpfen, aber die Vorposten mußten erledigt werden, und zwar ohne zu schießen, wenn wir überhaupt durch den Paß hindurchgelangen wollten. Meine Ansicht ging dahin, daß die Parteigänger uns später nicht nachspüren könnten, da die ganze Straße bereits dicht bedeckt war mit den Abdrücken von Pferde- und Rindviehhufen.

„Jene zwei kommen auf meine Rechnung," flüsterte mein Freund, indem er nach dem linken Vorposten wies.

Wir übrigen sollten den anderen Vorposten erledigen. Ich kroch durch das Gebüsch hinter meinem Freund her, um ihm im Fall der Not beizustehen. Doch ich muß zugeben, daß ich seinetwegen nicht die geringste Sorge hatte. Er war ungefähr sieben Fuß hoch und so stark, daß, wenn zum Beispiel ein Pferd sich weigerte, das Gebiß zwischen die Zähne zu nehmen, er seinen Arm um den Pferdenacken zu schlingen und die Vorderfüße des Pferdes von unten her zu treten pflegte, so daß es hinfiel und er es mit Leichtigkeit am Boden aufzäumen konnte.

Als wir bis auf hundert Schritt herangekommen waren, blieb ich hinter dem Gebüsch zurück, um zu beobachten. Ich konnte das Feuer und den dösenden Posten ganz genau sehen. Er saß mit seinem Gewehr auf den Knien. Sein neben ihm schlafender Begleiter rührte sich nicht.

Eine Zeitlang sah ich nichts von meinem Freunde. Am Lagerfeuer blieb alles ruhig. Plötzlich waren von den anderen Vorposten wenige unterdrückte Rufe zu hören. Dann war wieder alles still. Unser Posten erhob träge den Kopf. Gerade in diesem Moment richtete sich der riesige Körper meines Freundes auf, schob sich zwischen mich und das Feuer, und schon nach einem Augenblick sah ich die Beine des Postens durch die Luft fliegen, denn mein Gefährte hatte ihn bei der Gurgel ergriffen und schwang ihn in das Gebüsch hinüber, wo beide verschwanden. Nach einer Sekunde tauchte mein Freund wieder auf. Er schwang das Gewehr seines Opfers über dessen Kopf. Ich hörte einen dumpfen Schlag, dem eine absolute Ruhe folgte. Mein Freund kam zu mir zurück; verlegen lächelnd sagte er: „Das ist gemacht. Hol's der Teufel! Als ich ein Knabe war, wollte meine Mutter aus mir einen Priester machen. Nachdem ich aufgewachsen war, wurde ich zum Agronom, um — Menschen zu erwürgen und ihnen die Schädel einzuschlagen. Eine Revolution ist eine furchtbar dumme Sache."

Aergerlich und angeekelt spuckte er aus und zündete sich seine Pfeife an.

Auch am anderen Vorposten war alles zu Ende.

Noch in der gleichen Nacht erreichten wir den höchsten Rücken des Tannu-Ola-Gebirges, um dann in ein mit dichtem Gebüsch bedecktes Tal hinabzusteigen und uns durch ein förmliches Netz kleiner Flüsse und Ströme zu winden. Wir hatten das Quellgebiet des Buret Hei erreicht. Um ein Uhr etwa hielten wir an, um unsere Pferde zu füttern, da gerade an dieser Stelle das Gras sehr gut war.

Hier glaubten wir uns in Sicherheit zu befinden. Wir sahen manche beruhigenden Anzeichen. Auf den Bergen waren grasende Herden von Yaks zu sehen, und herbeikommende Sojoten bestätigten unsere Annahme. Hier hinter der Tannu Ola hatten die Sojoten Rote Soldaten noch nicht gesehen. Wir schenkten diesen Sojoten einen Ziegel Tee und ließen sie glücklich und in der sicheren Annahme von uns fortgehen, daß wir „Tzagan", „gute Leute" seien.

Während unsere Pferde sich ausruhten und auf dem gut erhaltenen Grase grasten, saßen wir am Feuer und überlegten uns unsere weiteren Reisepläne. Bei dieser Gelegenheit entstand eine scharfe Meinungsverschiedenheit zwischen zwei Gruppen unserer Gesellschaft. Zum Wortführer der einen machte sich ein Oberst, dem zusammen mit vier Offizieren die Abwesenheit von Roten im Süden des Tannu-Ola-Gebirges einen so großen Eindruck machte, daß diese Leute beschlossen, sich nach Kobdo durchzuschlagen, um dann bis nach dem Lager am Emilfluß vorzudringen, wo die chinesischen Behörden sechstausend Mann von den Streitkräften des Generals Bakitsch interniert hatten. Mein Freund und ich zusammen mit sechzehn Offizieren zogen es jedoch vor, unseren früheren Plan auszuführen, nämlich danach zu trachten, die Ufer des Kosogol-Sees zu erreichen, um von dort aus nach dem Fernen Osten zu gelangen Da keine der beiden Gruppen die andere dazu überreden konnte, ihre eigenen Ideen aufzugeben, teilte sich unsere Gesellschaft.

Am Mittag des nächsten Tages nahmen wir voneinander Abschied. Es zeigte sich, daß unsere eigene aus achtzehn Mann bestehende Gruppe unterwegs viele Kämpfe zu bestehen und mancherlei Schwierigkeiten zu überwinden hatte, was uns das Leben von sechs unserer Kameraden kostete, doch daß die übrigen von uns so fest durch Bande der Treue miteinander verbunden an das Reiseziel gelangten, daß wir uns auch nachher die freundschaftlichsten Gefühle bewahrt haben. Die andere Gruppe, deren Führer Oberst Jukoff war, ging zu

Grunde. Sie stieß auf ein starkes rotes Kavallerie-Detachement und wurde von diesem in zwei Gefechten geschlagen. Nur zwei Offiziere entkamen, die mir diese traurige Nachricht und die Einzelheiten der Kämpfe später erzählten, als ich sie nach vier Monaten in Urga traf. Unsere aus achtzehn Reitern und fünf Packpferden bestehende Gruppe folgte dem Tal des Buret Hei aufwärts. Wir schlugen uns durch Sümpfe, passierten zahllose schmutzige Ströme, wurden von kalten Winden durchgeschüttelt und von Schnee und Hagel geplagt Aber wir hielten unermüdlich an unserem am südlichen Ende des Kosogol gelegenen Reiseziele fest. Unser Tatar führte uns in durchaus zuverlässiger Weise über die Straße, die durch die Fußspuren vieler von Urian Hai nach der Mongolei getriebenen Rinder deutlich erkennbar war.

12. Kapitel.
Im Lande des ewigen Friedens.

Die Bewohner von Urian Hei, die Sojoten, sind stolz, echte Buddhisten zu sein und die reine Lehre des heiligen Rama und die tiefe Weisheit von Sakia-muni bewahrt zu haben. Sie sind seit ewig Feinde des Krieges und jeglichen Blutvergießens. Vor langer Zeit, im dreizehnten Jahrhundert, verließen sie lieber ihr Heimatland und suchten lieber im Norden Zuflucht, als daß sie gekämpft hätten oder ein Teil des Reiches des blutigen Kaisers Dschingis Khan geworden wären, der diese wunderbaren Reiter und geschickten Bogenschützen gerne für seine Streitmacht gewonnen hätte. Dreimal in der Geschichte sind sie so in nördlicher Richtung gewandert, um Kampf zu vermeiden, und bis heute kann niemand sagen, daß er auf den Händen von Sojoten Spuren menschlichen Blutes gesehen habe. Mit ihrer Friedensliebe bekämpfen die Sojoten die Kriegsübel. Sogar die strengen chinesischen Verwaltungsbeamten konnten in diesem Land des Friedens nicht ihre unbeugsamen Gesetze in vollem Maße zur Anwendung bringen. In derselben Weise verhielten sich die Sojoten gegenüber den Russen, die, nach Blut und Verbrechen dürstend, die Revolutionspest in ihr Land brachten. Sie vermieden beständig, mit roten Truppen und Parteigängern zusammenzustoßen, indem sie mit ihren Familien und ihrem Vieh nach den fern gelegenen Fürstentümern Kamtchik und Soldjak auswichen. Der östliche Arm dieses Abwanderungsstromes ging durch das Tal von Buret Hei. Infolgedessen überholten wir dort beständig Gruppen von Sojoten mit Vieh und Herden.

Wir kamen auf der sich windenden Buret Hei-Straße schnell vorwärts und begannen schon nach zwei Tagen den Anstieg zu dem Bergpaß zwischen den Tälern des Buret Hei und Kharga. Der Weg war nicht sehr steil, aber es lagen auch hier überall gefallene Lärchenbäume, und, so unglaublich es klingen mag, befanden sich auch hier zahlreiche Sumpfplätze, durch die die Pferde nur schwer hindurchkamen.

Bald wurde die Straße, abermals über Kiesel und Geröll hinwegführend, das unter den Füßen unserer Pferde in den Abgrund am Wege hinabrutschte, von neuem gefährlich. Bei dem Ueberschreiten dieser Moräne, die offenbar durch Vorzeit-Gletscher hierher an die Bergseite geworfen worden war, wurden unsere Pferde schnell müde.

Einige Male führte der Weg hart am Rande des Abgrundes vorbei, in den die Pferde große Mengen von Steinen und Sand hinabrollen ließen. Ich erinnere mich, daß wir einen ganzen Berg bedeckt mit solchem beweglichem Sand zu passieren hatten. An diesem Berge mußten wir absitzen und unsere Pferde an den Zügeln führen, um zu Fuß etwa eine Meile weit über diesen gleitenden Boden zu stapfen. Dabei sanken wir wiederholt bis an die Knie ein und rutschten oft mit den Sandmassen dem Abgrund zu. Eine einzige ungeschickte Bewegung würde uns in den Abgrund gestürzt haben. Diesem Geschick verfiel eins unserer Pferde. Den Bauch tief in einer beweglichen Falle vergraben, konnte es sich nicht frei machen. So glitt es mit einer Sandmenge hinab und rollte über den Abgrund, wir hörten nur das Brechen von Zweigen auf seinem Todeswege. Nur mit großer Mühe gelang es uns hinabzusteigen, um wenigstens Sattel und Satteltaschen zu retten.

Weiter wegaufwärts hatten wir eins unserer Packpferde aufzugeben, das uns von der nördlichen Grenze von Urian Hei aus Dienste geleistet hatte. Zunächst versuchten wir es uns zu erhalten, indem wir ihm seine Last abnahmen, aber auch das half nichts. Es ließ sich nicht vorwärts treiben, sondern blieb mit gesenktem Kopf stehen und machte einen so erschöpften Eindruck, daß wir einsahen, daß es am Ende war. Einige Sojoten untersuchten es, befühlten seine Muskeln an den Vorder- und Hinterbeinen, nahmen seinen Kopf zwischen die Hände und bewegten ihn von einer Seite zur ändern. Dann sagten sie: „Dieses Pferd kann nicht weiter. Sein Gehirn ist ausgetrocknet." So hatten wir es zurückzulassen.

Am Abend dieses Tages erlebten wir einen wunderbaren Landschaftswechsel, als wir den Gipfel einer Höhe erreichten und uns auf einem breiten, mit Lärchen bedeckten Plateau befanden. Hier fanden wir die Jurten einiger Sojotenjäger, die aus Baumrinde anstatt wie gewöhnlich aus Filz gemacht waren. Aus den Zelten sprangen zehn mit Gewehren bewaffnete Männer auf uns zu. Sie teilten uns mit, daß der Fürst von Soldjak niemandem erlaube, diesen Weg zu passieren, da er fürchte, daß sonst Mörder und Räuber in sein Gebiet eindringen würden.

„Geht hin, woher Ihr gekommen seid," rieten sie uns ängstlich blickend.

Ich selbst gab keine Antwort und verhinderte, daß es wegen der Sache zwischen einem alten Sojoten und einem meiner Offiziere zum

Streite kam. Ich wies auf den kleinen Strom unten im Tal, der vor uns lag, und fragte, wie er hieße.

„Oina," erwiderte der Sojot. „Das ist die Grenze unseres Fürstentums. Das Ueberschreiten ist verboten."

„Sehr schön," sagte ich. „Doch Ihr werdet uns erlauben, uns zu erwärmen und ein wenig auszuruhen."

„Ja, ja," riefen die gastlichen Sojoten und führten uns an ihr Lager.

Auf dem Wege dorthin benutzte ich die Gelegenheit, um dem alten Sojoten eine Zigarette und einem anderen eine Schachtel Streichhölzer zu schenken. Wir gingen alle in einer Linie, ausgenommen ein Sojot, der langsam hinter uns herhinkte und seine Hand an der Nase hielt.

„Ist er krank?" fragte ich.

„Ja," antwortete der alte Sojot traurig. „Das ist mein Sohn. Seit zwei Tagen verliert er Blut aus der Nase, und jetzt ist er ganz schwach."

Ich stand still und rief den jungen Mann zu mir.

„Knöpfe Deinen Rock auf," befahl ich. „Mach Hals und Brust bloß und beuge Deinen Kopf so weit zurück, wie Du kannst." Während er dies tat, drückte ich einige Minuten lang auf die Schlagadern auf beiden Seiten des Kopfes. Dann sagte ich zu ihm: „Jetzt wirst Du kein Nasenbluten mehr haben. Geh in Dein Zelt und leg' Dich eine Zeitlang hin."

Die „mysteriöse" Handlung meiner Finger machte auf den Sojoten einen starken Eindruck. Der alte Sojot flüsterte furchtsam und ehrfurchtsvoll: „Ta Lama, Ta Lama! (großer Doktor)." In der Jurte setzte uns der alte Sojot Tee vor, während er sich selbst über irgend etwas in tiefem Nachdenken befand. Darauf beriet er sich mit seinen Gefährten und teilte uns schließlich folgendes mit: „Die Frau unseres Fürsten hat eine Augenkrankheit und ich glaube, der Fürst wird sich sehr freuen, wenn ich den „Ta Lama" zu ihm bringe. Er wird mich nicht deswegen bestrafen, denn er befahl nur, daß schlechten Leuten das Passieren der Grenze verboten werden solle. Dieser Befehl aber brauchte nicht gute Leute daran zu hindern, zu ihm zu kommen."

„Tut, was Ihr für das Beste haltet," erwiderte ich ziemlich gleichgültig. „In der Tat verstehe ich Augenkrankheiten zu behandeln; aber ich würde von hier umkehren, wenn Ihr es mich heißen würdet."

„Aber nein," rief der alte Mann erschreckt aus. „Ich selbst werde Sie führen."

Am Feuer sitzend, steckte er sich die Pfeife mit einem Feuerstein an, rieb ihr Mundstück an seinem Aermel ab und bot sie mir dann nach echter Gastfreundschaft der Eingeborenen an. Ich benahm mich comme il faut und rauchte. Dann reichte ich die Pfeife an die anderen Mitglieder unserer Gesellschaft weiter, worauf alle von uns entweder eine Zigarette oder ein wenig Tabak oder einige Streichhölzer hergaben. So wurde die Freundschaft besiegelt. Bald drängten sich viele Leute in unsere Jurte, Männer, Frauen und Kinder, aber auch Hunde. Es war unmöglich, sich zu bewegen. Aus der Menge trat ein Lama mit glatt rasiertem Gesicht und kurz geschnittenem Haar, der das wehende rote Gewand seines Standes trug. Seine Kleidung und sein Gesichtsausdruck waren sehr verschieden von dem gewöhnlichen Eindruck, den die schmutzigen Sojoten mit ihren Zöpfen und ihren an den Spitzen mit Eichkatzschwänzen besetzten Filzkappen machten. Der Lama kam uns sehr freundlich entgegen und blickte gierig auf unsere goldenen Ringe und Uhren. Ich entschied mich aus dieser Gier des Dieners Buddhas Nutzen zu ziehen. Ihm Tee und getrocknetes Brot reichend, gab ich ihm kund, daß ich Pferde kaufen müßte.

„Ich habe ein Pferd. Wollen Sie es von mir kaufen?" fragte er. „Doch ich nehme keine russischen Banknoten an. Wir wollen etwas dafür eintauschen."

Lange mußte ich mit ihm handeln. Endlich erhielt ich für meinen goldenen Ehering einen Regenmantel und einen Ledersattel, ein schönes Sojotenroß, das das verlorene Packpferd ersetzen mußte, und außerdem noch eine junge Ziege.

Hier brachten wir die Nacht zu, nachdem man uns fettes Hammelfleisch vorgesetzt hatte.

Am nächsten Morgen traten wir unter der Führung des alten Sojoten den Vormarsch an, indem wir dem Wege folgten, der in dem von Bergen und Sümpfen freien Tale der Oina entlang führte. Wir wußten, daß das Pferd meines Freundes und mein eigenes Pferd, sowie noch drei andere Tiere zu erschöpft waren, um bis an den Kosogol gelangen zu können. Deshalb beschlossen wir, den Versuch zu machen, weitere Käufe in Soldjak abzuschließen. Bald stießen wir auf kleine Gruppen von Sojotenjurten, die von Vieh- und Pferdeherden umgeben waren. Endlich näherten wir uns der beweglichen Hauptstadt des Fürsten.

Unser Führer ritt voraus, um mit dem Stammesoberhaupt in Verhandlungen zu treten. Bevor er das tat, hatte er uns abermals versichert, daß der Fürst sich freuen würde, den Ta Lama zu begrüßen, aber, als er das sagte, recht ängstlich und besorgt ausgesehen. Nach kurzer Zeit traten wir in eine weite, mit niedrigem Gebüsch bedeckte Ebene ein. Unten am Ufer des Flusses sahen wir große Jurten, über denen gelbe und blaue Banner wehten. Wir errieten leicht, daß das der Sitz der Regierung war.

Bald kam unser Führer zu uns zurück. Sein ganzes Gesicht strahlte. Er winkte mit den Händen und rief: „Der Noyon (der Fürst) bittet Sie zu kommen! Er freut sich sehr!"

So wurde ich gezwungen, mich aus einem Kriegsmann in einen Diplomaten zu verwandeln. Als wir uns der Jurte des Fürsten näherten, kamen uns zwei Beamte entgegen, die die spitz zulaufenden mongolischen Kappen mit Pfauenfedern trugen. Sehr respektvoll baten sie den fremden „Noyon", in die Jurte einzutreten. Mein Freund, der Tatar, und ich traten ein. In der mit teurer Seide reich ausgestatteten Jurte fanden wir ein schwächliches, verhutzeltes altes Männchen mit glattrasiertem Gesicht und geschorenem Haar vor, das eine ebenfalls hochzugespitzte Biberpelzkappe mit roter Seidenquaste trug, über der ein dunkler roter Mandarinknopf mit darunter hervorströmenden langen Pfauenfedern befestigt war. Auf seiner Nase trug er eine große chinesische Brille. Er saß auf einem niedrigen Diwan, während seine Finger nervös nach den Perlen seines Rosenkranzes griffen. Dies war der Ta Lama, Fürst von Soldjak und Hohepriester des buddhistischen Tempels.

Er hieß uns herzlichst willkommen und forderte uns auf, an dem in einer kupfernen Pfanne brennenden Feuer Platz zu nehmen. Seine überraschend schöne Fürstin setzte uns Tee und chinesisches Konfekt vor. Wir rauchten Pfeifen, obgleich sich der Fürst als Lama nicht daran beteiligte. Doch kam er seiner Pflicht als Gastgeber nach, indem er die Pfeifen, die wir ihm anboten, immerhin bis an die Lippen führte und uns seinerseits sein aus grünem Nephrit bestehendes Schnupftabakfläschchen reichte.

Als so den Forderungen der Etikette entsprochen war, warteten wir ab, was uns der Fürst zu sagen hätte. Er erkundigte sich, ob unsere Reise vom Glück begleitet gewesen wäre und was unsere weiteren Pläne seien. Ich redete ganz offen mit ihm und erbat seine

Gastfreundschaft für unsere übrige Gesellschaft und für die Pferde. Darin willigte er sofort ein, indem er Befehl gab, für uns vier Jurten aufzurichten.

„Ich höre, daß der fremde Noyon ein guter Arzt ist," sagte der Fürst.

„Ja, ich verstehe mich auf die Behandlung einiger Krankheiten und ich habe einige Medizinen bei mir," erwiderte ich, „Doch ich bin kein Arzt Ich bin ein Gelehrter in anderen Zweigen der Wissenschaft."

Aber das verstand der Fürst nicht. Nach seiner simplen Anschauung mußte ein Mann, der sich auf die Behandlung von Krankheiten verstand, ein Arzt sein,

„Meine Frau hat seit zwei Monaten beständig mit den Augen zu tun," teilte er mir mit, „Helfen Sie ihr."

Ich ersuchte die Fürstin, mir ihre Augen zu zeigen, und stellte fest, daß sie an einer typischen Entzündung litt, die von dem beständigen Rauch in der Jurte und allgemeiner Unreinlichkeit herrührte. Der Tatar brachte meinen Medizinkasten herbei. Ich wusch ihre Augen mit Borwasser und tropfte ein wenig Kokain und eine schwache Lösung von Zinksulphat hinein.

„Bitte, heilen Sie mich," bat die Fürstin, „Gehen Sie nicht von hier fort, bis Sie mich geheilt haben. Sie sollen von uns für sich und Ihre Gefährten Schafe, Milch und Mehl erhalten. Ich muß jetzt oft weinen, denn ich hatte früher sehr hübsche Augen und mein Gemahl pflegte zu mir zu sagen, daß sie wie Sterne leuchteten. Jetzt aber sind sie ganz rot. Das kann ich nicht ertragen. Das kann ich nicht ertragen!"

In kapriziöser Weise stampfte sie mit dem Fuß auf den Boden und sagte, mich kokett anlächelnd: „Wollen Sie mich heilen? Wollen Sie es?"

Der Charakter und die Art und Weise lieblicher Frauen sind überall dieselben: Auf dem glänzenden Broadway, an der stattlichen Themse, auf den lebhaften Boulevards des fröhlichen Paris und in der seidendrapierten Jurte der Sojotenfürstin hinter dem mit Lärchen bedeckten Tannu Ola-Gebirge.

„Ich werde es sicherlich versuchen," versicherte der neue Augenarzt.

Wir brachten hier zehn Tage zu, immer von der Güte und Freundlichkeit der ganzen Fürstenfamilie umgeben. Die Augen der Fürstin, die vor acht Jahren den bereits alten Fürsten-Lama verführt hatten, waren wieder in Ordnung. Sie war außer sich vor Freude und ging selten von dem Spiegel fort.

Der Fürst gab mir fünf ziemlich gute Pferde, zehn Schafe und einen Sack mit Mehl, das wir sofort in Trockenbrot verwandelten. Mein Freund schenkte ihm eine Romanow 500-Rubelnote mit einem Bild Peters des Großen. Ich gab ihm einen Klumpen Gold, den ich in einem Strombett aufgelesen hatte. Der Fürst befahl einem seiner Sojoten, uns nach dem Kosogol zu führen. Die ganze Familie des Fürsten begleitete uns bis an das Kloster, das zehn Kilometer von „der Hauptstadt" entfernt war. Dem Kloster selbst statteten wir keinen Besuch ab, doch hielten wir bei dem „Dugun", der dort befindlichen chinesischen Handelsniederlassung, an. Die chinesischen Kaufleute warfen uns feindliche Blicke zu, obgleich sie uns gleichzeitig alle möglichen Sachen anboten. Sie hatten es besonders darauf abgesehen, an uns einige ihrer runden Flaschen mit Maygolo oder süßem aus Anis gemachtem Branntwein loszuwerden. Da wir weder ungemünztes Silber noch chinesische Dollars bei uns hatten, blieb uns nichts übrig, als diese anziehenden Flaschen sehnsüchtig anzusehen, bis uns der Fürst zu Hilfe kam und den Chinesen befahl, fünf Flaschen in unsere Satteltaschen zu packen.

13. Kapitel,
Mysterien, Wunder und ein neues Gefecht.

Am Abend dieses Tages kamen wir am Heiligen See Teri Nor an, einer acht Kilometer weiten Wasserfläche, die schlammig und gelb aussah und ein wenig anziehendes Ufer hatte. In der Mitte des Sees lagen die Ueberreste einer allmählich verschwindenden Insel, auf der wenige Bäume und einige alte Ruinen standen. Unser Führer setzte uns auseinander, daß der See vor zwei Jahrhunderten nicht bestanden und sich dort eine sehr starke chinesische Festung befunden habe. Ein chinesischer Befehlshaber der Festung habe einen alten Lama beleidigt, von dem dann der Ort unter der Prophezeiung, daß ihm völlige Zerstörung bevorstünde, verflucht worden sei. Schon am nächsten Tage hätte sich das Wasser aus dem Boden erhoben, die Festung zerstört und alle chinesischen Soldaten verschlungen. Noch heute würfen die Fluten, wenn der Sturm über dem See wüte, die Gebeine von Menschen und Pferden, die darin umgekommen seien, an das Ufer.

Der Teri Nor vergrößert sich jährlich und tritt allmählich immer mehr an das Gebirge heran. Dem östlichen Ufer des Sees folgend, begannen wir den Anstieg eines schneebedeckten Bergrückens. Zunächst war die Straße gut; doch sagte uns der Führer im voraus, daß der schwierigste Teil der Reise vor uns liege. An diesen schwierigsten Teil gelangten wir zwei Tage später. Wir hatten es dort mit einem steilen Berge zu tun, der dicht mit Wald und Schnee bedeckt war. Jenseits dieses Berges lag das Gebiet des ewigen Schnees — Ketten, aus deren weißem, in dem klaren Sonnenschein glänzenden, Mantel dunkle Felsblöcke herausragten. Dies war der östliche, der höchste Teil des Tanu-Ola-Gebirges.

Wir brachten die Nacht in dem Gehölz zu und begannen am nächsten Morgen das Gebirge zu übersteigen. Mittags ließ uns unser Führer in wirrem Zickzack gehen, Ueberall war unser Weg durch tiefe Schluchten, breite Sümpfe, gefallene Bäume und durch Felsblöcke gesperrt, die hier in ihrem tollen Absturz von der Bergspitze aufgefangen worden waren. Wir kämpften uns einige Stunden vorwärts, erschöpften unsere Pferde und gelangten plötzlich an die Stelle, an der wir unseren letzten Halt gemacht hatten. Es war ganz klar, unser Sojot hatte den Weg verloren. Auf seinem Gesicht spiegelte sich Furcht.

„Die alten Teufel des verfluchten Waldes wollen uns nicht gestatten, hindurchzukommen," flüsterte er mit bebenden Lippen. „Das ist ein sehr schlimmes Zeichen. Wir müssen nach Kharga zum Noyon zurückkehren."

Doch ich bedrohte ihn, worauf er, offenbar hoffnungslos, abermals die Führung übernahm. Glücklicherweise entdeckte einer unserer Leute, ein Jäger von Urian Hai, die Male an den Bäumen, die den von unserem Führer verlorenen Weg bezeichneten. Diesen Malen folgend, gelangten wir durch den Wald und kamen durch einen niedergebrannten Lärchenwaldgürtel hindurch. Danach traten wir abermals in einen kleinen Wald ein, der am Rande des mit ewigem Schnee bedeckten Gebirges lag.

Es wurde dunkel, so daß wir hier übernachten mußten. Ein starker Wind erhob sich, der dichten, weißen Schnee mit sich führte, so daß uns jede Aussicht genommen und unser Lager hoch mit Schnee bedeckt wurde. Unsere Pferde standen wie weiße Geister umher, wollten nicht fressen und vom Feuer fortgehen. Der Wind wühlte in ihren Mähnen und Schweifen. Er heulte und pfiff durch die Bergspalten. Von irgendwoher war undeutlich das Lärmen einer Meute von Wölfen vernehmbar, das ab und zu zum scharfen Gebell anschwoll, wenn ein Windstoß es zu uns herüberwehte.

Als wir am Feuer lagen, kam der Sojot zu mir herüber und sagte: „Noyon, kommen Sie mit mir zum Obo, ich möchte Ihnen etwas zeigen."

Wir gingen dorthin und erstiegen den Berg. Am Fuße eines sehr steilen Abhanges war ein großer Haufen aus Steinen und Baumstümpfen aufgerichtet worden und bildete auf diese Weise eine Erhöhung von etwa drei Meter. Das war der Obo. Die Obos sind für die Lamaisten heilige Mäler, die an gefährlichen Stellen errichtet werden, die Altäre für die bösen Geister, die Herrscher dieser Stellen. Vorüberkommende Sojoten und Mongolen leisten den Geistern Tribut, indem sie an den Baumzweigen am Obo Hatyks, das sind lange blaue Seidenbänder oder Stücke, die aus dem Futter der Röcke gerissen wurden, oder einfach Haarsträne aus den Mähnen der Pferde aufhängen. Manchmal legen sie auch Fleischklumpen und Salz, oder setzen Tassen mit Tee, auf die Steine.

„Sehen Sie sich das an," sagte der Sojot. „Die Hatyks sind abgerissen worden. Deshalb sind die Dämonen zornig und werden uns nicht erlauben hindurchzukommen, Noyon ..."

Er ergriff meine Hand und flüsterte mit flehender Stimme: „Bitte, lassen Sie uns umkehren, Noyon, bitte, bitte! Die Geister wünschen nicht, daß wir ihre Berge überschreiten. Seit zwanzig Jahren hat niemand gewagt, gegen den Willen der Götter diese Berge zu überschreiten, und die kühnen Männer, die es versucht hatten, sind alle hier umgekommen. Die Dämonen sind im Schneesturm und Frost über sie hergefallen. Sehen Sie! Es beginnt bereits ... Gehen Sie zu unserem Noyon zurück. Warten Sie, bis wärmeres Wetter kommt, dann ..."

Ich hörte nicht weiter auf den Sojoten, sondern kehrte zum Feuer zurück, das ich durch den dichten Schnee kaum sehen konnte. Da ich befürchtete, daß unser Führer fortlaufen könnte, befahl ich dem Posten, sich neben ihm aufzuhalten. Spät in der Nacht wurde ich durch den Posten aufgeweckt, der zu mir sagte: „Es kann sein, daß ich mich irre, aber ich glaube, daß ich einen Gewehrschuß gehört habe."

Was sollte ich dazu sagen? Es war wohl möglich, daß herumstreifende verlorene Gefährten durch den Gewehrschuß ihre Lage zu erkennen geben wollten. Oder vielleicht hatte der Posten irrtümlicherweise das Geräusch eines herabfallenden Felsens oder eines Eis- oder Schneestückes für einen Gewehrschuß gehalten. Bald schlief ich von neuem ein. Im Schlaf gab mir ein Traum eine klare Vision. Draußen in der tief in Schnee getauchten Ebene bewegte sich eine Linie von Reitern. Ich sah unsere Packpferde, unseren Kalmücken und das komische Pferd mit der römischen Nase. Ich sah, wie wir von diesem Schneeplateau in eine Geländefalte des Gebirges hinabstiegen. Hier wuchsen einige Lärchen, in deren Nähe ein kleiner, nicht zugefrorener Bergstrom gurgelte. Nachher bemerkte ich ein zwischen den Bäumen brennendes Feuer, Dann wachte ich auf.

Es wurde hell. Ich rüttelte die anderen auf und ersuchte sie, sich so schnell wie möglich zum Aufbruch vorzubereiten, da wir keine Zeit zu verlieren hätten. Der Sturm wütete. Der Schnee raubte uns unser Sehvermögen und verwischte alle Wegspuren. Die Kälte wurde schärfer. Schließlich waren wir im Sattel. Der Sojot ritt voran und versuchte den Weg zu finden. Je höher wir kamen, um so seltener verlor der Führer die Wegspur. Oft fielen wir in tiefe Schneelöcher hinein. Wir hatten über eisglatte Felsen zu klettern. Schließlich drehte der Sojot sein Pferd um, kam auf mich zu und kündigte in sehr fester Sprache an: „Ich möchte nicht mit Ihnen sterben und weigere mich weiterzugehen." Meine erste Bewegung war, mit meiner Peitsche auszuholen. Ich war dem „gesegneten Lande" der Mongolei so nahe, daß mir dieser der Erfüllung meiner Wünsche im Wege stehende Sojot mein schlimmster Feind zu sein schien. Doch ich ließ meine erhobene Hand wieder sinken. Durch meinen Kopf schoß ein ganz verrückter Gedanke.

„Jetzt hör mal zu," sagte ich. „Wenn Du umdrehst, wirst Du eine Kugel in den Rücken kriegen und Du wirst nicht auf dem Gipfel des Berges, sondern an seinem Fuße umkommen. Aber ich will Dir sagen, was aus uns werden wird. Wenn wir jene Felsen dort oben erreicht haben werden, dann werden Sturm und Schnee aufhören. Die Sonne wird scheinen, während wir die Schneeebene durchreiten, und danach werden wir in ein Tal eintreten, in dem Lärchen wachsen und ein nicht zugefrorener Bergstrom fließt. Dort werden wir unser Lagerfeuer anzünden und die Nacht verbringen."

„Hat der Noyon bereits das Gebirge Ton Darkhat Ola überschritten?" fragte der Sojot erstaunt.

„Nein," erwiderte ich. „Aber ich hatte gestern nacht eine Vision, daher weiß ich, daß wir den Rücken hinter uns lassen werden."

„Ich werde Sie führen," rief der Sojot aus. Er peitschte sein Pferd und führte uns den steilen Hang hinauf nach dem Gipfel des Rückens im Bereich des ewigen Schnees.

Dort angekommen, rief er durch den heulenden Sturm hindurch: „Hier auf dem Schnee ist die Schnur einer Peitsche entlang gezogen worden. Es waren keine Sojoten."

Das Rätsel fand eine sofortige Lösung. Eine Salve ertönte. Einer meiner Begleiter stieß einen Schrei aus und griff sich an die rechte Schulter. Ein Packpferd, das von einer Kugel hinter dem Ohr getroffen war, stürzte tot nieder. Wir ließen uns schleunigst aus unseren Sätteln fallen, suchten hinter den Felsen Deckung und prüften unsere Lage. Von einer parallel laufenden Berglinie waren wir durch ein kleines Tal getrennt, das ungefähr tausend Schritt weit war. Dort entdeckten wir etwa dreißig Reiter, die abgesessen waren und auf uns schossen. Der Feind hatte uns unvermutet angegriffen, so gab ich meiner Gesellschaft den Befehl, den Kampf zu erwidern.

„Zielt auf die Pferde," rief Oberst Ostrovsky. Dann befahl er dem Tataren und Sojoten, unsere eigenen Tiere in Sicherheit zu bringen. Wir töteten sechs der gegnerischen Pferde und verwundeten wahrscheinlich noch mehr Tiere des Feindes, denn diese wurden wild. Unsere Gewehre gaben auch jedem unserer Feinde, der kühn genug war, seinen Kopf hinter den Felsen zu zeigen, einen Denkzettel. Wir hörten wütende Rufe und Flüche Roter Soldaten, die unsere Stellung immer lebhafter beschossen.

Plötzlich bemerkte ich, wie unser Sojot drei der Pferde durch Tritte in die Höhe brachte, wie er sich auf einem der Tiere in den Sattel warf und ein zweites Pferd hinter sich herzog. Hinter ihm sprangen der Tatar und der Kalmück in die Höhe. Ich hatte bereits auf den Sojoten angelegt, aber als ich den Tataren und den Kalmücken auf ihren schönen Pferden hinter ihm sah, ließ ich das Gewehr sinken. Denn nun wußte ich, daß alles in Ordnung war. Die Roten gaben eine Salve auf das Trio ab, doch die drei entkamen und verschwanden hinter den Felsen. Das Feuergefecht nahm eine immer heftigere Form an. Ich wußte nicht, was zu tun war. Von unserer Seite wurde selten geschossen, um Munition zu sparen.

Während ich den Feind aufmerksam beobachtete, sah ich zwei dunkle Punkte im Schnee hoch über den Roten. Sie kamen unseren Gegnern langsam näher und wurden vor ihnen durch einige scharfe Bergvorsprünge verborgen. Als sie hinter diesen hervortraten, befanden sie sich hart am Rande einer überhängenden Klippe, an deren Fuß die Roten in Deckung gegangen waren. Jetzt zweifelte ich nicht mehr daran, daß die dunklen Punkte die Köpfe zweier Männer waren. Plötzlich sah ich, wie diese beiden Männer aufsprangen, etwas über sich schwangen und hinabwarfen. Dann ertönte ein betäubender Knall, der in dem Bergtal ein wiederholtes Echo fand. Unmittelbar darauf erfolgte eine weitere Explosion, die wildes Schreien und ungeordnetes Geschieße auf der Seite der Roten nach sich zog. Mehrere Pferde des Gegners rollten den Abhang hinab in den Schnee hinein. Durch unsere Schüsse verfolgt, rissen die Soldaten so schnell wie möglich in dem Tale aus, aus dem wir herausgekommen waren.

Später erzählte mir der Tatar, daß der Sojot vorgeschlagen hatte, ihn und den Kalmücken um die Stellung der Roten herumzuführen, um den Feind im Rücken mit Bomben zu fassen.

Nachdem ich die Schulter des verwundeten Offiziers verbunden hatte und dem getöteten Lastpferd die Last abgenommen worden war, setzten wir unsere Reise fort. Unsere Lage war schwierig. Es bestand kein Zweifel, daß das rote Detachement aus der Mongolei gekommen war. Befanden sich demnach rote Truppen in der Mongolei? Wie stark waren diese? Wo würden wir auf sie stoßen? War also die Mongolei nicht mehr das gesegnete Land? Ueberaus traurige Gedanken bemächtigten sich unser.

Doch die Natur war uns gnädig. Der Wind ließ allmählich nach. Der Sturm hörte auf. Die Sonne brach immer mehr durch die Wolken. Wir marschierten auf einem hohen schneebedeckten Plateau, das bald hier durch den Wind schneefrei gefegt worden war und auf dem bald dort der Wind so hohe Schneehaufen gebildet hatte, daß unsere Pferde stecken blieben. Wir mußten absitzen und bis an den Leib im Schnee waten. Oft brachen Mann und Pferd ein, so daß sie erst wieder herausgezogen werden mußten.

Endlich begann der Abstieg. Bei Sonnenuntergang hielten wir in dem kleinen Lärchengehölz an, verbrachten die Nacht am Feuer unter Bäumen und tranken Tee, der mit Wasser gemacht war, das wir aus dem offenen kleinen Bergstrom geschöpft hatten. Wiederholt trafen wir die Spuren unserer jüngsten Gegner.

Alles, sogar die Natur selbst und die zornigen Dämonen von Darkhat Ola hatten uns geholfen. Doch wir waren nicht fröhlich; denn wieder lag vor uns eine schlimme Ungewißheit, die uns mit neuen und möglicherweise verderblichen Gefahren bedrohte.

14. Kapitel.
Der Teufelsfluß.

Ulan Taiga mit Darkhat Ola lag hinter uns. Wir kamen jetzt sehr schnell vorwärts, denn die von den Gebirgshindernissen freien mongolischen Ebenen begannen hier. Ueberall dehnten sich prächtige Weideflächen aus. An einigen Stellen standen Lärchengehölze. Wir kreuzten einige sehr reißende Ströme. Doch waren sie nicht tief, auch hatten sie feste Betten. Nachdem wir zwei Tage über die Darkhat-Ebene marschiert waren, trafen wir Sojoten, die ihr Vieh in Eile in nordwestlicher Richtung in die Orgarkha Ola hineintrieben. Diese Sojoten gaben uns sehr schlimme Nachrichten.

Die Bolschewiki vom Irkutsker Bezirk hätten die mongolische Grenze überschritten, die russische Niederlassung von Khathyl am Südufer des Kosogol-Sees erobert und sich nach Süden, nach Muren Kure zu, gewandt, einer russischen Kolonie, die sich neben einem großen lamaistischen Kloster sechzig Meilen südlich vom Kosogol befindet. Die Mongolen erzählten uns jedoch andererseits, daß zwischen Khathyl und Muren Kure keine roten Truppen zu finden seien. Infolgedessen beschlossen wir, zwischen diesen beiden Punkten vorzustoßen, um Van Kure zu erreichen, das weiter im Osten liegt.

Wir entließen unseren Sojotenführer und setzten uns in Bewegung, nachdem wir drei Kundschafter vorausgeschickt hatten. Von den den Kosogol einschließenden Bergen konnten wir die prächtige Lage dieses, breiten alpinen Sees bewundern. Er sah mit seinen von lieblichen dunklen Waldstücken bedeckten Hügeln aus wie ein in altes Gold gefaßter Saphir.

In der Nacht kamen wir in die Nähe von Khathyl, dem wir uns unter Vorsichtsmaßnahmen näherten. Wir hielten am Ufer eines Flusses an, der aus dem Kosogol herausfließt, des Jarga oder Egingol. Dort fanden wir einen Mongolen, der bereit war, uns nach dem anderen Ufer des gefrorenen Stromes zu bringen und uns eine sichere, zwischen Khathyl und Muren Kure hindurchführende Straße zu zeigen. Ueberall fanden wir am Ufer des Flusses große Obo und kleine Opfersteine für die Stromgeister.

„Warum gibt es hier so viele Obo?" fragten wir den Mongolen.

„Dies ist der Teufelsfluß, der gefährlich und arglistig ist. Vor zwei Tagen ging ein Wagenzug über das Eis. Drei Wagen und fünf Soldaten ertranken."

Wir begannen den Fluß zu überschreiten. Seine Oberfläche, die schneefrei war, ähnelte einem großen Spiegel, so klar war sie. Unsere Pferde schritten sehr vorsichtig. Trotzdem stürzten einige unserer Tiere. Wir mußten sie also am Zügel führen. Mit gesenkten Köpfen und bebenden Körpern hielten sie ihre erschreckten Augen auf das Eis zu ihren Füßen geheftet. Ich sah hinab und verstand ihre Furcht. Durch die Decke des ein Fuß starken durchsichtigen Eises konnte man deutlich den Grund des Flusses erkennen. Beim Licht des Mondes waren alle Steine, Löcher, ja sogar einzelne Gräser deutlich sichtbar, obgleich die Tiefe zehn Meter und mehr betrug. Der Jarga strömte unter dem Eis mit reißender Geschwindigkeit. Er schäumte und gab seine Strömung durch lange Streifen von Schaum und Blasen zu erkennen. Plötzlich fuhr ich zusammen und hielt an, wie an das Eis genagelt. Ueber der Flußfläche ertönte ein Kanonenschuß, der von einem zweiten und dritten Schuß gefolgt war.

„Schneller, schneller," rief unser Mongole, indem er mit seiner Hand winkte.

Nach einem weiteren Kanonenschuß lief ein Riß ganz in unserer Nähe das Eis entlang. Die Pferde bäumten auf und stürzten. Viele schlugen dabei schwer auf das Eis. Nach einer kurzen Zeitspanne erweiterte sich der Riß zu einer Breite von zwei Fuß, so daß ich ihm nun in seiner ganzen Länge mit den Augen folgen konnte. Sofort stürzte das Wasser durch den Spalt auf das Eis.

„Vorwärts! Vorwärts!" rief der Führer.

Mit großer Mühe zwangen wir unsere Pferde, über das Eis zu springen und weiterzuschreiten. Die Tiere zitterten und verweigerten den Gehorsam. Nur durch starke Peitschenhiebe konnten sie dazu gebracht werden, ihre panikartige Furcht zu vergessen.

Als wir uns am anderen Ufer in Sicherheit befanden und im Gehölz geborgen waren, erzählte uns unser Mongole, daß der Fluß sich wiederholt in dieser geheimnisvollen Weise öffnet und große Wassermassen freimacht. Alle Menschen und Tiere, die sich dann auf dem Eis befinden, müssen umkommen. Die wütende Strömung des kalten Wassers reißt sie unter das Eis hinab. Es ist manchmal vorgekommen, daß sich ein Riß unmittelbar unter den Beinen eines Pferdes bildete und daß, wenn das Tier mit seinen Vorderbeinen einbrach, sich der Spalt wieder schloß und ihm die Beine oder Füße abquetschte.

Das Tal des Kogosol ist der Krater eines erloschenen Vulkans. Seine Umrisse sind von dem hohen westlichen Ufer des Sees übersehbar. Die vulkanische Kraft ist noch heute wirksam und zwingt die Mongolen zur Verherrlichung des Teufels, Obo zu bauen und Opfer an seinen Altären darzubringen.

Wir brachten die ganze folgende Nacht und den nächsten Tag in dem Bestreben zu, in östlicher Richtung vorwärts zu kommen, um den Roten aus dem Wege zu gehen und einen guten Weidegrund für unsere Pferde zu finden. Um neun Uhr abends etwa wurde aus der Entfernung ein Feuerschein sichtbar. Mein Freund und ich setzten uns auf das Feuer zu in Vormarsch mit dem Gefühl, daß es sich sicherlich um eine mongolische Jurte handelte, an der wir in Sicherheit kampieren könnten. Wir mußten eine Meile vorgehen, bevor wir deutlich die Umrisse einer Jurtengruppe erkennen konnten. Aber aus ihr kam uns niemand entgegen, und wir wurden, was uns noch mehr erstaunte, nicht wie sonst von dem wilden Gekläff der schwarzen mongolischen Hunde begrüßt. Immerhin hatten wir doch aus der Entfernung Feuerschein gesehen. Es mußte sich also jemand hier befinden.

Wir stiegen ab und näherten uns den Jurten zu Fuß. Aus einer derselben stürzten plötzlich zwei russische Soldaten, von denen einer auf mich, ohne zu treffen, mit der Pistole schoß und mein Pferd durch den Sattel hindurch im Rücken verwundete. Ich schoß ihn mit meiner Mauserpistole nieder. Den anderen tötete mein Freund mit einem Schlag seines Gewehrkolbens. Als wir ihre Taschen untersuchten, fanden wir Papiere, die sie als Soldaten der zweiten Schwadron des Innersibirischen Kommunistischen Verteidigungskorps auswiesen.

In diesen Jurten verbrachten wir die Nacht. Ihre Eigentümer waren offenbar davongelaufen, denn die roten Soldaten hatten das Eigentum der Mongolen zusammengelesen und in ihre Satteltaschen gepackt. Sie hatten wahrscheinlich gerade aufbrechen wollen, denn sie waren völlig bekleidet. Durch diesen Zusammenstoß gelangten wir in den Besitz von zwei weiteren Pferden, die wir im Gebüsch fanden, zwei Gewehren und zwei automatischen Pistolen mit Patronen. In den Satteltaschen fanden wir außerdem Tee, Tabak, Streichhölzer und Patronen, alles höchst wertvolle Dinge zur Erhaltung unseres Lebens.

Als wir zwei Tage später in die Nähe des Ufers des Uriflusses kamen, stießen wir auf zwei russische Reiter, die Kosaken eines gewissen Ataman namens Sutunin waren, der im Selengatal gegen die Bolschewiki kämpfte. Diese Kosaken hatten den Auftrag, eine Botschaft von Sutunin an Kaigorodoff, den Führer der antibolschewistischen Truppen im Gebiete des Altai, zu bringen. Sie teilten uns mit, daß entlang der ganzen russischmongolischen Grenze bolschwistische Truppen aufgestellt seien, und daß auch kommunistische Agitatoren nach Kiachta, Ulankom und Kobdo vorgedrungen seien und dort die chinesischen Behörden dazu gebracht hätten, alle Flüchtlinge aus Rußland auszuliefern. Wir hörten auch, daß in der Umgegend von Urga und Van Kure Gefechte zwischen chinesischen Truppen und den Detachements des russischen antibolschewistischen Generals Baron Ungern-Sternberg und des Obersten Kazagrandi, die für die Unabhängigkeit der Aeußeren Mongolei kämpften, stattgefunden hatten. Baron Ungern war schon zweimal geschlagen worden, so daß die Chinesen in Urga sehr hochfahrend auftreten konnten und alle Ausländer als verdächtig, mit dem russischen General Beziehung zu haben, ansahen.

So kamen wir zu der Erkenntnis, daß eine scharfe Wendung der Lage eingetreten war. Der Weg nach dem Stillen Ozean war uns verschlossen.

Nachdem ich das Problem sehr genau überdacht hatte, kam ich zu dem Ergebnis, daß uns nur ein möglicher Ausweg blieb: Wir müßten alle mongolischen Städte, die eine chinesische Verwaltung hatten, vermeiden, die Mongolei von Norden nach Süden und dann die Wüste im Südteil des Fürstentums des Jassaktu Khan durchqueren, in die Gobi im Westteil der Inneren Mongolei eintreten, so schnell wie irgend möglich die dann folgenden sechzig Meilen chinesischen Gebietes in der Provinz Kansu zurücklegen und darauf in Tibet eindringen. Dort hoffte ich irgendwo einen englischen Konsul zu finden und mit dessen Hilfe einen englischen Hafen in Indien zu erreichen. Es war mir ganz klar, mit welchen Schwierigkeiten ein solches Unternehmen verknüpft sein würde, doch blieb mir keine andere Wahl. Ich konnte nur diesen letzten wahnsinnigen Versuch unternehmen oder ich mußte zweifellos von bolschewistischer Hand umkommen oder in einem chinesischen Gefängnis verschmachten.

Als ich meinen Gefährten den neuen Plan mitteilte, ohne ihnen seine riesigen Gefahren und Verrücktheiten zu verbergen, antworteten sie ohne Zögern: „Führen Sie uns! Wir werden Ihnen folgen."

Ein Umstand war deutlich zu unseren Gunsten. Wir brauchten nicht den Hunger zu fürchten, denn wir waren mit Tee, Tabak, Streichhölzern und einem Ueberfluß von Pferden, Sätteln, Gewehren, Mänteln und Stiefeln versehen, die in dieser Gegend ein ausgezeichnetes Zahlungsmittel waren. Wir machten uns also sofort an die Ausführung unseres neuen Expeditionsplanes. Unsere Aufgabe war, in südlicher Richtung vorzustoßen und dabei die Stadt Uliassutai rechts liegen zu lassen, Marschrichtung auf Zaganluk zu nehmen, danach die öden Ländereien des Bezirks von Balia im Fürstentum des Jassaktu Khan zu durchqueren, die Naron Khuhu Gobi zu durchreiten und auf die Berge von Boro vorzustoßen. Hier würde es uns dann möglich sein, einen längeren Aufenthalt zu nehmen, um uns und unseren Pferden Zeit zur Erholung zu geben. Der zweite Teil unserer Reise würde die Durchquerung des Westteiles der Inneren Mongolei, der Kleinen Gobi, der Gebiete der Torguten, des Kahra-Gebirges und einer Ecke von Kansu sein, wo unser Weg westlich an der chinesischen Stadt Sutschau vorbeiführen müßte. Von dort hätten wir dann in die Dominion Kokunor einzutreten und uns danach südlich nach dem Quellgebiet des Jangtse-Stromes zu schlagen. Was darüber hinaus zu tun sei, schwebte mir nur recht vage vor. Indessen half mir in dieser Hinsicht eine Karte von Asien, die in dem Besitz eines meiner Offiziere war. Diese zeigte mir, daß die Gebirgsketten im Westen des Quellgebiets des Jangtse dieses Stromsystem von dem Strombecken des Brahmaputra in Tibet trennen, wo ich englische Hilfe zu finden hoffte.

15. Kapitel.
Der Geistermarsch.

Ich kann diesem Teil meiner Reisebeschreibung vom Erofluß nach der Grenze von Tibet keinen anderen Titel geben. Die Entfernung von elfhundert Meilen legten wir über verschneite Gebirge und Wüstenboden in achtundvierzig Tagen zurück. Wir suchten während des Ritts ein Zusammentreffen mit anderen Menschen zu vermeiden, gönnten uns nur ganz kurze Aufenthalte an absolut gottverlassenen Stellen und aßen ganze Wochen hindurch nichts anderes als rohes gefrorenes Fleisch, um nicht durch unser Lagerfeuer die Aufmerksamkeit der Menschen auf uns zu ziehen. Wenn es durchaus nötig war, daß unsere Verpflegungsabteilung ein Schaf oder einen Stier kaufte, sandten wir zwei unbewaffnete Leute aus, die den Eingeborenen erzählen mußten, daß sie die Arbeiter russischer Kolonisten seien. Wir scheuten uns sogar, Schüsse abzugeben, obgleich wir z. B. eines Tages auf eine große, fünftausend Köpfe zählende Antilopenherde stießen. Hinter Balia im Gebiete des Lamas Jassaktu Khan, der infolge der auf Befehl des Lebenden Buddha in Urga erfolgten Vergiftung seines Bruders auf seinen Thron gekommen war, trafen wir herumziehende russische Tataren, die ihre Herden den ganzen Weg vom Altai und von Abakan bis hierher getrieben hatten. Diese Leute begrüßten uns herzlich und versahen uns mit Ochsen und sechsunddreißig Ziegeln Tee. Sie bewahrten uns überdies vor unvermeidlichem Untergang, denn sie erzählten uns, daß es in dieser Jahreszeit für Pferde völlig unmöglich sei, durch die Gobi zu kommen, wo es dann überhaupt kein Gras gibt. Wir müßten Kamele durch Austausch für unsere Pferde und unsere überflüssigen Vorräte erstehen. Einer der Tataren brachte am nächsten Tage einen reichen Mongolen nach ihrem Lager, mit dem er diesen Handel abschloß. Der Mongole gab uns neunzehn Kamele und nahm dafür unsere sämtlichen Pferde, ein Gewehr, eine Pistole und den besten Kosakensattel. Er riet uns, unter allen Umständen ja dem heiligen Kloster von Narabantschi einen Besuch abzustatten, dem letzten lamaistischen Kloster auf der Straße von der Mongolei nach Tibet. Er sagte uns, der Heilige Hutuktu, „die Wiedergeburt Buddhas", würde sehr beleidigt sein, wenn wir das Kloster und seinen berühmten „Opferschrein der Segnungen", an dem alle nach Tibet gehenden Reisenden zu opfern pflegten, nicht besuchen würden. Unser kalmückischer Lamaist pflichtete dem Mongolen in dieser Hinsicht bei. So beschloß ich, mit dem Kalmücken dorthin zu gehen. Die Tataren gaben mir einige große seidene Hatyks als Geschenke und liehen uns vier prächtige Pferde. Obgleich das Kloster fünfundfünfzig Meilen von dem Lagerplatz entfernt war, betrat ich um neun Uhr abends desselben Tages die Jurte dieses Heiligen Hutuktu.

Der Hutuktu war ein kleines glattrasiertes Männchen in mittlerem Alter, das den Namen Jelyp Djamsrap Hutuktu führte. Er empfing uns herzlich und freute sich sehr über das Hatyk-Geschenk wie auch über meine Kenntnisse in mongolischen Etikettefragen, in denen mich mein Tatar seit langer Zeit mit großer Ausdauer unterwiesen hatte. Er hörte mir höchst aufmerksam zu und gab mir hinsichtlich des einzuschlagenden Weges wertvollen Rat. In Erwiderung unseres Geschenkes überreichte er mir einen Ring, der mir seitdem die Türen zu allen lamaistischen Klöstern geöffnet hat. Der Name dieses Hutuktu wird nicht nur in der ganzen Mongolei, sondern auch in Tibet und in der lamaistischen Welt Chinas hochgeehrt. Wir brachten die Nacht in seiner prächtigen Jurte zu und besuchten am nächsten Morgen die Opferschreine, wo gerade ein feierlicher Gottesdienst unter der musikalischen Begleitung von Gongs, Tamtams und Pfeifen stattfand. Die Lamas stimmten mit ihren tiefen Organen die Gebete an, während die geringeren Priester stets mit demselben Refrain erwiderten. Der heilige Satz: „Om! Mani padme Hom!" wurde endlos wiederholt.

Der Hutuktu wünschte uns eine erfolgreiche Reise, schenkte uns einen großen gelben Hatyk und begleitete uns nach der Klosterpforte. Als wir in den Sätteln saßen, sagte er: „Denken Sie daran, daß Sie hier immer willkommene Gäste sein werden. Das Leben ist sehr verwirrt und kann jede Wendung nehmen. Vielleicht werden Sie in der Zukunft noch einmal gezwungen sein, unsere abgelegene Mongolei zu besuchen. Dann versäumen Sie bitte nicht, Narabantschi Kure aufzusuchen."

In derselben Nacht kehrten wir zu dem Lagerplatz der Tataren zurück, um unsere Reise am nächsten Tage fortzusetzen. Da ich müde war, waren mir die langsamen und bequemen Bewegungen des Kamels willkommen und beruhigend. Den ganzen Tag über döste ich vor mich hin, um ab und zu in Schlaf zu fallen. Das sollte mir zum Verhängnis werden. Denn als mein Kamel einmal das steile Ufer eines Flusses hinaufging, fiel ich im Schlaf hinunter und schlug mit meinem Kopf so hart gegen einen Stein, daß ich das Bewußtsein verlor und, als ich wieder aufwachte, meinen Ueberzieher mit Blut befleckt fand. Meine Freunde standen mit erschreckten Gesichtern um mich herum. Sie verbanden meinen Kopf. Dann ging es weiter. Ich erfuhr erst sehr viel später von einem Arzt, der mich untersuchte, daß mich meine Siesta einen Schädelbruch gekostet hatte.

Wir überquerten die östlichen Bergreihen des Altai und des Karlik Tag, die äußersten Vorposten, die das Gebirgssystem des Tien Schan in der Richtung auf die Gobi vorgeschoben hat. Dann durchritten wir von Norden nach Süden die ganze Khuhu Gobi. Schärfste Kälte herrschte während dieser ganzen Zeit. Doch erlaubte uns der gefrorene Sand glücklicherweise, unser Tempo zu beschleunigen. Bevor wir die Khara-Kette überschritten, tauschten wir unsere Kamele wieder gegen Pferde ein, ein Geschäft, bei dem uns die Torguten das Fell über die Ohren zogen.

Dem Rande dieser Berge folgend, gelangten wir in die Provinz Kansu. Das war ein gefährlicher Schritt, denn die Chinesen nahmen alle Flüchtlinge fest, so daß ich für meine russischen Reisebegleiter besorgt sein mußte. Tagsüber verbargen wir uns in Schluchten, Wäldern und Buschwerk, um des Nachts Gewaltmärsche zurückzulegen. Die wenigen chinesischen Bauern, die wir trafen, machten einen friedlichen Eindruck und zeigten sich sehr gastlich. Ein ausgesprochen sympathisches Interesse fanden der Kalmück, der ein wenig chinesisch sprechen konnte, und mein Medizinkasten. Ueberall trafen wir kranke Leute an, die es hauptsächlich mit Augenentzündungen, Rheumatismus und Hautkrankheiten zu tun hatten. Immer wieder wurde meine Hilfe verlangt.

Als wir uns dem Nam Schan, dem nordöstlichen Zweige des Altyn Tag, näherten (der seinerseits der östliche Vorläufer des Pamir und Karakorum-Systems ist), überholten wir eine große Karawane chinesischer Kaufleute, der wir uns anschlossen. Drei Tage lang wanden wir uns durch endlose, wie Schluchten aussehende Bergtäler. Dann ging es hohe Bergpässe hinauf. Hier stellten wir fest, daß die Chinesen sich gut darauf verstehen, die leichtesten Karawanenwege in diesem schwierigen Gebiet ausfindig zu machen.

Ich legte diese ganze Reise bis zu der großen Gruppe sumpfiger Seen, die die Zuflüsse zu dem Koko Nor und einem ganzen Netz großer Flüsse bilden, in halb ohnmächtigem Zustande zurück. Infolge von Ermüdung und beständiger Nervenanspannung, zu der wahrscheinlich der Sturz auf den Kopf beigetragen hatte, hatte ich heftige Fieberattacken auszuhalten, so daß ich manchmal förmlich glühte und danach wieder so stark mit den Zähnen klapperte, daß mein Pferd vor Furcht durchging und mich einige Male aus dem Sattel warf. Ich tobte, schrie, ja manchmal weinte ich. Ich rief meine Familie herbei und sagte ihr, wie sie zu mir gelangen könnte.

Ich erinnere mich wie im Traum, wie ich eines Tages von meinen Gefährten aus dem Sattel genommen, auf den Boden gelegt und mit chinesischem Branntwein gestärkt wurde, und wie sie dann, als ich mich ein wenig erholt hatte, zu mir sagten: „Die chinesischen Kaufleute wenden sich nach Westen. Wir aber müssen in südlicher Richtung marschieren."

„Nein! In nördlicher Richtung!" erwiderte ich mit großer Schärfe.

„Nicht doch, in südlicher," suchten mich meine Gefährten zu überzeugen.

„Zum Teufel," rief ich ärgerlich aus, „wir sind gerade durch den Kleinen Jenissei geschwommen, und Algyak liegt im Norden!"

„Wir sind in Tibet," widersprachen meine Gefährten. „Wir müssen an den Brahmaputra gelangen."

„Brahmaputra ... Brahmaputra." Dieses Wort wühlte in meinem brennenden Gehirn, machte in ihm ein schreckliches Geräusch und eine fürchterliche Bewegung. Aber plötzlich kam mir alles in die Erinnerung zurück und ich öffnete meine Augen. Ich konnte kaum meine Lippen bewegen und verlor bald abermals das Bewußtsein. Meine Gefährten brachten mich nach dem Kloster Sharkhe, wo der Lama-Doktor mich alsbald durch eine Lösung von Fatil oder chinesischem Ginseng wieder herstellte. Als er mit uns unsere Reisepläne erörterte, äußerte er ernste Zweifel, ob wir durch Tibet hindurchgelangen könnten. Die Gründe für seine Zweifel wollte er mir indessen nicht erklären.

16. Kapitel.
Im geheimnisvollen Tibet.

Eine ziemlich breite Straße führte von Sharkhe aus durch die Berge. Am fünften Tage unserer von dem Kloster in südlicher Richtung gehenden zweiwöchigen Reise traten wir in den großen Bergkessel ein, in dessen Mitte der große See Koko Nor liegt. Wenn Finnland verdient, das „Land der zehntausend Seen" genannt zu werden, so kann dem Koko-Nor-Gebiet sicherlich ebensogut der Name „Land der Millionen Seen" gegeben werden.

Wir gingen zwischen dem westlichen Rande dieses Sees und Doulan Kitt vor, indem wir uns im Zickzack zwischen zahlreichen Sümpfen, Seen und kleinen, tiefen und schmutzigen Flüssen bewegten. Das Wasser war hier nicht mit Eis bedeckt. Nur auf den Bergspitzen fühlten wir die kalten Winde in empfindlicher Weise. Selten trafen wir Eingeborene des Landes. Nur mit größter Mühe konnte unser Kaltnück den Lauf des Weges von Schafhirten erfahren, die wir gelegentlich trafen. Von dem östlichen Ufer des Tassoun-Sees arbeiteten wir uns nach einem Kloster vor, das an dem anderen Seeufer lag. Dort machten wir eine kleine Ruhepause. Außer uns befand sich noch eine andere Gruppe von Gästen an dieser heiligen Stätte. Sie bestand aus Tibetanern, deren Benehmen zu uns äußerst unverschämt war. Sie weigerten sich, mit uns zu sprechen. Sie waren alle bewaffnet, meist mit russischen Militärgewehren, und hatten um die Körper überkreuz je zwei Bandeliers von Patronen gezogen, während zwei oder drei Pistolen und weitere Munition aus ihren Gürteln herauslugten. Sie beschäftigten sich sehr intensiv mit uns, so daß es uns klar wurde, daß sie unsere Kampfstärke abschätzten. Nachdem sie uns am gleichen Tage verlassen hatten, befahl ich dem Kalmücken, sich beim Hohen Priester des Tempels genau danach zu erkundigen, was sie für Leute wären. Lange gab der Mönch ausweichende Antworten. Als ich ihm indessen den Ring des Hutuktu Narabantschi zeigte und ihm einen großen gelben Hatyk schenkte, wurde er mitteilsamer.

„Sie sind schlechte Leute," erklärte er, „Nehmt Euch vor ihnen in acht."

Indessen war er nicht gewillt, ihre Namen anzugeben. Er erklärte seine Weigerung, indem er das buddhistische Gesetz heranzog, welches verbietet, daß jemand den Namen seines Vaters, Lehrers oder Führers ausspricht.

Später fand ich heraus, daß es sich hier in Nordtibet um dieselbe Sitte wie in Nordchina handelt. Hier wie dort ziehen Banden von Hunghutzen umher. Diese tauchen hin und wieder an den Hauptquartieren großer Handelsgesellschaften und in den Klöstern auf, verlangen Tribut und werden nach Erhebung ihres Zolls zu den Beschützern des Bezirks. Für dieses tibetanische Kloster war jene Räuberbande offenbar in genau der gleichen Weise zu Beschützern geworden.

Als wir unsere Reise fortsetzten, bemerkten wir wiederholt in weiter Entfernung, oft fern am Horizont, *einzelne* Reiter, die unsere Bewegungen genau zu beobachten schienen. Alle unsere Versuche, ihnen näherzukommen und mit ihnen in eine Unterhaltung zu treten, waren völlig vergeblich. Auf ihren geschwinden kleinen Pferden verschwanden sie wie Schatten.

Als wir den steilen und schwierigen Paß im Ham-Schan-Gebirge erreichten und uns anschickten, dort die Nacht zu verbringen, erschienen plötzlich auf einer hohen Bergkuppe zu unseren Häupten vierzig Reiter auf ganz weißen Pferden, die uns ohne jede Warnung mit einem Hagel von Geschossen überschütteten. Zwei unserer Offiziere stürzten aufschreiend zu Boden. Einer von ihnen war sofort getötet worden, während der andere nur noch wenige Minuten lebte.

Ich gestattete meinen Leuten nicht, das Feuer zu erwidern, sondern erhob eine weiße Flagge und ging mit dem Kalmücken nach vorne, um mit dem Feinde Verhandlungen zu beginnen. Zuerst gaben sie zwei Schüsse auf uns ab, aber dann stellten sie das Feuer ein und sandten eine Gruppe von Reitern von der Kuppe zu uns herab.

Wir begannen die Verhandlungen. Die Tibetaner erklärten, daß der Harn Schan ein heiliger Berg sei, daß man hier nicht die Nacht zubringen dürfe. Sie rieten uns weiterzugehen, dann würden wir uns in Sicherheit befinden. Sie fragten, woher wir kämen und was unser Ziel sei, und erklärten in Beantwortung unserer Mitteilungen über die Gründe unserer Reise, daß sie die Bolschewiki kannten und sie für die Befreier der Völker Asiens von dem Joche der weißen Rasse hielten. Da ich keinen politischen Streit mit ihnen zu haben wünschte, ging ich zu meinen Begleitern zurück. Als ich nach unserem Lager zurückkritt, war ich darauf gefaßt, sofort eine Kugel in den Rücken zu erhalten, aber unsere tibetanischen Hunghutzen schossen nicht.

Wir zogen weiter, die Leichen zweier Kameraden als traurigen Wegzoll zurücklassend. Wir ritten die ganze Nacht hindurch. Unsere erschöpften Pferde wollten beständig anhalten und sich hinwerfen, aber wir zwangen sie immer wieder von neuem vorwärts.

Schließlich, als die Sonne bereits im Zenit stand, machten wir Halt. Ohne unsere Pferde abzusatteln, gaben wir ihnen Gelegenheit, ein wenig auszuruhen. Vor uns lag eine breite sumpfige Ebene, wo sich offenbar die Quellen des Flusses Ma-Tschu befanden. Nicht weit davon lag der See Aroung Nor.

Wir machten mit Viehdung ein Feuer und stellten Wasser für den Tee auf. Doch auch hier regneten abermals ohne Warnung Kugeln aus allen Richtungen auf uns nieder. Sofort suchten wir Deckung hinter Felsen, um die weitere Entwicklung abzuwarten. Das Feuer wurde schneller und kam näher. Die Angreifer befanden sich im Kreise um uns herum und der Geschoßhagel wurde immer dichter.

Wir waren in eine Falle gegangen. Es schien uns nichts anderes übrig zu bleiben als umzukommen. Das stand klar in unserem Bewußtsein.

Ich versuchte erneut zu verhandeln. Doch als ich mich mit meiner weißen Flagge aufrichtete, war die einzige Antwort ein stärkerer Hagel von Geschossen, von denen mich eins, von einem Felsen abspringend, unglücklicherweise im linken Bein traf und dort sitzen blieb. Gleichzeitig wurde ein anderer Reisegefährte getötet.

Es blieb uns nichts anderes übrig: Wir mußten kämpfen. Das Gefecht dauerte ungefähr zwei Stunden. Außer mir empfingen noch drei andere leichte Wunden. Wir leisteten Widerstand, so lange wir konnten.

Als die Hunghutzen näherkamen, wurde unsere Lage verzweifelt.

„Es bleibt uns keine Wahl," sagte einer meiner Gefährten, ein sehr erfahrener Oberst, „wir müssen aufsitzen und ums Leben reiten ... irgendwohin,"

„Irgendwohin ..." Das war ein schreckliches Wort, doch berieten wir nur einen Augenblick lang. Es war offenbar, daß, je weiter wir mit dieser Bande von Halsabschneidern hinter uns her in Tibet vordringen würden, wir um so weniger Aussichten haben würden, unser Leben zu retten.

Wir beschlossen, nach der Mongolei zurückzukehren.

Aber wie?

Das wußten wir nicht. Und so begannen wir unseren Rückzug. Immerfort schießend, ließen wir unsere Pferde, so schnell sie konnten, nach Norden traben. Drei weitere Gefährten fielen, einer nach dem anderen. Dort stürzte mein Tatar mit einer Kugel durch den Hals. Nach ihm sanken zwei junge, starke Offiziere mit Todesschreien aus den Sätteln, während ihre entsetzten Pferde in wilder Furcht über die Ebene durchgingen.

Diese Verluste ermutigten die Tibetaner. Eine Kugel schlug gegen die Schnalle der Gamasche an meinem rechten Fuß und trieb sie gerade oberhalb des Knöchels zugleich mit Leder- und Tuchfetzen in mein Fleisch ein. Mein alter, vielerprobter Freund, der Agronom, schrie auf und griff mit der Hand nach der Schulter. Dann sah ich, wie er, so gut er konnte, seine blutende Stirn abrieb und verband. Einen Augenblick danach wurde unser Kalmück zweimal durch die Handfläche derselben Hand geschossen, so daß diese völlig zerschmettert war.

Gerade in diesem Augenblick gingen fünfzehn der Hunghutzen zum Sturm auf uns vor.

„Gebt eine Salve auf sie ab," kommandierte unser Oberst.

Sechs Räuber fielen zu Boden. Zwei weitere Angreifer taumelten aus den Sätteln und liefen so schnell wie möglich hinter ihren sich nun zurückziehenden Gefährten her. Wenige Minuten später hörte das Feuern auf Seiten unserer Gegner auf. Sie erhoben jetzt ihrerseits eine weiße Flagge.

Zwei Reiter kamen auf uns zu. Bei der Verhandlung ergab sich, daß ihr Führer in die Brust getroffen war. Sie erbaten von uns ärztliche Hilfe für ihn.

Da sah ich sogleich einen Hoffnungsstrahl. Ich nahm meinen Medizinkasten mit mir und ließ mich von meinem verwundeten Kalmücken, der stöhnte und fluchte, begleiten.

„Geben Sie diesem Teufel eine Dose Cyankali," verlangten meine Gefährten.

Doch mir war ein anderer Plan gekommen.

Man brachte uns zu dem verwundeten Führer. Da lag er zwischen den Felsen auf Satteldecken. Man sagte uns, er sei ein Tibetaner. Aber ich erkannte sofort aus seinen Gesichtszügen, daß er ein Sarte oder Turkmene, vermutlich aus dem Südteil Turkestans, war. Er sah mich mit bittenden, furchtsamen Blicken an. Als ich ihn untersuchte, stellte ich fest, daß die Kugel von links nach rechts durch die Brust gegangen war, daß er viel Blut verloren hatte und sehr schwach war.

Sorgfältig tat ich alles, was ich für ihn tun konnte. Zunächst nahm ich Proben aller Medizinen, die ich bei ihm anwandte, auf meine eigene Zunge, sogar das Jodoform, um zu zeigen, daß sie kein Gift enthielten.

Ich reinigte die Wunde mit Jod, bespritzte sie mit Jodoform, dann verband ich sie. Darauf ordnete ich an, daß der verwundete Mann weder berührt noch bewegt werden dürfe, daß man ihn liegen lassen müsse, wo er sich jetzt befand. Ich zeigte einem Tibetaner, wie der Verband zu wechseln war, und ließ ihm medizinisch präparierte Watte, Verbandstoff und ein wenig Jodoform zurück. Dem Patienten, in dem das Fieber bereits arbeitete, gab ich eine große Dosis Aspirin, außerdem hinterlegte ich noch mehrere Tabletten Chinin.

Danach richtete ich durch meinen Kalmücken folgende feierliche Ansprache an die Umstehenden: „Die Wunde ist recht gefährlich. Doch habe ich Eurem Führer sehr starke Medizin gegeben. Ich hoffe, daß er aufkommen wird. Eine Bedingung ist jedoch Voraussetzung: die bösen Geister, die als Strafe für diesen ungerechtfertigten Ueberfall auf uns unschuldige Reisende in ihn gedrungen sind, werden ihn sofort töten, wenn noch ein Schuß auf uns abgegeben wird. Ihr dürft keine einzige Patrone in Euren Gewehren behalten."

Nach diesen Worten befahl ich dem Kalmücken, sein Gewehr zu entladen, während ich selber gleichzeitig sämtliche Patronen aus meiner Mauserpistole nahm.

Die Tibetaner folgten sofort unterwürfig meinem Beispiel.

„Denkt an das, was ich Euch sagte: Rührt Euch elf Tage und elf Nächte nicht von dieser Stelle und ladet Eure Gewehre nicht. Sonst wird der Dämon des Todes Euren Führer hinwegnehmen und Euch verfolgen."

Nach diesen Worten ging ich feierlich fort, indem ich über ihre Köpfe den Ring des Hutuktu Narabantschi erhob.

Ich kehrte zu meinen Gefährten zurück und suchte sie zu beruhigen. Ich sagte ihnen, daß wir vor weiteren Angriffen sicher seien und nun auf gut Glück versuchen müßten, den Weg nach der Mongolei zu finden. Unsere Pferde waren aber so erschöpft und mager, daß wir unsere Mäntel hätten an ihrem Knochengerüst aufhängen können.

An der Stelle des Ueberfalls brachten wir noch zwei Tage zu, die ich dazu benutzte, meinen Patienten wiederholt aufzusuchen. Diese

Ruhepause gab uns auch die Möglichkeit, unsere eigenen, glücklicherweise leichten Wunden zu verbinden und ein wenig Erholung zu finden. Unglücklicherweise hatte ich nur ein Klappmesser zum Herausschneiden der Kugel aus meiner linken Wade zur Verfügung.

Nachdem wir uns bei den Räubern nach den Karawanenstraßen erkundigt hatten, gelang es uns leicht, an eine der Hauptstraßen zu kommen. Dort hatten wir das Glück, auf die Karawane des jungen mongolischen Fürsten Pounzig zu stoßen, der sich in heiliger Mission befand, denn er trug eine Botschaft von dem Lebenden Buddha in Urga an den Dalai Lama in Lassa mit sich. Der Fürst half uns beim Einkaufen von Pferden, Kamelen und Nahrungsmitteln.

Da wir unsere Waffen und Vorräte als Austauschobjekte für die Erstehung von Tieren und Nahrungsmitteln hergegeben hatten, kehrten wir als gänzlich ausgeplünderte Leute nach dem Narabantschi-Kloster zurück. Dort hieß uns der Hutuktu willkommen,

„Ich wußte, daß Ihr wiederkehren würdet," sagte er. „Die Götter enthüllten es mir."

Sechs unserer Leute waren in Tibet als ewiger Wegzoll für unseren Vorstoß nach dem Süden geblieben. Nur zwölf von uns kehrten nach dem Kloster zurück.

Im Kloster brachten wir zwei Wochen zu, um uns wieder in Ordnung zu bringen und um ausfindig zu machen, welche neue Richtung uns die Ereignisse auf dem bewegten Meer des Schicksals geben würden.

Die Offiziere traten einem Detachement bei, das damals in der Mongolei gegen die Bolschewiki, die Zerstörer Rußlands, gebildet wurde. Mein ursprünglicher Begleiter und ich aber bereiteten uns für eine Reise über die mongolischen Ebenen vor, ohne Scheu vor den Abenteuern und Gefahren, die uns auch dort auf unserer Suche nach einer Zufluchtsstätte begegnen würden.

Und nun, nach diesen Szenen eines so aufreibenden, mir für immer lebendig im Gedächtnis stehenden Marsches möchte ich diese Kapitel meinem alten erprobten Freunde, dem Agronom, meinen russischen Reisegefährten und besonders dem geheiligten Gedächtnis derjenigen meiner Begleiter widmen, deren Leichen am Fuße der Berge von Tibet ruhen, dem Obersten Ostrovski, den Hauptleuten Zuboff und Turoff, dem Leutnant Pisarjevsky, dem Kosaken Vernigora und dem Tataren Mahomed Spirin. Ich möchte auch an dieser Stelle meinen tiefen

Dank ausdrücken für die Hilfe und Freundschaft, die mir von dem Fürsten von Soldjak, dem Noyon und Ta Lama, und dem Kampo Gelong des Narabantschi-Klosters, dem ehrenwerten Jelyb Djamsrap Hutuktu, gewährt wurden.

Teil II.

Das Land der Dämonen.

17. Kapitel.
Die geheimnisvolle Mongolei.

Im Herzen Asiens liegt die weite, geheimnisvolle, reiche Mongolei. Von den schneeigen Hängen des Tien Schan und den heißen Sandsteppen der westlichen Zungarei erstreckt sie sich bis zu den bewaldeten Höhen des Sajangebirges und der großen Mauer Chinas über eine ungeheuer weite Fläche Mittelasiens.

Sie ist die Wiege der Völker, von ihr sind Geschichtsepochen ausgegangen, sie ist von Legenden umgeben. Sie ist das Geburtsland blutiger Eroberer, deren Hauptstädte heute unter dem Sand der Gobi vergraben liegen, deren geheimnisvolle Beziehungen und alten Nomadengesetze aber bis zur Gegenwart lebendig geblieben sind; sie ist das Gebiet von Mönchen und bösartigen Teufeln, das Land herumwandernder Stämme, die von den Abkömmlingen Dschingis Khans und Kublai Khans, den Khanen und Prinzen der jüngeren Linien, regiert werden.

Sie ist das geheimnisvolle Land des Kultes des Rama, Sakia-muni, Djonkapa und Paspa, des Kultes, der durch die Person des Lebenden Buddha — Bogdo Gheghen in Ta Kure oder Urga —, des als dritthöchsten Würdenträgers der lamaistischen Religion wiedergeborenen Buddha, vertreten wird; sie ist das Land geheimnisvoller Doktoren, Propheten, Zauberer, Wahrsager und Hexenmeister, das Land der Swastika, das Land, das noch immer nicht die Gedanken der vor langer Zeit verstorbenen, zu Herrschern über Asien und die Hälfte von Europa gewordenen großen Potentaten vergessen hat.

Sie ist das Land nackter Gebirge und kahler Ebenen, die die Sonne verbrannt und die Kälte getötet hat, das Land kranker Rinder und kranker Menschen, das Nest der Pest, scheußlicher Hautkrankheiten und der Pocken. Sie ist das Land kochend heißer Quellen und gefährlicher Bergpässe, auf denen böse Geister wohnen, das Land heiliger fischreicher Seen, das Land der Wölfe, seltener Hirschsorten und Bergziegen, das Land zahlloser Murmeltiere, wilder Pferde, wilder Esel und wilder Kamele, die niemals gezügelt worden sind, das Land wütender Hunde und gieriger Raubvögel, die die auf den Ebenen ausgesetzten Leichen der Menschen verschlingen.

Sie ist das Land, dessen aussterbende, primitive Bevölkerung auf die im Sand und Staub der Ebenen bleichenden Gebeine großer Väter blickt, in dem ein Volk dahinschwindet, das früher einmal China, Siam, Nordindien und Rußland erobert hat, dessen Streiter aber dann von den Speeren polnischer, damals die ganze christliche Welt gegen den Einbruch des wilden Asiens verteidigender Ritter aufgehalten wurden.

Sie ist das Land, das an Bodenschätzen zum Bersten reich ist, das aber nichts produziert, dem alles fehlt, das notleidend ist und auf das das gegenwärtige Weltverhängnis in schwerer Weise drückt.

In diesem Land, so wollte es das Geschick, mußte ich in meinem Ringen ums Leben und in meinem Streben, in Sicherheit zu kommen, ein halbes Jahr zubringen, nachdem mein Vorsatz, den Indischen Ozean über Tibet zu erreichen, sich als unerfüllbar erwiesen hatte.

Mein alter treuer Freund und ich wurden in den Wirbelwind der außerordentlich wichtigen und gefährlichen Ereignisse hineingerissen, der im Jahre 1921 über die Mongolei hinwegfegte.

Diesem Umstande habe ich es immerhin zu danken, daß es mir möglich war, das ruhige, gutherzige und ehrliche mongolische Volk kennen zu lernen. Ich konnte in seiner Seele lesen und sah seine Leiden und seine Hoffnungen. Ich wurde zum Zeugen des furchtbaren Zustandes der Bedrücktheit und Furcht, in dem es im Angesicht des Mysteriums in diesem Lande dahindämmert, in dem das Mysterium das ganze Leben erfüllt. Ich beobachtete, wie Ströme während der schweren Winterkälte ihre Eisketten mit dumpfem Donnerkrachen zerbrachen, sah, wie Seen menschliche Gebeine an ihre Ufer warfen, hörte, wie wilde Stimmen in den Bergschluchten ertönten, stellte Feuerflammen auf morastartigen Steppen fest, erblickte brennende Seen, schaute zu Bergen hinauf, deren Spitzen unbesteigbar sind, stieß auf große Haufen sich windender, in Gruben überwinternder Schlangen, traf Ströme an, die ewig zugefroren sind, fand Felsen vor, die wie versteinerte Züge von Kamelen, Reitern und Karawanen aussahen, und überall erblickte ich die nackten, nackten Berge, deren Falten dem im Schein der Abendsonne in Blut getauchten Mantel Satans gleichen.

„Sehen Sie dorthin," rief ein alter Hirte, indem er auf den Hang des verfluchten Zagastei wies. „Das ist kein Berg, das ist Er, der dort im roten Mantel liegt und den Tag erwartet, an dem er sich von neuem erheben wird, um abermals den Kampf mit den guten Geistern zu beginnen."

Als der Hirt das sagte, kam mir das mystische Gemälde des bekannten Malers Vroubel in Erinnerung. Es zeigt dieselben nackten Berge mit dem violett und purpurfarbigen Gewande Satans, dessen Gesicht durch eine näherkommende graue Wolke halb verdeckt ist.

Die Mongolei ist ein furchtbares Land des Mysteriums und der Dämonen. Es ist daher nicht erstaunlich, daß hier jede Verletzung der uralten Lebensordnung der wandernden Nomadenstämme in Strömen roten Blutes und in Schrecken ausläuft.

Nachdem wir von dem Koko-Nor-Bezirk nach der Mongolei zurückgekehrt waren und uns einige Tage in dem Narabantschi-Kloster ausgeruht hatten, lebten wir für einige Zeit in Uliassutai, der Hauptstadt des westlichen Teils der Aeußeren Mongolei. Uliassutai ist die letzte rein mongolische Stadt im Westen. In der Mongolei gibt es nur drei rein mongolische Städte, nämlich Urga, Uliassutai und Ulankom. Die vierte Stadt, Kobdo, hat ausgesprochen chinesischen Charakter, da sie die Zentrale der chinesischen Verwaltung dieses Bezirks ist, der von herumwandernden und die Herrschaft Pekings und Urgas nur nominell anerkennenden Stämmen bewohnt wird. In Uliassutai und Ulankom befanden sich außer den widerrechtlich anwesenden chinesischen Kommissaren und Truppen mongolische Gouverneure oder Saits, die von dem Lebenden Buddha ernannt waren.

Als wir in der Stadt eintrafen, befanden wir uns sogleich auf einer von politischen Leidenschaften wild bewegten See. Die Mongolen lehnten sich in leidenschaftlicher Erregung gegen die von den Chinesen in ihrem Land geführte Politik auf. Die Chinesen wüteten und forderten von den Mongolen Steuerzahlung für die ganze Zeit, seitdem China die Anerkennung der Autonomie der Mongolei abgezwungen worden war. Die russischen Kolonisten, die sich seit Jahren in der Nähe der Stadt und in der Nachbarschaft der großen Klöster und unter den herumwandernden Stämmen niedergelassen hatten, waren in politische Gruppen gespalten, die sich gegenseitig befehdeten. Aus Urga kam die Nachricht von dem Kampf um die Aufrechterhaltung der Unabhängigkeit der Aeußeren Mongolei unter der Führung des russischen Generals Baron Ungern von Sternberg. Die russischen Offiziere und Flüchtlinge schlossen sich zu Detachements zusammen, die die chinesischen Behörden nicht dulden wollten, die aber von den Mongolen begrüßt wurden. Die Bolschewiki, denen die Bildung weißer Kampfgruppen in der Mongolei Sorge machte, entsandten ihre Truppen nach den mongolischen Grenzen. Zwischen Irkutsk und Tschita und Uliassutai und Urga verkehrten Sendboten, die den chinesischen Kommissaren alle möglichen Vorschläge der Bolschewiki überbrachten. Die chinesischen Behörden in der Mongolei traten in allmählich immer „wachsendem Maße in geheime Beziehungen zu den Bolschewiki und lieferten ihnen in Kiachta und Ulankom unter Verstoßung gegen das Völkerrecht die russischen Flüchtlinge aus. In Urga richteten die Bolschewiki eine russische kommunistische Gemeinde ein. Die gesetzlichen russischen Konsuln taten nichts. Die im Gebiet von Kosogol und des Selengatales befindlichen roten Truppen lieferten dort Gruppen antibolschewistischer Offiziere Gefechte. Die chinesischen Behörden errichteten in den mongolischen Städten Garnisonen und entsandten Strafexpeditionen in das Land. Und um den Wirrwarr zu vervollständigen, führten die chinesischen Truppen Haussuchungen durch, bei denen sie sich Plündereien und Diebstähle zuschulden kommen ließen.

In was für eine Atmosphäre waren wir nach unserer schwierigen und gefährlichen Reise am Jenissei, durch Urianhai, die Mongolei, das Land der Turguten, Kansu und Koko Nor gekommen!

„Wissen Sie," sagte mein alter Freund zu mir, „ich würde lieber Parteigänger erwürgen und gegen Hunghutzen kämpfen, als hier auf Nachrichten und immer schlimmere Nachrichten zu warten!"

Er hatte recht. Denn das Schlimmste an unserer Lage war, daß in diesem Gewirr von Tatsachen, Gerüchten und Klatsch sich die Roten Uliassutai hätten ohne Widerstand nähern und hier jedermann mit bloßen Händen ergreifen können.

Wir hätten gerne diese Stadt der Ungewißheiten verlassen. Doch wußten wir nicht, wohin wir uns begeben könnten. Im Norden lagen feindliche Parteigänger und rote Truppen, Im Süden hatten wir bereits mehrere unserer Gefährten verloren und selber Wunden davongetragen. Im Westen wüteten die chinesischen Verwaltungsbeamten und ihre Truppen, und im Osten war ein Krieg ausgebrochen, über den Nachrichten trotz der Versuche der chinesischen Behörden, alles geheimzuhalten, durchsickerten und von dem Ernst der Lage in diesem Teil der Aeußeren Mongolei zeugten. Infolgedessen blieb uns nichts anderes übrig, als in Uliassutai zu bleiben. Hier lebten außer mir noch mehrere polnische Soldaten, die aus den Kriegsgefangenenlagern in Rußland entkommen waren, zwei polnische Familien und zwei amerikanische Finnen. Alle diese Leute befanden sich in der gleichen Lage wie wir. Wir schlossen uns zusammen und organisierten unseren eigenen Nachrichtendienst, der über die Entwicklung der Ereignisse sorgfältigst zu wachen hatte. Es gelang uns, zu dem chinesischen Kommissar und dem mongolischen Sait in ein gutes Verhältnis zu treten, was uns für unsere Orientierung sehr nützlich war.

Was ging hinter allen diesen Ereignissen in der Mongolei vor? Der sehr intelligente mongolische Sait von Uliassutai gab uns die folgende Erklärung:

„In Uebereinstimmung mit den zwischen der Mongolei, China und Rußland am 21. Oktober 1912, am 23. Oktober 1913 und am 7. Juni 1915 abgeschlossenen Abkommen wurde der Aeußeren Mongolei die Unabhängigkeit gewährt und sie als moralischer Führer unserer Gelben Lehre anerkannt. Seine Heiligkeit der Lebende Buddha wurde der Suzerain des mongolischen Volkes von Kahlkha und der Aeußeren Mongolei mit dem Titel „Bogdo Djebtsung Damba Hutuktu Khan". Solange Rußland stark war und seiner Politik in Asien Geltung verschaffte, achtete die Regierung von Peking den Vertrag. Aber als nach Beginn des Krieges mit Deutschland Rußland gezwungen war, seine Truppen aus Sibirien herauszuziehen, begann Peking die Wiederherstellung seiner in der Mongolei verlorenen Rechte zu fordern. Aus diesem Grunde wurden die beiden Verträge von 1912 und 1913 durch die Konvention von 1915 ergänzt.

Als jedoch im Jahre 1916 alle Streitkräfte Rußlands in dem erfolglosen Kriege festgelegt waren und als später im Februar 1917 die russische Revolution ausbrach, nahm sich die chinesische Regierung die Mongolei wieder offen zurück. Sie setzte überall andere mongolische Minister und Saits ein, Individuen, die China freundlich gesinnt waren. Sie ließ viele Anhänger der mongolischen Unabhängigkeitsbewegung verhaften und in Peking ins Gefängnis werfen. Sie richtete in Urga und anderen mongolischen Städten eine chinesische Verwaltung ein und entkleidete Seine Heiligkeit den Bogdo Khan jeder Verwaltungsrechte, indem sie ihn zu einer bloßen Unterzeichnungsmaschine für chinesische Dekrete machte. Schließlich schickte sie auch noch ihre Truppen nach der Mongolei.

Von diesem Augenblick an setzte ein starker Zustrom chinesischer Kaufleute und Kulis ein. Die Chinesen forderten die Zahlung der Steuern und Gebühren seit 1912. So wurde die mongolische Bevölkerung bald um ihren Besitz gebracht, so daß Sie jetzt in der Nachbarschaft unserer Städte und Klöster ganze Niederlassungen von zu Bettlern gemachten, in Erdlöchern wohnenden Mongolen finden können. Alle unsere mongolischen Arsenale und Schatzkammern wurden beschlagnahmt, alle Klöster zur Steuerzahlung gezwungen, alle Mongolen, die für die Freiheit ihres Landes eintraten, verfolgt.

Durch Bestechung mit chinesischem Silber, Auszeichnungen und Titeln schufen sich die Chinesen unter den ärmeren mongolischen Fürsten eine Gefolgschaft. So ist es leicht zu verstehen, daß die regierende Schicht, Seine Heiligkeit, die Khane, die Fürsten und hohen Lamas, wie auch das ruinierte und bedrückte Volk in Erinnerung daran, daß mongolische Herrscher einst über Peking und China regiert und China unter ihrer Regierungszeit die erste Stelle in Asien gegeben haben, jetzt gegen die so auftretenden chinesischen Verwaltungsbeamten ausgesprochen feindlich gesinnt sind.

Auflehnung war indessen unmöglich. Wir hatten keine Waffen. Alle unsere Führer standen unter Bewachung und würden bei jeder Bewegung im Sinne eines bewaffneten Widerstandes ihre Laufbahn in denselben Pekinger Kerkern abgeschlossen haben, in denen bereits achtzig unserer Edlen, Fürsten und Lamas unter Hunger und Qualen umgekommen sind. Ein außerordentlich starker Anstoß war notwendig, um das Volk zum Handeln zu bringen. Er wurde durch die chinesischen Administratoren General Tscheng Y und General Tschu Tchi-hsiang gegeben. Diese hatten angekündigt, daß Seine Heiligkeit der Bogdo Khan in seinem eigenen Palast ein Gefangener sei, und ihn darauf aufmerksam gemacht, daß nach einem früheren Dekret der Pekinger Regierung — welches aber von den Mongolen als rechtswidrig angesehen wird — Seine Heiligkeit der letzte Lebende Buddha sei. Das war zuviel. Sofort wurden geheime Beziehungen zwischen dem Volk und ihrem Lebenden Gott angeknüpft und Pläne für die Befreiung Seiner Heiligkeit und den Freiheitskampf ausgearbeitet. Wir fanden bei dem großen Fürsten der Burjetten, Djam Bolon, Hilfe, der mit den damals mit den Bolschewiki in Transbaikalien kämpfenden General Ungern Verhandlungen begann und ihn aufforderte, in der Mongolei einzumarschieren und uns im Kampf gegen die Chinesen zu helfen. So begann unser Freiheitskampf."

Auf diese Weise erklärte der Sait von Uliassutai mir die Lage. Später trug sich dann folgendes zu: Nachdem Baron Ungern eingewilligt hatte, für die Freiheit der Mongolei zu kämpfen, ordnete er die Mobilmachung aller Mongolen in den nördlichen Bezirken an und sagte zu, dem Kerulen-Flusse folgend, mit seinem eigenen kleinen Detachement nach der Mongolei zu kommen. Danach knüpfte er mit dem anderen in der Mongolei befindlichen russischen Detachement, der Abteilung des Obersten Kazagrandi Beziehungen an und begann, unterstützt durch die mobilisierten mongolischen Reiter, den Angriff auf Urga. Zweimal wurde er geschlagen. Doch am 3. Februar 1921 gelang es ihm die Stadt zu erobern und den Lebenden Buddha wieder auf den Thron der Khane einzusetzen.

Gegen Ende des Monats März waren diese Ereignisse jedoch in Uliassutai noch unbekannt. Wir wußten weder etwas von dem Fall Urgas, noch von der Vernichtung der aus nahezu 15000 Mann bestehenden chinesischen Armee in den Schlachten von Maimaitscheng am Ufer des Tola und an den Straßen zwischen Urga und Ude. Die Chinesen gaben sich alle Mühe, die Wahrheit zu verbergen, indem sie jedermann verhinderten, westlich von Urga zu gelangen. Doch die Gerüchte waren in der Luft und brachten alles in Aufregung. Die Atmosphäre wurde immer gespannter, und die Beziehungen zwischen den Chinesen auf der einen und den Mongolen und Russen auf der anderen Seite nahmen täglich an Schärfe zu.

In dieser Zeit war der chinesische Kommissar in Uliassutai Wang Tsao-tsun, sein Ratgeber hieß Fu Hsiang. Beide waren junge und unerfahrene Männer.

Die chinesischen Behörden entließen meinen Freund, den Sait von Uliassutai, den hervorragenden mongolischen Patrioten, Fürst Chultun Beyle, und setzten an seine Stelle einen chinafreundlich gesinnten Lama-Fürsten, den früheren Vizekriegsminister von Urga.

Die Bedrückung wurde noch schlimmer. Jetzt begann man auch hier Haussuchungen in den Wohnungen der russischen Offiziere und Kolonisten abzuhalten und in offene Beziehungen zu den Bolschewiki zu treten. Verhaftungen und Prügeleien waren an der Tagesordnung. Die russischen Offiziere bildeten ein geheimes aus sechzig Mann bestehendes Detachement, so daß sie sich nun verteidigen konnten. In diesem Detachement entstanden jedoch zwischen Oberstleutnanat M. M. Michailoff und einigen seiner Offiziere Meinungsverschiedenheiten. Es war klar, daß im entscheidenden Augenblick das Detachement auseinanderfallen würde.

Hauptstraße in Uliassutai.

Wir Nichtrussen beschlossen, gründlich auszukundschaften, ob Gefahr in Bezug auf die Ankunft roter Truppen bestünde. Mein alter Freund und ich erklärten uns bereit, die Kundschafter zu sein. Fürst Chultun Beyle gab uns einen sehr guten Führer, einen alten Mongolen namens Tzeren, der fließend russisch sprechen und lesen konnte. Dieser Führer war eine sehr interessante Persönlichkeit, denn er hatte bereits die Stellung eines Dolmetschers sowohl bei den mongolischen Behörden wie auch gelegentlich bei dem chinesischen Kommissar eingenommen. Vor nicht langer Zeit war er als Sonderbote mit sehr wichtigen Depeschen nach Peking gesandt worden. Bei dieser Gelegenheit hatte der unübertreffliche Reiter die Reise zwischen Uliassutai und Peking, eine Entfernung von 1800 Meilen, in neun Tagen zurückgelegt, so unglaublich das auch klingen mag. Er hatte sich für diese Reise vorbereitet, indem er sich seinen Leib, die Brust, die Beine, die Arme mit starken baumwollenen Bandagen umband, um sich auf solche Weise gegen die Anstrengungen einer so langen Zeit im Sattel zu schützen. In seiner Kappe trug er drei Adlerfedern als Zeichen dafür, daß er Befehl erhalten hatte, mit der Geschwindigkeit eines Vogels zu fliegen. Mit einem besonderen Dokument versehen, Tiara genannt, das ihm das Recht gab, auf allen Poststationen die besten Pferde zu verlangen, nämlich eins zum Reiten und ein völlig gesatteltes Handpferd zum Wechseln, und sich von zwei Oulatchen oder Wachen als Bedeckung und zur Zurückführung der Pferde begleiten zu lassen, legte er den Abstand von 15 bis 30 Meilen zwischen den Ourton genannten Stationen in gestrecktem Galopp zurück und hielt auf jeder Station nur gerade so lange an, wie zum Wechseln der Pferde und der Begleitung notwendig war. Vor ihm ritt ein Oulatchen, so daß er stets an der nächsten Station angemeldet werden konnte. Jeder Oulatchen hatte drei Pferde mit sich, was ihnen ermöglichte, sich von Sattel zu Sattel zu schwingen und ermüdete Tiere bis zu ihrer Rückkehr zurückzulassen. Auf jeder dritten Station nahm der Depeschenträger eine Tasse heißen grünen Tees zu sich, dann setzte er sofort sein Rennen in südlicher Richtung fort. Nach siebzehn oder achtzehn Stunden derartigen Reitens brachte er den Rest der Nacht auf einer Station zu, wo er vor dem Schlafengehen einen gesottenen Hammelschenkel verschlang. So reiste er neun Tage lang!

Mit diesem Mann als Diener traten wir an einem kalten Wintermorgen in Richtung auf Kobdo den Vormarsch an. Wir hatten von dort die beunruhigende Nachricht erhalten, rote Truppen seien in Ulankom eingezogen, und die chinesischen Behörden hätten ihnen dort alle Europäer ausgeliefert. Auf unserem Weg lag der Dzaphin-Fluß, der vereist war. Er ist ein furchtbarer Strom. Sein Bett ist mit Treibsand angefüllt, der im Sommer große Zahlen von Kamelen, Pferden und Menschen hinabzieht.

Nachdem wir die Hälfte des Weges nach Kobdo zurückgelegt hatten, stießen wir am Ufer des kleinen Sees Baga Nor auf die Jurte eines Hirten. Dort zwangen uns der hereinbrechende Abend und ein starken Schnee mit sich führender Wirbelwind zu übernachten. Neben der Jurte stand ein prächtiger Falbe, der einen reich mit Silber und Korallen gezierten Sattel trug.

Als wir uns der Jurte von der Straße aus näherten, gingen aus ihr zwei Mongolen eiligst heraus. Einer von ihnen sprang schnell in den Sattel und verschwand alsbald hinter den schneeigen Hügeln der Ebene. Wir konnten erkennen, daß er unter seinem großen Ueberzieher eine gelbe Robe trug und sahen, daß er ein großes, in grüner Lederscheide steckendes Messer bei sich hatte, das einen aus Horn und Elfenbein gefertigten Griff besaß. Der andere Mann war der Besitzer der Jurte, der Hirte des ortsangesessenen Fürsten Novontziran.

Dieser machte ein Zeichen der Freude, als er uns sah. Er nahm uns in seiner Jurte auf.

„Wer war der Reiter auf dem Falben?" fragten wir ihn.

Er senkte die Augen und schwieg.

„Sag es uns" forderten wir. „Wenn Du uns nicht seinen Namen sagst, so bedeutet das, daß Du schlechten Umgang hast."

„Nein, nein," wehrte er ab, indem er mit den Händen herumfuchtelte. „Er ist ein guter, ein großer Mann. Aber das Gesetz verbietet mir seinen Namen auszusprechen."

Wir begriffen, daß der Mann entweder der Chef des Hirten oder irgend ein hoher Lama war. Infolgedessen bestanden wir nicht auf unserer Forderung und machten uns zum Schlafen bereit. Unser Gastfreund schickte sich an, drei Hammelschenkel für uns zu sieden, indem er mit seinem großen Messer geschickt die Knochen herausschnitt. Wir plauderten mit ihm und erfuhren, daß hier niemand rote Truppen gesehen hatte, aber daß in Kobdo und Ulankom die chinesischen Soldaten die Bevölkerung bedrückten und mongolische Männer, die ihre Frauen gegen diese Unholde verteidigten, mit Bambusknüppeln zu Tode prügelten. Einige der Mongolen waren deshalb nach den Bergen geflüchtet, um hier den Detachements unter der Führung von Kaigordoff beizutreten, einem Tatarenoffizier von Altai, der sie mit Waffen versah.

18. Kapitel.
Der geheimnisvolle Lama-Rächer.

Nach der zweitägigen Reise, die uns bei Schnee und scharfer Kälte über 170 Meilen weit gebracht hatte, genossen wir die Ruhe in der Jurte. Bei dem aus saftigem Hammelfleisch bestehenden Abendmahl unterhielten wir uns frei und sorglos, als wir plötzlich eine tiefe rauhe Stimme hörten: „Sayn — guten Abend!"

Wir wandten uns von dem Feuerbecken zur Tür und sahen einen mittelgroßen, stark untersetzten Mongolen, der einen Mantel aus Hirschfell und eine Kappe mit Seitenklappen trug. In seinem Gürtel stak dasselbe große Messer in grüner Scheide, das wir auf dem wegeilenden Reiter gesehen hatten.

„Amoursayn" erwiderten wir.

Er knüpfte geschwind seinen Gürtel auf und legte seinen Ueberzieher zur Seite. Nun stand er vor uns in einem wunderbaren Gewand aus gelber Seide, das wie Gold glänzte. Sein glattrasiertes Gesicht, sein geschorenes Haar, sein Rosenkranz aus roten Korallen an der linken Hand und sein gelbes Kleid bewiesen klar, daß ein hoher Lamapriester vor uns stand, — ein Lamapriester mit einem großen Totschläger, der unter einer blauen Schärpe versteckt war! Ich wandte mich nach unserem Gastfreund und meinem mongolischen Führer Tzeren um und sah auf ihren Gesichtern Furcht und Verehrung. Der Fremde kam an das Feuerbecken heran und setzte sich nieder.

„Wir wollen russisch sprechen," sagte er, indem er ein Stück Fleisch in den Mund nahm.

Die Unterhaltung begann. Der Fremde hatte einiges an der Regierung des Lebenden Buddhas in Urga auszusetzen.

„Dort drüben befreien sie die Mongolei, erobern sie Urga, schlagen sie die chinesische Armee und hier im Westen hören wir nichts davon. Hier geschieht nichts, während die Chinesen unser Volk erschlagen und bestehlen. Nach meiner Ansicht hätte Bogdo Khan Mitteilung hierher schicken sollen. Warum können die Chinesen Boten von Urga und Kiachta nach Kobdo senden, die für sie Hilfe erbitten, warum kann aber die mongolische Regierung das nicht tun? Warum?"

„Werden die Chinesen Hilfstruppen nach Urga senden?" fragte ich.

Unser Gast sagte mit heiserem Lachen: „Ich habe alle Boten

abgefangen, ihnen ihre Briefe abgenommen und sie dann zurück ... ins Grab geschickt."

Er lachte von neuem und blickte mit Augen um sich, die einen besonderen Glanz hatten. Erst jetzt entdeckte ich, daß seine Backenknochen und Augen Linien zeigten, die man im allgemeinen bei den Mongolen Mittelasiens nicht findet. Er sah mehr wie ein Tatar oder Kirgise aus.

Wir schwiegen und rauchten unsere Pfeifen,

„Wann wird das Detachement von Tschahars von Uliassutai aufbrechen?" fragte er.

Wir entgegneten, daß wir noch nichts davon gehört hätten, worauf uns unser Gast erklärte, daß die chinesischen Behörden in der inneren Mongolei ein starkes Detachement der kriegstüchtigen Tschahars mobilisiert hätten, eines Stammes, der seine Wandergründe nicht weit von der Großen Mauer hat. Sein Haupt sei ein bekannter Hunghutze, der von der chinesischen Regierung für das Versprechen, daß er den chinesischen Behörden alle Stämme in den Bezirken von Kobdo und Urianhai unterwerfen werde, den Hauptmannsrang erhalten habe.

Als unser Gast erfuhr, was Ziel und Zweck unserer Reise war, sagte er, er könne uns die genauesten Nachrichten geben und so die Weiterreise für uns unnötig machen.

„Außerdem ist es sehr gefährlich," fügte er hinzu, „denn die Bevölkerung von Kobdo wird niedergemetzelt und die Stadt verbrannt werden. Ich weiß das positiv."

Als er von unserem mißglückten Versuch, durch Tibet vorzudringen, hörte, lauschte er mit großer Aufmerksamkeit und Sympathie: „Nur ich allein hätte Ihnen dabei helfen können, aber niemals der Narabantschi Hutuktu. Mit einem laissez-passer von mir hätten Sie sich in Tibet überallhin begeben können. Ich bin Tushegoun Lama."

Tushegoun Lama! Wie viele außerordentliche Erzählungen hatte ich schon über diesen Mann gehört. Er ist ein russischer Kalmück, der infolge der Propaganda, die er für die Unabhängigkeit des Volks der Kalmücken trieb, zur Regierungszeit des Zaren die Bekanntschaft vieler russischer Gefängnisse machen mußte und der aus demselben Grunde von den Bolschewiki verfolgt wurde. Er entkam nach der Mongolei und erlangte hier sofort großen Einfluß unter den Mongolen. Das war kein Wunder; denn er ist ein enger Freund und Jünger des Dalai Lama in Potala (Lassa) und der gebildetste aller Lamaisten, ein berühmter Heilkundiger und Doktor. In seinem Verhältnis zu dem Lebenden Buddha nahm er eine fast unabhängige Stellung ein. Er wurde zum Führer aller Nomadenstämme der Westmongolei und Zungarei, ja sein Einfluß reichte sogar bis nach Turkestan hinein. Seine Macht beruhte auf seinem großen Wissen in den Dingen des Mysteriums, wie er sich ausdrückte. Aber sie hatte auch, wie man mir sagte, zum großen Teil ihren Grund in der panikartigen Furcht, die er den Mongolen einzuflößen verstand. Wer seinen Befehlen nicht gehorchte, kam um. Der Ungehorsame konnte niemals Tag und Stunde wissen, wann der strafende Lama, der merkwürdige und mächtige Freund des Dalai Lama, auftauchen würde. Ein Messerstich, eine Kugel oder ein Griff an die Kehle waren der kurze Prozeß, mit dem der Wundertäter strafte.

Außerhalb der Jurte heulte der Wind und trieb den gefrorenen Schnee gegen die scharf gespannte Filzum-wandung. Durch das Geheul des Windes drang der Lärm mehrerer Stimmen, Schreien und Gelächter herein. Ich fühlte, daß es in dieser Umgebung nicht schwer sein würde, einen herumziehenden Nomaden an Wunder glauben zu machen; denn die Natur selbst gab sich dazu her. Dieser Gedanke war kaum in mir aufgestiegen, als der Tushegoun Lama plötzlich sein Haupt erhob, mich scharf ansah und zu mir sagte: „Es gibt in der Natur so manches, was wir nicht kennen, und die Fähigkeit, das Unbekannte anzuwenden, läßt das Wunder entstehen. Aber diese Fähigkeit ist nur wenigen gegeben. Das will ich Ihnen beweisen und Sie sollen mir nachher sagen, ob Sie schon gesehen haben, was ich Ihnen zeigen werde."

Er stand auf, streifte die Aermel seines gelben Gewandes in die Höhe, ergriff sein Messer und schritt zu dem Schafhirten hinüber.

„Mischik, steh auf" befahl er.

Als der Hirte aufgestanden war, knöpfte der Lama schnell den Rock des Mannes auf und entblößte dessen Brust. Ich konnte noch nicht verstehen, was er vorhatte, als der Tushegoun plötzlich mit aller Kraft sein Messer in die Brust des Hirten hineinstieß. Der Mongole stürzte zu Boden, den ganzen Körper mit Blut bedeckt. Auf dem gelben Seidengewande des Lamas nahm ich einen Blutspritzer wahr.

„Was haben Sie getan?" rief ich aus.

„Pst, ruhig," flüsterte er, indem er mir ein völlig weiß gewordenes Gesicht zuwandte.

Mit wenigen Messerschnitten öffnete er die Brust des Mongolen. Ich sah die langsam atmende Lunge des Hirten und die Bewegungen seines Herzens. Der Lama rührte diese Organe mit seinem Finger an, doch schien kein Blut mehr zu fließen, auch war das Gesicht des Hirten vollkommen ruhig. Er lag mit geschlossenen Augen da und schien sich in tiefem Schlaf zu befinden. Als der Lama sich anschickte, den Leib des Hirten zu öffnen, schloß ich meine Augen aus Furcht und Entsetzen. Als ich sie kurz danach wieder ein wenig öffnete, war ich noch mehr verwundert, denn ich sah. daß der Hirt mit noch immer offenem Rock, aber heiler Brust dalag und sich in einem ruhigen Schlafe befand, während der Tushegoun Lama am Feuer saß, seine Pfeife rauchte und in tiefen Gedanken in die Flammen starrte.

„Das ist wunderbar," bekannte ich, „Ich habe niemals dergleichen gesehen."

„Wovon reden Sie?" fragte der Kalmück.

„Von Ihrem Wunder — wie Sie es nennen," erwiderte ich.

„Ich habe es niemals so genannt," verwies mich der Kalmück mit kaltem Ausdruck in seiner Stimme.

„Haben Sie es gesehen?" fragte ich meinen Begleiter. „Was," fragte dieser schläfrig.

Ich verstand, daß ich zum Opfer der hypnotischen Kraft des Tushegoun Lama geworden war. Doch war mir das lieber, als einen unschuldigen Mongolen sterben zu sehen. Denn ich hatte nicht geglaubt, daß der Tushegoun Lama die Körper seiner Opfer ebenso schnell zusammenzuflicken vermochte, wie er sie sicherlich aufschneiden konnte.

Am nächsten Tage verabschiedeten wir uns vor unseren Gastfreunden. Wir beschlossen zurückzukehren, da ja unsere Mission erfüllt war.

Tushegoun Lama erklärte uns, daß er überall sei. Er wandere durch die ganze Mongolei, lebe bald in der alleinstehenden einfachen Jurte des Hirten und Jägers, bald in den prächtigen Zelten der Fürsten und Stammeshäuptlinge.

Als sich dieser kalmückische Zaubermeister von uns trennte, sagte er mit schlauem Lächeln: „Sagen Sie den chinesischen Behörden nichts über mich."

Dann fügte er hinzu: „Was Sie gestern Abend erlebt haben, war nur eine flüchtige Demonstration. Ihr Europäer wollt nicht erkennen, daß wir unaufgeklärten Nomaden die Kräfte des geheimen Wissens besitzen. Wenn Sie nur die Wunder und die Macht des Heiligsten Tashi Lama erblicken könnten, auf dessen Befehl sich z. B. die Lampen und Lichter vor der alten Statue Buddhas entzünden, dann würden Sie anders denken. Aber es gibt noch einen mächtigeren und heiligeren Mann ..."

„Das ist der König der Welt in Agharti?" unterbrach ich ihn.

Er starrte mich in großer Verwunderung an. „Haben Sie von ihm gehört?" fragte er, indem er seine Stirn gedankenvoll runzelte.

Nach wenigen Sekunden sagte er: „Nur ein Mann kennt seinen heiligen Namen, nur ein jetzt lebender Mann ist jemals in Agharti gewesen. Das bin ich. Das ist der Grund, warum der Heiligste Dalai Lama mich ausgezeichnet hat und warum mich der Lebende Buddha in Urga fürchtet. Doch ich werde niemals auf dem Heiligen Thron des höchsten Priesters in Lassa sitzen, noch werde ich die Würde erreichen, die von Dschingis Khan, dem Haupt der gelben Lehre, hinterlassen wurde. Ich bin kein Mönch, ich bin ein Krieger und Rächer."

Geschickt sprang er in den Sattel, peitschte sein Pferd und flog davon, nachdem er den gewöhnlichen mongolischen Abschiedsgruß: „Sayn! Sayn — bayna!" gesagt hatte.

Auf dem Rückwege erzählte uns Tzeren die Hunderte von Legenden, die die Person des Tushegoun Lama umgeben. Eine Geschichte ist mir besonders in Erinnerung geblieben.

Es war im Jahre 1911 oder 1912, als die Mongolen mit bewaffneter Hand versuchten, ihre Freiheit von den Chinesen zu erkämpfen. Das chinesische Hauptquartier der Westmongolei befand sich in Kobdo, wo ungefähr zehntausend chinesische Soldaten unter der Führung der besten chinesischen Offiziere lagen. Der Befehl, Kobdo einzunehmen, wurde an Hun Baidon erteilt, einen einfachen Hirten, der sich in Kämpfen mit den Chinesen ausgezeichnet und vom Lebenden Buddha den Titel eines Fürsten von Hun erhalten hatte. Mit wilder, furchtloser Entschlossenheit hatte Baidon, der eine riesige Kraft besaß, mehrere Male seine schlecht bewaffneten Mongolen zum Sturm vorgeführt. Doch war er jedesmal gezwungen worden, sich zurückzuziehen, nachdem er durch Maschinengewehrfeuer große Verluste erlitten hatte. Unerwartet erschien Tushegoun Lama. Dieser ließ die mongolischen Soldaten um sich herumtreten und hielt ihnen folgende Ansprache: „Ihr müßt den Tod nicht fürchten und dürft nicht zurückweichen.

Ihr kämpft und sterbt für die Mongolei, der die Götter eine große Zukunft bestimmt haben. Seht, was das Geschick der Mongolei sein wird."

Er wies mit seiner Hand in die Ferne. Die Soldaten sahen, daß alles Land um sie herum mit reichen Jurten und Weidegründen bedeckt war, auf denen zahllose Herden von Pferden und Rindvieh grasten. Auf den Ebenen erschienen viele Reiter auf Rossen mit kostbaren Sätteln. Die Frauen trugen Gewänder aus prächtigster Seide und hatten massive Silberringe in ihren Ohren und wertvollen Schmuck im Haar. Chinesische Kaufleute brachten eine endlose Karawane zu einem vornehm aussehenden mongolischen Sait heran, der von fröhlich gekleideten Soldaten umgeben war und mit den Kaufleuten mit stolzer Gebärde wegen des Ankaufs der Waren verhandelte.

Kurz danach verschwand die Vision. Tushegoun sprach: „Fürchtet den Tod nicht. Er ist die Erlösung aus unseren Mühen auf Erden und der Pfad zu den ewigen Segnungen. Seht nach Osten. Erblickt Ihr Eure in früheren Schlachten gefallenen Brüder und Freunde?"

„Ja, wir sehen sie, wir sehen sie," riefen die mongolischen Krieger in höchster Verzückung aus; denn sie erblickten eine große Gruppe von Wohnungen, die Jurten oder die Bogengänge von, in ein warmes und freundliches Licht getauchten, Tempeln sein mochten. Diese Wohnungen waren bedeckt mit roter und gelber Seide, überall glänzten die Pfeiler und Wände in goldenem Scheine. Auf dem großen roten Altar brannten Opferkerzen in goldenen Kandelabern. Auf weichen Kissen am Boden ruhten die Mongolen, die bei den früheren Angriffen auf Kobdo gefallen waren. Vor ihnen standen niedrige aus Lack gefertigte Tische, die mit vielen dampfenden Fleischgerichten, mit hohen, Wein und Tee enthaltenden Gefäßen, mit Kuchentellern, getrocknetem Käse, Datteln, Rosinen und Nüssen bedeckt waren. Die gefallenen Soldaten rauchten goldene Pfeifen und plauderten fröhlich miteinander.

Auch diese Vision verschwand. Vor den in die Luft starrenden Mongolen blieb lediglich der mysteriöse Kalmück mit erhobener Hand übrig.

„Hinein in die Schlacht und keine Rückkehr ohne Sieg! Ich bin im Kampfe bei Euch."

Der Sturm begann. Die Mongolen kämpften mit wütendem Mut, fielen zu Hunderten, aber eroberten Kobdo. Dann wiederholte sich der seit langer Zeit nicht mehr dagewesene Vorgang: die Zerstörung einer richtigen Stadt durch Tatarenhorden. Hun Baidon gab das traditionelle Zeichen zur Plünderung, indem er drei mit roten Bändern versehene Speere pyramidenförmig zusammengesetzt über seinem Haupte tragen ließ.

Dadurch lieferte er die Stadt den Soldaten für die Dauer von drei Tagen aus. Mord und Plünderung begannen. Alle Chinesen fanden den Tod. Die Stadt wurde verbrannt und die Mauern der Festung geschleift. Danach kam Hun Baidon auch nach Uliassutai, um auch dort die chinesische Festung zu zerstören. Als Zeugen dieses Ereignisses sind heute die Ruinen zu sehen, die zertrümmerten Mauern und Türme, die nackt in die Luft ragenden Tore und die Reste der verbrannten chinesischen Amtsgebäude und Kasernen von Uliassuta.

19. Kapitel.
Die wilden Tschahars.

Nach unserer Rückkehr nach Uliassutai hörten wir, daß der mongolische Sait beunruhigende Nachrichten von Muren Kure erhalten habe. In dem ihm zugegangenen Brief wurde mitgeteilt, daß rote Truppen den Oberst Kazagrandi in Gebiete des Kosogol-Sees zurückgedrängt hatten. Der Sait fürchtete, daß die Roten auf Uliassutai vorstoßen würden. Infolgedessen liquidierten die beiden amerikanischen Firmen ihre Geschäfte, wie sich auch alle unseren anderen Freunde zu einem schnellen Aufbruch vorbereiteten, obgleich sie aus Furcht, auf das von Osten geschickte Tschahar-Detachement zu stoßen, zögerten, die Stadt zu verlassen.

Wir beschlossen, die Ankunft dieses Detachements abzuwarten, da dadurch die ganze Lage geändert werden konnte. Nach wenigen Tagen traf es ein. Es bestand aus zweihundert kriegerischen Tschahar-Räubern, die unter dem Befehl eines chinesischen Hunghuzen standen. Dieser war ein großer, fast nur aus Knochen und Haut bestehender Mann, dessen Hände fast bis zu den Knien hinabreichten. Sein Gesicht war durch Wind und Sonne geschwärzt und trug zwei breite lange Narben über der Stirn und an der Backe, von denen eine schräg über eine leere Augenhöhle ging.

Das Detachement kampierte in der zerstörten Festung in der Nähe eines chinesischen Gebäudes, das beim Sturme der Mongolen nicht der allgemeinen Vernichtung verfallen war und jetzt dem chinesischen Kommissar als Hauptquartier diente. Schon am Tage ihrer Ankunft plünderten die Tschahars einen chinesischen Dugun oder Handelsniederlassung, der kaum eine halbe Meile von der Festung entfernt lag Sie beleidigten auch die Frau des chinesischen Kommissars, indem sie sie Verräterin nannten. Die Tschahars hatten mit dieser Behauptung nicht unrecht, denn der chinesische Kommissar Wang Tsao-tsun war nach seiner Ankunft in Uliassutai der allgemeinen Sitte der Chinesen in den Dominions gefolgt, indem er eine mongolische Konkubine verlangt hatte. Der servile neue Sait hatte daraufhin Befehl gegeben, ihm ein schönes mongolisches Mädchen zur Verfügung zu stellen.

Raubüberfälle, Streitigkeiten und Orgien betrunkener Tschahars waren an der Tagesordnung, so daß sich Wang Tsao-tsun alle Mühe gab, das Detachement schleunigst in westlicher Richtung auf Kobdo und weiter nach Urianhai hinein abzuschieben.

Als sich die Einwohner von Uliassutai am Morgen eines kalten Wintertages erhoben, taten sie es, um Zeugen einer sehr merkwürdigen Szene zu werden. Die Hauptstraße der Stadt entlang marschierte die Tschahar-Abteilung. Die Krieger ritten auf ihren kleinen mageren Ponys in Gliedern von drei und drei. Sie waren in warme, blaue Röcke und Ueberzieher aus Schafpelz gekleidet, trugen auf den Köpfen die vorschriftsmäßigen Bärenfellkappen und waren bis an die Zähne bewaffnet. Sie ritten mit wilden Rufen und Schreien die Straße hinunter und blickten dabei mit gierigen Augen auf die chinesischen Läden und die Häuser der russischen Kolonisten.

An ihrer Spitze ritt der Hunghutzenhäuptling mit drei Reitern in weißen Ueberziehern hinter ihm, die wehende Banner trugen und auf Muscheln etwas erzeugten, was sie wohl für Musik hielten.

Einer der Tschahars konnte der Versuchung nicht widerstehen. Er sprang vom Pferde und stürzte sich in einen chinesischen Laden. Sofort ertönten die ängstlichen Schreie der chinesischen Kaufleute aus dem Hause. Da schwang der Hunghuze sogleich sein Pferd herum, er bemerkte das Pferd des Tschahars an der Ladentür und verstand, was sich dort zutrug. Mit rauher Stimme rief er den Tschahar heraus. Als dieser hervorkam, schlug er ihn mit aller Kraft mit seiner Peitsche mitten in das Gesicht. Blut floß von der gepeitschten Backe. Doch der Tschahar war schon nach einer Sekunde ohne Murren im Sattel und galoppierte in Reih und Glied zurück.

Bei diesem Abzug der Tschahars verbarg sich jedermann in den Häusern. Man wagte nur ängstlich durch Türspalten und um Fensterecken herum den abziehenden Kriegern nachzuspähen. Doch abgesehen von diesem einen Vorfall, vollzog sich der Abmarsch friedlich. Erst als die wilden Krieger etwa sechs Meilen außerhalb der Stadt auf eine chinesische Weinkarawane stießen, brach ihre angeborene Leidenschaft durch. Sie plünderten die Karawane und leerten mehrere Fässer.

In der Nähe von Hargama fielen sie danach in einen Hinterhalt, den ihnen Tushegoun Lama gelegt hatte, und wurden dabei so behandelt, daß sich die Weidegründe des Tschahars nicht freuen werden, wenn diese Krieger, die ausgesandt wurden, um die Sojotenabkömmlinge des Tuba zu besiegen, zu ihnen zurückkehren werden.

Am Tage, an dem die Abteilung Uliassutai verließ, war starker Schneefall, so daß die Wege bald ungangbar wurden. Es waren infolgedessen keine Mongolen zu finden, die bereit gewesen wären, sich auf den Weg zu begeben, selbst nicht mit Ochsen und Yaks. Bei diesen Wetterverhältnissen waren nur Kamele verwendbar, doch gab es nur wenige Kamele in Uliassutai und auch ihre Treiber glaubten nicht, bis zur nächsten Eisenbahnstation, nach Kuku-Hoto, gelangen zu können, das ungefähr 1400 Meilen entfernt war. So schienen wir von neuem zum Warten gezwungen zu sein. Zum Warten worauf? Auf den Tod oder auf Rettung? Nur unsere eigene Kraft konnte uns helfen. Infolgedessen beschlossen mein Freund und ich trotz allem aufzubrechen, nachdem wir uns mit einem Zelt, einem Ofen und Lebensmitteln versehen hatten.

Wir wollten das Ufer des Kosogol-Sees auskundschaften, von wo der mongolische Sait die Ankunft roter Truppen erwartete.

20. Kapitel.
Der Dämon von Jagisstai.

Unsere kleine Kolonne von vier Reitkamelen und einem Packkamel ging in nördlicher Richtung im Tale des Boyagol-Flusses auf die Tarbagatai-Berge zu vorwärts. Die Straße war steinig und mit tiefem Schnee bedeckt. Unsere Kamele schritten sehr vorsichtig aus, indem sie bei den „Ok Ok"-Rufen der Kameltreiber schnaubend den Weg suchten. Wir ließen zunächst die Festung und die chinesischen Dugun hinter uns, dann bogen wir hinter dem Rücken eines Hügels ab und begannen, nachdem wir mehrere Male durch einen eisfreien Strom hatten hindurchschreiten müssen, die Besteigung eines Bergkammes. Hier wurde der Marsch zu einer schweren und gefährlichen Arbeit. Unsere Kamele wandten äußerste Vorsicht an und bewegten, wie es ihnen in solchen Lagen eigen ist, ihre Ohren beständig Der Weg lief im Zickzack in Bergschluchten hinauf, führte über Bergrücken hinüber und ging dann abermals in Täler hinab, die jedoch weniger tief eingeschnitten waren, so daß wir immer größere Höhen erreichten. An einer Stelle erblickten wir unter den grauen, über den Bergrücken lagernden Wolken schwarze Flecke auf der weißen Schneefläche über uns.

„Das sind die Obo, die Altäre für die bösen Geister dieses Passes," erklärte der Führer. „Der Paß wird Jagisstai genannt. Viele sehr alte Geschichten sind über ihn bis heute in Umlauf. Diese Geschichten sind ebenso alt wie diese Berge."

Wir forderten ihn auf, uns einiges davon zu erzählen.

Der Mongole gab sich auf seinem Kamel einen Ruck, sah ängstlich um sich und begann seine Erzählung:

„Es war vor langer, sehr langer Zeit ... Der Enkel des großen Dschingis Khan saß auf seinem chinesischen Throne und herrschte über Asien. Die Chinesen töteten ihren Khan und wollten seine ganze Familie ausrotten. Doch ein heiliger alter Lama rettete die Frau und den kleinen Sohn des Kaisers und brachte sie auf schnellen Kamelen nach dem Gebiet jenseits der großen Mauer, von wo sie hierher nach unseren Steppen gelangten. Die Chinesen suchten lange Zeit nach den Spuren der Flüchtlinge und fanden schließlich heraus, wohin sie sich gewandt hatten. Eine starke chinesische Abteilung auf schnellen

Pferden wurde ausgesandt, um sie zu fangen. Fast hätten die Chinesen den fliehenden Erben des Khans erreicht. Doch der Lama erflehte starken Schneefall vom Himmel, so daß nur Kamele, aber keine Pferde durch den Schnee gelangen konnten. Dieser Lama stammte aus einem abgelegenen Kloster. Wir werden selber dorthin kommen. Um es zu erreichen, muß man über den Jagisstai hinüber. Gerade an dieser Stelle wurde der alte Lama plötzlich von einer Krankheit befallen, so daß er aus dem Sattel tot zu Boden stürzte. Ta Sin Lo, die Witwe des großen Khan, brach in Tränen aus. Als sie sah, daß die chinesischen Reiter dort unten im Tal herankamen, wollte sie dennoch den Marsch nach dem Paß fortsetzen. Aber die Kamele waren ermüdet und blieben alle Augenblicke stehen. Die Frau wußte nicht, wie man sie antreiben mußte. So kamen die chinesischen Reiter näher und näher. Ihre Freudenrufe waren bereits zu vernehmen, denn sie sahen schon den für die Ergreifung des Thronerben von den Mandarinen ausgesetzten Preis in Reichweite. Sie würden die Köpfe von Mutter und Sohn nach Peking zurückbringen, um sie dort zur Verhöhnung durch das Volk auf dem Tchien-Men auszusetzen. Die erschreckte Mutter hob ihr Kind gen Himmel empor und rief aus: „Erde und Götter der Mongolei, blickt auf den Abkömmling des Mannes, der den Namen der Mongolen von einem Ende der Welt zum anderen berühmt gemacht hat! Gestattet nicht, daß das Fleisch Dschingis Khans umkommt."

In diesem Augenblick sah sie eine weiße Maus, die auf einem in der Nähe stehenden Felsen saß. Die Maus, sprang auf ihre Knie und sagte: „Ich bin hierher gesandt worden, um dich zu retten. Geh ruhig weiter voran und fürchte nichts. Die Leute, die dich und deinen Sohn, euch, denen ein Leben des Ruhmes bestimmt ist, verfolgen, haben ihr Lebensende erreicht."

Ta Sin Lo konnte nicht verstehen, wie eine kleine Maus befähigt sein könnte, dreihundert Mann aufzuhalten. Die Maus sprang auf den Boden zurück und sprach weiter: „Ich bin der Dämon von Tarbagatai, Jagisstai, ich bin mächtig und der Liebling der Götter. Da du aber die Macht der Wunder vollbringenden Maus bezweifelt hast, so wird von heute an der Jagisstai sowohl für die Guten wie auch für die Schlechten gefährlich sein."

Des Khans Witwe und Sohn wurden gerettet. Aber bis heute kennt Jagisstai keine Gnade. Auf der Reise über diesen Paß muß man stets

Ein heiliger Felsen mit tibetanischer Inschrift.
Skizze des Verfassers.

auf der Hut sein. Der Dämon des Berges ist immer bereit, den Reisenden in Fallen zu locken."

Alle Höhen der Rücken des Tarbagatai tragen Obo in großer Zahl. An einer Stelle war ein förmlicher Turm aus Steinen errichtet worden. Der Dämon schien uns zu erwarten.

Als wir den Anstieg des Hauptrückens begannen, bließ er uns einen scharfen, kalten Wind ins Gesicht, der um uns herum pfiff und brüllte, dann warf er auf uns ganze Schneemassen, die von den Hängen über uns abgetrieben waren. Wir konnten um uns herum nichts erkennen, ja wir waren sogar kaum imstande, das nächste Kamel vor uns zu sehen.

Plötzlich fühlte ich einen Stoß. Ich blickte mich um. Doch war nichts Ungewöhnliches zu sehen. Ich saß bequem zwischen meinen beiden mit Fleisch und Brot angefüllten Satteltaschen, aber ... ich konnte nicht den Kopf meines Kamels erblicken. Das Kamel war verschwunden. Es schien, daß es ausgeglitten und in eine enge Schlucht gefallen war, während die großen Satteltaschen an einem Felsen hängen geblieben waren. Dieses Mal hatte der Dämon von Jagisstai sich nur einen Scherz erlaubt, einen Scherz, der ihm jedoch noch nicht zu genügen schien; denn er zeigte bald immer mehr zunehmenden Zorn.

Mit wütenden Windstößen suchte er uns und unser Gepäck von den Kamelen zu reißen, unsere Tiere niederzuwerfen und uns mit gefrorenen Schneestücken Atem und Sehvermögen zu nehmen. Lange Stunden hindurch schleppten wir uns in dem tiefen Schnee nur sehr langsam vorwärts. Schließlich kamen wir in ein kleines Tal, in dem der Wind mit tausendstimmiger Kraft pfiff und heulte. Es war dunkel geworden. Der Mongole lief herum und suchte nach dem Weg. Endlich kam er zurück, gestikulierte mit den Armen und sagte: „Wir haben uns verlaufen. Wir müssen also die Nacht hier zubringen. Das ist sehr schlimm; denn es gibt hier kein Holz für unseren Ofen und die Kälte wird noch schärfer werden."

Mit großer Mühe gelang es uns, mit unseren erfrorenen Händen das Zelt in dem Wind aufzurichten. Wir stellten in ihm den hier nutzlosen Ofen auf. Wir bedeckten das Zelt mit Schnee, gruben lange Löcher in die zusammengetriebenen Schneemassen und zwangen unsere Kamele, sich dorthin zu legen, indem wir „dzuk, dzuk", das Befehlswort zum Niederknien, ausriefen. Dann brachten wir das Gepäck in das Zelt.

Mein Gefährte lehnte sich gegen den Gedanken auf, eine kalte Nacht neben einem unbenutzten Ofen zubringen zu müssen.

„Ich gehe hinaus, um Feuerholz zu suchen," sagte er entschlossen.

Er ergriff eine Axt und verschwand. Nach einer Stunde kam er mit einem großen Stück einer Telegraphenstange zurück. „Hört, Ihr Dschingis Khane," sagte er, indem er seine erfrorenen Finger rieb, „wenn Ihr Eure Aexte nehmt und dort hinauf etwas nach links geht, dann werdet Ihr umgestürzte Telegraphenstangen finden. Ich habe die Bekanntschaft des guten Jagisstai gemacht, der mir die Pfähle gezeigt hat."

Nur eine geringe Strecke von uns entfernt lief die russische Telegraphenlinie, die vor den Tagen der Bolschewiki Irkutsk mit Uliassutai verbunden hatte und die von den Mongolen auf Befehl der Chinesen niedergelegt und ihrer Drähte beraubt worden war. Diese Pfähle werden nun zur Rettung der den Paß überschreitenden Reisenden. Ihnen hatten wir es zu danken, daß wir die Nacht in einem warmen Zelt zubrachten und ein warmes Abendbrot, bestehend aus heißer Fleischsuppe mit Nudeln, im Zentrum des Herrschaftsgebietes des zornigen Jagisstai einnehmen konnten.

Früh am nächsten Morgen fanden wir den Weg wieder. Er führte nicht mehr als zwei- bis dreihundert Schritte an unserem Zelt vorbei. So setzten wir den Marsch über die Kette des Tarbagatai fort.

Am Beginn des Tales des Adair-Flusses sahen wir eine Menge mongolischer Krähen mit karminroten Schnäbeln die Felsen umkreisen. Wir näherten uns der betreffenden Stelle und entdeckten dort die Leichen eines Pferdes und eines Reiters, die erst vor kurzem zu Fall gekommen sein konnten. Es war schwer zu erraten, was ihnen zugestoßen war. Sie lagen dicht nebeneinander, der Zügel war um die rechte Hand des Mannes geschlungen. Kein Messerstich, keine Schießwunde war zu erblicken. Die Züge des Mannes waren unkenntlich. Sein Ueberzieher war mongolisch, doch waren seine Hosen und sein Jackett nicht nach mongolischer Art geschnitten. Wir fragten uns, was Reiter und Pferd zugestoßen sein mochte.

Unser Mongole senkte ängstlich sein Haupt und meinte flüsternd, aber mit bestimmtem Tone: „Das ist die Rache des Jagisstai. Der Reiter hat an dem südlichen Obo kein Opfer dargebracht. Deshalb hat der Dämon ihn und sein Pferd erwürgt."

Endlich war die Tarbagatai-Kette hinter uns. Zu unseren Füßen lag das Tal des Adair. Dieses ist eine enge, im Zickzack verlaufende Ebene, die dem von Bergketten eingerahmten Fluß folgt und mit saftigem Grase bedeckt ist. Das Tal war durch die zerstörte Telegraphenlinie in zwei Teile geteilt. Die Zerstörung des Telegraphen zwischen Irkutsk und Uliassutai war infolge der aggressiven Politik Chinas in der Mongolei notwendig geworden.

Bald begannen wir auf große Schafherden zu stoßen, die durch den Schnee hindurch nach dem sehr nahrhaften Grase suchten. An einigen Stellen zeigten sich Yaks und Ochsen an den höheren Hängen der Berge. Doch nur einmal konnten wir einen Hirten sehen; denn die Bewohner des Landes schienen die Durchreisenden zu meiden. Es waren auf dem Wege sogar nicht einmal irgendwelche Jurten zu finden. Die Nomaden sind sehr geschickt in der Auswahl der Stellen für ihre Winterquartiere. Ich habe oft im Winter mongolische Jurten besucht, die sich an so geschützten Stellen befanden, daß ich, der ich von der windigen Ebene kam, das Gefühl hatte, mich in einem Treibhaus zu befinden.

Als wir uns unterwegs einer großen Schafherde näherten, zog der größere Teil der Herde sogleich allmählich ab. Von dem kleineren Teil entfernten sich, als wir noch näher herankamen, ungefähr dreißig oder vierzig Tiere, die den Berghang hinaufsprangen. Ich nahm mein Fernglas ans Auge und machte folgende Entdeckung: Der Teil der Herde, der auch jetzt noch stehen geblieben war, bestand aus gewöhnlichen Schafen. Der größere Teil, der über die Ebene abgezogen war, wurde von mongolischen Antilopen (gazella gutturosa) gebildet. Die wenigen Tiere jedoch, die den Berg hinaufgeklettert waren, waren Hornschafe (ovis Argali). Die ganze Gesellschaft hatte zusammen mit den Hornschafen auf der Ebene des Adairtales gegrast. Das Tal war offenbar, selbst jetzt im Winter, ein guter Weidegrund. An vielen Stellen war der Fluß nicht zugefroren, und hin und wieder sah ich große Dampfwolken über der Oberfläche des offenen Wassers. Einige der Antilopen und Hornschafe äugten zu uns herüber.

„Jetzt werden sie bald versuchen, unseren Weg zu kreuzen," lachte der Mongole. „Die Antilopen sind sehr komische Tiere. Manchmal laufen sie meilenweit, um vor die Pferde der Reiter kommen und vor diesen den Weg kreuzen zu können, dann aber, nachdem dies geschehen ist, grasen sie wieder ganz ruhig herum."

Diese Strategie der Antilopen war mir bereits bekannt. Ich beschloß sie für meine Jagdzwecke auszunutzen. Unsere Jagd wurde in folgender Weise organisiert: Wir ließen einen Mongolen mit dem Lastkamel in derselben Richtung weiter vorgehen. Die übrigen drei von uns gingen aber in Fächerform auseinander und bewegten uns rechts von der Straße auf die Herde zu. Die Herde stand sofort erstaunt still; denn ihre Etikette verlangte, daß sie vor allen vier Reitern zu gleicher Zeit die Straße kreuzen mußte. Es waren ungefähr dreitausend Tiere. Diese ganze Armee lief nun ziellos von einer Seite zur anderen. Es entstand eine völlige Verwirrung. Eine Gruppe von etwa fünfzig Stück stürmte in zwei Reihen auf den Punkt zu, an dem ich mich befand. Ich stieß einen Ruf aus und schoß. Die Tiere blieben sofort stehen, flogen herum und stürzten dabei, teilweise sich gegenseitig überspringend, durcheinander. Ihre Panik sollte sie teuer zu stehen kommen; denn sie gab mir Gelegenheit, viermal zu schießen und zwei prächtige Tiere zu erlegen. Mein Freund war sogar noch glücklicher als ich, denn er schoß nur einmal in die Herde hinein, die in parallelen Linien an ihm vorbeiraste, und Mittlerweile waren die Hornschafe den Berg weiter hinaufgeklettert und hatten sich dort wie Soldaten in Reih und Glied aufgestellt. Sie beobachteten uns scharf. Selbst bei dieser Entfernung konnte ich ihre muskulösen Körper mit ihren majestätischen Köpfen und starken Hörnern ganz klar erkennen.

Nachdem wir unsere Beute aufgelesen hatten, holten wir den Mongolen, der vorausgeritten war, ein, um die Reise fortzusetzen. An vielen Stellen stießen wir auf die Kadaver von Schafen, denen die Hälse aufgerissen und das Fleisch von den Flanken weggefressen war.

„Das ist die Arbeit von Wölfen," sagte der Mongole. „Es gibt in dieser Gegend immer sehr viele Wölfe."

Wir trafen noch viele andere Antilopenherden an, die jedesmal so lange neben uns herstürmten, bis sie vor uns den Sprung über die Straße tun konnten. Dann standen sie jedesmal still und grasten friedlich weiter. Einmal wandte ich, um die Antilopen an der Nase herumzuführen, mein Kamel in die umgekehrte Richtung. Die ganze Herde nahm sofort die Herausforderung an, stürmte in paralleler Richtung mit meiner neuen Marschroute, bis sie bequem vor mir über die Straße hinweg konnte. Dann wandte ich mein Kamel von neuem zurück, worauf die Tiere sogleich dasselbe Manöver begannen, was sie zurück auf ihren ersten Weidegrund brachte. Bei einer anderen Gelegenheit wiederholte ich diesen Trick dreimal mit einer bestimmten Herde, was mich über die törichten Gewohnheiten dieser Tiere herzlich lachen machte.

Wir mußten in diesem Tal eine sehr unangenehme Nacht zubringen. Es wurde an dem Ufer des zugefrorenen Stromes an einer Stelle Halt gemacht, an der wir durch eine hohe, überhängende Klippe gegen den Wind Deckung fanden. In unserem Ofen brannte das Feuer. In unserem Kessel befand sich kochendes Wasser. So war auch unser Zelt warm und gemütlich. Wir wollten uns gerade der Ruhe hingeben und freuten uns schon auf das Abendessen, als wir plötzlich unmittelbar außerhalb des Zeltes ein höllisches Geheul und Gelächter hörten, während von der anderen Seite des Tals als Antwort langgezogenes klägliches Heulen erklang.

„Wölfe," sagte in aller Ruhe der Mongole, während er seinen Revolver ergriff und das Zelt verließ. Er kehrte längere Zeit nicht zurück. Endlich hörten wir einen Schuß. Kurz danach trat er in das Zelt ein.

„Ich habe ihnen ein wenig Furcht eingejagt," sagte er. „Sie hatten sich am Ufer des Adair um den Leichnam eines Kamels angesammelt."

„Hoffentlich sind sie nicht an unsere Kamele gegangen?" fragten wir.

„Wir werden außerhalb des Zeltes ein Feuer machen, dann werden sie uns in Ruhe lassen."

Nach dem Abendessen legten wir uns schlafen. Doch lag ich lange Zeit wach, auf das Knistern des im Feuer brennenden Holzes, das tiefe seufzende Atmen der Kamele und das entfernte Geheul der Wolfsmeuten lauschend. Schließlich fiel ich trotz all dieser Geräusche in Schlaf. Wie lange ich wohl geschlafen haben mochte, wußte ich nicht, als ich plötzlich durch einen starken Stoß in meine Seite wach wurde. Ich lag hart am Rande des Zeltes. Irgend etwas außerhalb desselben war ohne die geringste Zeremonie heftig gegen mich gerannt. Ich dachte, es sei vielleicht eines der Kamele gewesen, das an dem Filz des Zeltes genagt hätte. So ergriff ich meinen Mauserrevolver und schlug energisch gegen die Zeltwand. Ein scharfes Geheul, dem das Geräusch geschwind hinweglaufender Füße folgte, ertönte.

Am nächsten Morgen stellten wir Fußspuren von Wölfen fest, die nahe an das Zelt herangekommen waren und versucht hatten, unter der Zeltmauer zu graben. Offenbar hatte sich aber einer der Räuber mit einer Beule auf dem Schädel zurückziehen müssen.

„Die Wölfe und Adler sind die Diener des Jagisstai," sagte uns der Mongole mit großem Ernst. Dies hindert die Mongolen indessen nicht, die Wölfe zu jagen. Im Lager des Fürsten Baysei wurde ich einst zum Zeugen einer solchen Jagd. Die mongolischen Reiter holten auf ihren besten Pferden die Wölfe in der offenen Ebene ein und erschlugen sie mit schweren Bambusknüppeln, Tashur genannt. Ein russischer Tierarzt hatte die Mongolen einmal gelehrt, Wölfe mit Strychnin zu vergiften, aber dieses Verfahren wurde von den Mongolen bald aufgegeben, da es ihre Hunde, die treuen Freunde und Verbündeten der Nomaden, gefährdete. Die Mongolen gehen aber niemals gegen Adler und Habichte vor, sondern füttern sie sogar. Wenn sie Tiere schlachten, so werfen sie oft, so wie wir den Hunden Futter zuwerfen, Fleischstücke in die Luft, die von den Habichten und Adlern im Fluge gefangen werden. Die Adler und Habichte werden sehr geschätzt, weil sie die Krähen und Elstern verscheuchen, die für das Vieh und die Pferde gefährlich sind; denn sie kratzen und hacken in die Wunden, die sich auf den Rücken der Tiere befinden.

21. Kapitel.
Eine Stätte des Todes.

Unsere Kamele trotteten langsam und gleichmäßig in nördlicher Richtung. Wir legten am Tage fünfundzwanzig bis dreißig Meilen zurück. Der Weg brachte uns in die Nähe eines kleinen Klosters, das zu seiner Linken lag. Die Gebäude des Klosters bildeten ein Viereck und waren von einem hohen Zaun von dicken Pfählen umgeben. Auf jeder Seite des Zaunes befand sich in der Mitte eine Oeffnung, die zu den vier Türen des Tempels führte, der im Mittelpunkt des Gebäudevierecks lag. Der Tempel zeigte die rot lackierten Säulen und geschwungenen Dächer des chinesischen Baustils und ragte weit über die um ihn herumliegenden niedrigen Wohnhäuser der Lamas hinaus. Auf der anderen Seite des Weges befand sich etwas, was wie eine chinesische Festung aussah, was jedoch in Wirklichkeit eine Handelsniederlassung oder Dugun war. Die Chinesen bauen nämlich ihre Niederlassungen stets in Gestalt einer Festung mit zwiefachen voneinander wenige Schritte getrennten Mauern. Sie haben gewöhnlich zwanzig bis dreißig völlig bewaffnete Männer dort drinnen für jeden Notfall bereit. So können diese Duguns im Falle von Gefahren als Blockhäuser verwandt werden und sind imstande, längere Belagerungen auszuhalten.

Zwischen dem Dugun und dem Kloster lag etwas näher an der Straße das Lager einiger Nomaden. Ihre Pferde und Rinder waren nirgends sichtbar. Offenbar hielten sich diese Mongolen hier schon seit einiger Zeit auf und hatten ihr Vieh in den Bergen gelassen. Ueber mehreren Jurten wehten vielfarbige, dreieckige Flaggen, ein Zeichen, daß dort Krankheiten herrschten. In der Nähe einiger Jurten waren hohe Pfähle, die mongolische Kappen auf ihren Spitzen trugen, in den Boden gesteckt worden, was anzeigte, daß die Herren der betreffenden Jurten gestorben waren. Hundemeuten, die über der Ebene herumzogen, gaben kund, daß die Leichen irgendwo in der Nähe, entweder in den Schluchten oder an den Flußufern, lagen.

Als wir uns dem Lager näherten, hörten wir ein tolles Getrommel, die melancholischen Laute einer Flöte und schrilles, wahnsinniges Schreien. Unser Mongole, der nach vorne gegangen war, um zu erkunden, berichtete, einige mongolische Familien seien hierher nach dem Kloster gekommen, um bei dem Jahansti Hutuktu Hilfe zu suchen, der in dem Rufe stand, eine wundersame Heilkraft zu haben. Die Leute waren von Aussatz und schwarzen Pocken befallen und hatten einen langen Weg zurückgelegt, um zu finden, daß sich der Hutuktu nicht in dem Kloster befand, sondern zu dem Lebenden Buddha nach Urga gegangen war. Infolgedessen waren sie gezwungen, Zauberärzte anzurufen.

Die Leute starben allmählich dahin, einer nach dem anderen. Gerade am Tage vor unserer Ankunft hatten sie die siebenundzwanzigste Leiche auf der Ebene ausgesetzt.

Als wir uns noch über den Fall unterhielten, trat ein Zauberdoktor aus einer der Jurten. Er war ein alter Mann mit dem Star in einem Auge und einem pockennarbigen Gesicht. Er war in Lumpen gekleidet. Mehrere farbige Fetzen hingen von seinen Hüften herab. Er hatte eine Trommel und eine Flöte bei sich. Wir sahen Schaum auf seinen blauen Lippen und Wahnsinn in seinen Augen. Plötzlich begann er herumzuwirbeln und mit tausend Verrenkungen seiner langen Beine und tausend Schwingungen seiner Schultern zu tanzen, indem er dabei die Trommel schlug, die Flöte blies, Schreie ausstieß und raste und sich zu immer schnelleren Bewegungen steigerte, bis er schließlich mit bleichem Gesicht und blutunterlaufenen Augen auf den Schnee hinstürzte, wo seine Glieder weiter zuckten und er fortfuhr, zusammenhanglose Schreie auszustoßen. Auf diese Weise behandelte der Doktor seine Patienten. Seine Tollheit sollte die bösen Geister schrecken, die die Träger der Krankheit waren.

Ein anderer Zauberdoktor gab seinen Patienten schmutziges, schlammiges Wasser zu trinken, das, wie man mir sagte, das Badewasser des Lebenden Buddha war, der seinen „göttlichen" aus der heiligen Lotosblume geborenen Leib in ihm gewaschen hatte.

„Om, Om," schrien beide Zauberer ohne Unterbrechung.

Während die Doktoren die Teufel bekämpften, waren die kranken Leute sich selber überlassen. Sie lagen in hohem Fieber unter Haufen von Schafspelzen und Mänteln, delirierten, tobten und warfen sich herum. Neben den Kohlenbecken schwatzten gleichgültig Erwachsene und Kinder, die noch gesund waren, tranken Tee und rauchten. In diesen Jurten sah ich unter den Leidenden und Toten so viel abschreckendes Elend, daß ich es nicht beschreiben kann.

Der Gedanke kam mir: „O großer Dschingis Khan, warum hast du, der du ein so gutes Verständnis für die Lage Asiens und Europas

Fatil, eine Wurzel, die bei den Mongolen
und Chinesen als sehr heilkräftig gilt.
Vom Autor gezeichnet.

hattest, der du dein Leben dem Ruhme des mongolischen Namens widmetest, nicht deinem eigenen Volke, das noch immer seine alte Moral, Ehrlichkeit und friedliche Sitten bewahrt hat, die nötige Aufklärung gegeben, so daß es gegen einen solchen Tod geschützt ist? Deine im Mausoleum von Karakorum durch die Jahrhunderte zermürbten Gebeine sollten sich gegen das schnelle Aussterben deines einstmals großen, von der halben zivilisierten Welt gefürchteten Volkes auflehnen!"

Diese Gedanken zogen durch meinen Sinn, als ich das Lager der den sicheren Tod Erwartenden sah und das Gestöhne, die Schreie und das Getobe der sterbenden Männer, Frauen und Kinder hörte. Irgendwo in der Entfernung heulten hungrige Hunde, und monoton erklang die Trommel des ermüdeten Zauberers.

„Vorwärts!" Ich konnte dieses Bild des Entsetzens nicht länger mit ansehen. Als wir wieder unterwegs waren, lastete auf uns das Gefühl, daß uns von der fürchterlichen Stelle irgendein schrecklicher, unsichtbarer Geist folgte. Die Teufel der Krankheiten? Oder nur die Bilder des Schreckens? Oder gar die Seelen der Menschen, die dort auf dem Altar der mongolischen Finsternis geopfert wurden? Eine unerklärliche Furcht bemächtigte sich unser. Erst als wir uns von dem Wege abwandten und über einen bewaldeten Bergrücken hinweg in einen Kessel eintraten, von dem weder das Kloster Jahantsi Kure, noch der Dugun, noch das Grab der sterbenden Mongolen sichtbar war, konnten wir wieder freier atmen.

Wir waren an einen großen See gelangt. Es war der Tisingol. Am Ufer stand ein großes russisches Haus, die Telegraphenstation zwischen Kosogol und Uliassutai.

22. Kapitel.
Unter Mördern.

Als wir uns der Telegraphenstation näherten, kam uns ein blonder junger Mann entgegen, der Beamte der Station, namens Kanine. In einiger Verlegenheit bot er uns in seinem Hause Unterkunft für die Nacht an. Als wir das Haus betraten, erhob sich ein großer hagerer Mann vom Tische und kam unentschlossen auf uns zu, während er uns jedoch sehr aufmerksam musterte.

„Gäste," erklärte Kanine. „Sie reisen nach Kahthyl. Privatpersonen, Fremde, Ausländer ..."

„Ah," stieß der andere ruhig hervor, als ob er verstünde.

Als wir unsere Gürtel lösten und uns mit Mühe von unseren schweren mongolischen Mänteln befreiten, flüsterte der große Mann eifrig mit unserem Wirt. Ich hörte, daß er zu ihm sagte, wie wir uns dem Tisch näherten: „Wir sind also gezwungen, es aufzuschieben." Kanine nickte nur mit dem Kopf.

Es saßen noch mehrere andere Leute an dem Tisch, darunter Kanines Assistent, ein großer blonder Mann mit weißem Gesicht, der über alles in der Welt schwatzte. Er war halb verrückt. Kanines Frau, ein bleiches, junges, erschöpft aussehendes Wesen mit furchtsamen Augen und einem von Furcht gequälten Gesicht, war auch zugegen. Neben ihr saß ein junges Mädchen von ungefähr fünfzehn Jahren mit abgeschnittenem Haar, das wie ein Mann gekleidet war. Es waren auch noch zwei kleine Söhne Kanines im Zimmer.

Wir machten die Bekanntschaft von allen. Der große Fremde nannte sich Gorokoff und bezeichnete sich als russischen Kolonisten von Samgaltai. Er stellte das kurzhaarige Mädchen als seine Schwester vor.

Kanines Weib sah uns mit deutlicher Furcht an und sagte nichts. Offenbar bereitete ihr unsere Anwesenheit Pein. Wir hatten indessen keine Wahl und begannen den Tee einzunehmen und Brot und kaltes Fleisch zu essen. Kanine erzählte, daß seine Familie seit der Zerstörung der Telegraphenlinie Not zu leiden gehabt habe. Die Bolschewiki schickten ihm kein Gehalt von Irkutsk, so daß er gezwungen sei, sich durchzuschlagen, so gut er könnte. Er und seine Familie machten Heu, das sie an die russischen Kolonisten verkauften, befaßten sich mit der Weitergabe von privaten Mitteilungen und dem Versand von Waren von Khathyl nach Uliassutai und Samgaltai, kauften und verkauften Vieh, gingen auf die Jagd und konnten auf diese Weise ihr Leben fristen.

Gorokoff erklärte, seine Handelsgeschäfte zwängen ihn, nach Khathyl zu reisen. Er und seine Schwester würden sich deshalb freuen, sich unserer Karawane anschließen zu können. Er hatte mit seinen farblosen Augen, die stets den Blick des anderen vermieden, ein nichts weniger als einnehmendes Gesicht.

Während der Unterhaltung fragten wir Kanine, ob sich russische Kolonisten in der Nähe befänden. Er erwiderte mit gerunzelter Stirn und zornig blickenden Augen: „Es wohnt hier noch ungefähr ein Werst von der Station ein reicher alter Mann namens Bobroff. Ich möchte Ihnen aber nicht raten, ihn aufzusuchen, denn er ist ein elender, ungastlicher, alter Geselle."

Bei diesen Worten ihres Gatten senkte Frau Kanine ihre Augen und zog ihre Schultern zusammen, als wenn sie ein Schauder ergriffen hätte. Gorokoff und seine Schwester fuhren fort, gleichgültig zu rauchen. Alles dies, der feindselige Ton in Kanines Stimme, die Verwirrung seiner Frau und die künstliche Gleichgültigkeit Gorokoffs, fiel mir auf. Darum beschloß ich, mir den alten Kolonisten anzusehen, den Kanine so ungünstig beschrieben hatte. In Uliassutai kannte ich zwei Männer namens Bobroff. Ich sagte Kanine, ich sei gebeten worden, Bobroff persönlich einen Brief auszuhändigen, zog meinen Ueberzieher an und ging hinaus.

Bobroffs Haus stand in einer tiefen Geländesenkung, umgeben von einem hohen Zaun, über den die niedrigen Dächer der Häuser blickten. Durch ein Fenster kam Lichtschein. Ich klopfte an das Tor. Ein wütendes Gebell von Hunden war die Antwort. Durch die Spalten des Zaunes hindurch erblickte ich vier riesige schwarze mongolische Hunde, die mit den Zähnen fletschten und wütend heulten, während sie auf das Tor zustürzten. Im Hofe wurde die Haustüre geöffnet. Jemand rief: „Wer ist da?"

Ich erwiderte, ich sei ein Reisender von Uliassutai. Zunächst wurden die Hunde festgemacht. Dann wurde ich von einem Mann hereingelassen, der mich forschend vom Kopf bis zu den Füßen ansah. Ein Revolvergriff ragte aus seiner Tasche heraus. Beruhigt durch das, was er sah, wie auch durch meine Erzählung, daß ich seine

Verwandten kannte, gab er mir ein warmes Willkommen, lud mich in sein Haus ein und machte mich mit seiner Frau, einer würdigen alten Dame, und seiner wunderschönen kleinen Adoptivtochter, einem Mädchen von fünf Jahren bekannt, das er auf der Steppe neben der Leiche, ihrer bei dem Versuch, sich vor den Bolschewiki in Sicherheit zu bringen, vor Erschöpfung umgekommenen Mutter gefunden hatte.

Bobroff erzählte mir, das russische Detachement Kazagrandis habe die roten Truppen vom Kosogol vertrieben. Wir könnten also unsere Reise nach Khathyl ungefährdet fortsetzen.

„Warum übernachten Sie nicht bei mir anstatt bei jenen Räubern dort drüben?" fragte der alte Mann. Ich erbat nähere Auskunft und erhielt von ihm sehr wichtige Mitteilungen. Es schien, daß Kanine ein Bolschewik, der Agent des Irkutsker Sowjet und hierher versetzt worden war, um Beobachtungen anzustellen. Jetzt sei er jedoch unschädlich gemacht worden, so meinte Bobroff, da die Straße zwischen seiner Station und Irkutsk unterbrochen worden sei. Indessen sei von Biisk im Altaigebiet gerade jetzt ein sehr wichtiger Kommissar angekommen.

„Gorokoff?" fragte ich.

„So nennt er sich," erwiderte der alte Mann, „Doch ich komme gleichfalls von Biisk und kenne dort jedermann. Sein wirklicher Name ist Pouzikoff, und das kurzhaarige Mädchen, das ihn begleitet, ist sein Verhältnis. Er ist ein Kommissar der Tscheka, und sie ist ein Agent dieser Behörde. Im vergangenen August haben die beiden mit ihren Revolvern siebzig gefesselte Offiziere der Koltschakschen Armee erschossen. Schurkische, feige Mörder! Jetzt kommen sie hierher, um das Land auszukundschaften. Sie wollten in meinem Hause übernachten; doch ich kenne sie zu gut und verweigerte ihnen Gastfreundschaft,"

„Und Sie fürchten sich nicht vor ihnen?" fragte ich, mich der mancherlei verdächtigen Worte und Blicke der Leute erinnernd, als sie in der Station am Tische zusammengesessen waren,

„Nein," antwortete der alte Mann. „Ich weiß mich und meine Familie zu verteidigen. Auch habe ich einen Schützer — meinen Sohn. Der ist ein Schütze, ein Reiter und ein Kämpfer, wie man keinen zweiten in der ganzen Mongolei findet. Es tut mir leid, daß Sie nicht seine Bekanntschaft machen werden. Er ist fortgegangen, um nach den Herden zu sehen, und wird erst morgen zurückkommen."

Wir nahmen herzlichen Abschied voneinander. Ich mußte ihm versprechen, bei unserer Rückkehr bei ihm zu wohnen,

„Nun, was hat Ihnen Bobroff über uns aufgeschwatzt?" war die Frage, mit der Kanine und Gorokoff mir bei meiner Rückkehr entgegentraten.

„Nichts über Sie," entgegnete ich, „Denn als er erfuhr, daß ich hier wohne, wollte er überhaupt nicht mit mir sprechen. Was hat es denn zwischen Euch gegeben?" fügte ich fragend hinzu, mich völlig erstaunt stellend.

„Es ist ein alter Streit," knurrte Gorokoff.

„Ein bösartiger alter Schuft," meinte Kanine. Währenddessen aber verrieten die furchtsamen Augen der Frau Kanines wahres Entsetzen, als wenn sie erwartete, im nächsten Augenblick einen tödlichen Streich zu erhalten.

Gorokoff packte seine Sachen, um für den nächsten Morgen zum Aufbruch bereit zu sein. Wir stellten unsere einfachen Betten im Nebenraum auf und schickten uns an, uns zum Schlaf niederzulegen. Doch vorher flüsterte ich meinem Freunde zu, seinen Revolver für alle Fälle bereit zu halten. Mein Freund lächelte nur, während er seinen Revolver herauszog und seine Axt unter sein Kopfkissen legte.

„Diese Leute kamen mir von Anfang an höchst verdächtig vor," wisperte er, „Sie haben irgend etwas Schlimmes im Schilde. Morgen werde ich hinter dem Gorokoff reiten und für ihn ein nettes kleines Dumdumgeschoß bereithalten."

Die Mongolen verbrachten die Nacht unter ihrem Zelt im offenen Hof neben den Kamelen; sie wollten zum Füttern in der Nähe der Tiere sein.

Gegen sieben Uhr früh brachen wir auf. Mein Freund nahm seinen Posten als Arrieregarde unserer Karawane ein und hielt sich auf diese Weise stets hinter Gorokoff, der wie auch seine Schwester — beide waren vom Kopf bis zu den Füßen bewaffnet — ein prächtiges Pferd ritt.

„Wie konnten Sie Ihre Pferde in so gutem Zustand halten, wo Sie doch den weiten Weg von Samgaltai hinter sich haben?" fragte ich sie.

Als Gorokoff erwiderte, daß die Tiere Kanine gehörten, wurde mir klar, daß dieser nicht so arm sein könnte, wie er behauptet hatte. Denn jeder reiche Mongole würde ihm für eines dieser prächtigen

Pferde so viel Schafe gegeben haben, daß er seinen Haushalt hätte ein Jahr lang bequem mit Hammelfleisch führen können.

Bald gelangten wir an einen großen Morast, der von dichtem Gebüsch umgeben war. Ich war äußerst erstaunt, dort Hunderte von weißen Kuropatka oder Rebhühnern zu sehen. Aus dem Wasser stieg ein Flug Enten auf, als wir in Sicht kamen. Im Winter bei schärfstem Wind und Schnee wilde Enten! Der Mongole erklärte mir das folgendermaßen: „Dieser Sumpf bleibt immer warm und friert niemals zu. Die wilden Enten leben hier das ganze Jahr hindurch, ebenso auch die Kuropatka, die in der weichen, warmen Erde hinreichend Nahrung finden."

Als ich mit dem Mongolen sprach, sah ich über dem Morast eine rötlichgelbe Flamme. Sie züngelte hin und her, aber verschwand sogleich. Bald aber erschienen am jenseitigen Rande zwei weitere Flammenzungen. Ich verstand, daß es sich hier um wirkliche Irrwische handelte, um Irrwische, die überall von Tausenden von Legenden umgeben, aber durch die Chemie auf völlig natürliche Weise dahin erklärt worden sind, daß es sich bei ihnen um Entzündung von Sumpfgas handelt, welches durch das Verfaulen von Pflanzenstoffen in der warmen, feuchten Erde entstanden ist.

„Hier hausen die Dämonen von Adair, die sich im beständigen Kampfe mit den Geistern von Muren befinden," erklärte der Mongole.

„In der Tat," dachte ich, „wenn sogar im prosaischen Europa noch in unseren Tagen die Bewohner der Dörfer glauben, daß diese Flammen auf schlimme Zauberei zurückzuführen sind, dann müssen sie im Lande des Mysteriums zum mindesten Kriegskundgebungen zwischen den Dämonen zweier benachbarter Flüsse sein!"

Nachdem wir diesen Sumpf hinter uns gelassen hatten, stellten wir weit vor uns ein großes Kloster fest. Obgleich es eine halbe Meile abseits von der Straße gelegen war, behaupteten die Gorokoffs, daß sie dorthin reiten müßten, um in den chinesischen Läden einige Einkäufe zu machen. Sie ritten schnell davon, indem sie uns versprachen, uns bald wieder einzuholen. Doch sahen wir sie für geraume Zeit nicht wieder. Wir trafen später unter völlig unerwarteten Umständen wieder mit ihnen zusammen, die für sie von tragischer Bedeutung sein sollten. Was uns betraf, so waren wir recht befriedigt, sie so bald losgeworden zu sein. Nun konnte ich meinem Freunde genau alles das erzählen, was Bobroff über sie berichtet hatte.

23. Kapitel.
Auf einem Vulkan

Sowohl die Sojoten wie auch die Mongolen halten den See für ein fürchterliches, heiliges Gewässer. Man kann dieses Vorurteil sehr leicht verstehen, denn der See befindet sich in einem gegenwärtig noch in vulkanischer Tätigkeit befindlichen Gebiet. Im Sommer wird manchmal seine Oberfläche an völlig ruhigen Sonnentagen von hohen Wellen gepeitscht, die nicht allein für die Fischerboote der Eingeborenen, sondern auch für die auf dem See verkehrenden großen russischen Passagierschiffe gefährlich sind. Und im Winter zerbricht der See gelegentlich ganz unerwartet seine Eisdecke in Stücke, während an den Bruchstellen hohe Dampfwolken aufsteigen. Offenbar treten am Boden des Sees sporadisch heiße Quellen in Tätigkeit, oder vielleicht handelt es sich auch um Lavaströme. Daß diese Naturerscheinungen auf irgendwelche unterirdischen Konvulsionen zurückzuführen sind, wird durch die Menge toter Fische kundgetan, die gelegentlich den Ausfluß an flacheren Stellen versperren.

Der See ist außerordentlich fischreich. Er hat hauptsächlich Forellen- und Salmsorten. Er ist berühmt durch seine wunderbaren „weißen Fische", die früher über ganz Sibirien, selbst bis nach Mukden in der Mandschurei versandt wurden. Der „weiße Fisch" ist fett, wunderbar zart und erzeugt guten Kaviar. Eine andere Fischsorte des Sees ist der weiße Khayrus oder Forelle, der in der Wanderzeit, entgegen den Gewohnheiten der meisten Fische, stromabwärts in den Jaga zieht, wo gelegentlich der ganze Fluß von Ufer zu Ufer durch nebeinander-wimmelnde Fischrücken ausgefüllt wird. Diese Fischsorte wird jedoch nicht gefangen; denn sie ist voller Würmer und nicht für die Nahrung geeignet. Sogar Katzen und Hunde berühren den Khayrus nicht Es handelt sich hier um ein sehr interessantes Phänomen, das von Professor Dorogostaisky der Irkutsker Universität untersucht wurde, bis die Bolschewiki ihn bei dieser Arbeit störten.

In Khathyl herrschte eine Panik. Das russische Detachement des Obersten Kazagrandi war plötzlich gefechtsunfähig gemacht und infolge von Streitigkeiten unter den Offizieren auseinandergefallen, nachdem es die Bolschewiki zweimal geschlagen und bei seinem Vormarsch auf Irkutsk gute Fortschritte gemacht hatte. Die Bolschewiki zogen aus dieser Lage Vorteil, verstärkten ihre Streitkräfte auf tausend Mann und machten eine Vorwärtsbewegung, um den verlorenen Boden wieder zu gewinnen, während sich die Ueberbleibsel des Kazagrandischen Detachements auf Khathyl zurückzogen, wo ein letzter Widerstand gegen die Roten versucht werden sollte.

Die Bewohner von Khathyl luden ihr ganzes bewegliches Eigentum auf Karren und flüchteten von der Stadt fort, indem sie Vieh und Pferde zurückließen. Eine Gruppe plante, sich in den nicht weit entfernten Lärchenwäldern und Bergschluchten zu verstecken, während sich eine andere Gruppe in südlicher Richtung nach Muren Kure und Uliassutai zu wandte.

Am Tage nach unserer Ankunft wurde der mongolische Ortsbeamte benachrichtigt, die roten Truppen hätten Oberst Kazagrandis Leute umgangen und seien nun tatsächlich im Anmarsch auf Khathyl. Der mongolische amtliche Vertreter ließ sogleich seine Dokumente und seine Bedienten auf elf Kamelen verladen und verließ den Yamen. Mit ihm verschwanden unsere mongolischen Führer, ohne uns ein Wort zu sagen, und nahmen unsere Kamele mit.

Unsere Lage erschien nun verzweifelt. Wir eilten zu den Kolonisten, die noch nicht die Flucht ergriffen hatten, um zu versuchen, von ihnen Kamele zu kaufen. Doch hatten diese, in Erwartung der Ereignisse, ihre Herden nach abgelegenen Stellen der Mongolei gesandt und konnten uns deshalb nicht dienlich sein. Darauf begaben wir uns zu Dr. V. G. Gay, einem in der Stadt lebenden Tierarzt, der in der ganzen Mongolei durch seinen Kampf gegen die Rinderpest berühmt geworden war. Er wohnte hier mit seiner Familie und war, nachdem er sich gezwungen gesehen hatte, den Regierungsdienst aufzugeben, zu einem Viehhändler geworden. Er war eine höchst interessante, geschickte und energische Persönlichkeit. Unter dem zaristischen Regime war ihm der Auftrag geworden, sämtliche Fleischlieferungen aus der Mongolei für die russische Armee an der deutschen Front zu besorgen. So wurde er zum Organisator eines ungeheuren Unternehmens. Doch als die Bolschewiki 1917 die Macht ergriffen, stellte er sich auch diesen zur Verfügung. Als dann im Mai 1918 Koltschaks Streitkräfte die Bolschewiki aus Sibirien vertrieben, wurde er verhaftet und vor ein Gericht gestellt. Man ließ ihn jedoch frei, denn man sah ein, daß er die einzige Persönlichkeit war, die dieses große mongolische Unternehmen leiten konnte. So wurde er dann zum

Fleischlieferanten des Admirals Koltschak. In der letzten Zeit war Gay der hauptsächliche Organisator und Lieferant der Streitkräfte Kazagrandis gewesen.

Als wir zu ihm gingen, meinte er sofort, es bliebe uns nichts anderes übrig, als uns mit einigen armseligen niedergebrochenen Pferden zu begnügen, die uns die sechzig Meilen bis Muren Kure tragen könnten, wo wir Kamele für die Rückkehr nach Uliassutai finden würden. Doch auch diese Pferde befänden sich in einiger Entfernung von der Stadt, so daß wir hier die Nacht zubringen müßten, die Nacht, in der die roten Truppen erwartet wurden.

Wir waren erstaunt zu sehen, daß auch Gay mit seiner Familie bis zur Ankunft der Roten bleiben wollte. Sonst blieben in der Stadt nur noch einige Kosaken, die den Auftrag erhalten hatten zurückzubleiben, um die Bewegungen der roten Truppen zu beobachten

Die Nacht kam. Mein Freund und ich waren bereit zu kämpfen oder, im äußersten Falle, Selbstmord zu begehen. Wir hielten uns in einem kleinen Hause in der Nähe des Jaga auf, in dem einige Arbeiter wohnten, die es nicht für notwendig hielten, sich zu entfernen. Die Arbeiter begaben sich auf einen Hügel, von dem das ganze Gelände bis zu der Bergkette, hinter der das rote Detachement auftauchen mußte, übersehbar war. Von diesem Ausguckposten im Walde kam plötzlich ein Arbeiter schreiend zurückgelaufen.

„Wehe, wehe, die Roten kommen. Ein Reiter galoppiert, so schnell er kann, die Waldstraße entlang. Ich rief ihn an. Aber er gab mir keine Antwort. Es war dunkel, doch konnte ich erkennen, daß das Pferd ein fremdes Tier war."

„Schwatz' keinen Unsinn," sagte ein anderer Arbeiter. „Wahrscheinlich ist irgendein Mongole vorbeigeritten, den Du für einen Roten gehalten hast."

„Nein, es war kein Mongole," entgegnete der erste Arbeiter, „Das Pferd war beschlagen. Ich habe deutlich den Hufschlag auf der Straße gehört. Wehe uns!"

„Schön," sagte mein Freund. „Es scheint, daß dies unser Ende ist. Eine dumme Sache, so zu enden." Er hatte recht.

Gerade in diesem Augenblick klopfte jemand an die Tür, Es war der Mongole, der uns die drei Pferde zur Flucht brachte. Wir sattelten sofort und packten auf das dritte Tier unser Zelt und Nahrungsmittel. Dann ritten wir sogleich ab, um uns noch von Gay zu verabschieden.

In Gays Haus fanden wir einen ganzen Kriegsrat vor. Zwei oder drei Kolonisten und einige Kosaken waren von den Bergen herbeigaloppiert und hatten gemeldet, daß das rote Detachement sich Khathyl nähere, aber in der Nacht im Walde bleiben werde, wo es bereits Lagerfeuer anzünde. In der Tat konnte man durch die Fenster des Hauses Feuerschein sehen. Es war wirklich sehr sonderbar, daß der Feind den Morgen dort im Walde abwarten wollte, wo er doch ungestört bis zu dem Dorfe, das er zu erobern wünschte, hätte reiten können.

Ein bewaffneter Kosak trat in den Raum ein und meldete, zwei bewaffnete Männer des Detachements näherten sich dem Hause. Alle in dem Zimmer befindlichen Männer spitzten ihre Ohren. Außerhalb hörten wir Hufschlag mehrerer Pferde und Menschenstimmen. Dann klopfte es an die Tür.

„Herein," sagte Gay.

Zwei junge Männer traten ein. Ihre Bärte waren ganz weiß und ihre Backen infolge der Kälte flammend rot. Sie hatten den gewöhnlichen sibirischen Ueberzieher an und trugen auf den Köpfen große Astrachankappen. Aber sie trugen keine Waffen bei sich.

Sie wurden sogleich ausgefragt. Dabei ergab sich, daß das in Frage stehende Detachement eine Abteilung weißer Bauern von den Bezirken von Irkuts und Yakutsk war, die gegen die Bolschewiki gekämpft hatten. Sie waren in der Nähe von Irkutsk geschlagen worden und versuchten nun, eine Verbindung mit Kazagrandi herzustellen. Der Führer dieser Truppe war ein Sozialist, Hauptmann Wassilieff, der unter dem Zaren wegen seiner sozialistischen Neigungen viel zu leiden gehabt hatte.

Nun waren wir außer Gefahr. Dennoch beschlossen wir sofort nach Muren Kure aufzubrechen, da wir alles Wünschenswerte erfahren und Eile hatten, unseren Bericht zu erstatten.

Auf der Straße holten wir drei Kosaken ein, die die nach Süden fliehenden Kolonisten zurückholen wollten. Wir schlossen uns ihnen an. Abgesessen führten wir die Pferde über das Eis des Flusses. Der Yaga war toll. Die unterirdischen Kräfte erzeugten unter dem Eis große nach oben drängende Wellen, die unter lautem Gebrüll große Eisstücke losrissen, sie in kleine Klumpen zerbrachen und unter das flußabwärts gelegene noch nicht zerbrochene Eisfeld saugten. Wie Schlangen aussehende Spalten liefen in verschiedenen Richtungen über die Eisfläche. Einer der Kosaken stürzte in einen dieser Risse. Wir konnten ihn gerade noch herausziehen. Infolge seines Bades im eiskalten Wasser mußte er nach Khathyl zurückkehren. Unsere Pferde glitten wiederholt aus und stürzten hin. Menschen und Tiere fühlten die Gegenwart des Todes.

Endlich erreichten wir das jenseitige Ufer und konnten die Reise in südlicher Richtung fortsetzen. Nach zehn Meilen stießen wir auf die erste Flüchtlingsgruppe. Die Flüchtlinge hatten ein großes Zelt aufgeschlagen, in ihm ein Feuer angezündet und es mit Wärme, aber auch mit Rauch angefüllt. Ihr Lager lag neben einer chinesischen Handelsniederlassung, deren Besitzer sich jedoch weigerten, die Kolonisten ihre geräumigen Gebäude betreten zu lassen, obgleich sich unter den Flüchtlingen Kinder, Frauen und Leidende befanden. Wir brachten hier nur eine halbe Stunde zu.

Als wir dann die Reise fortsetzten, war die Straße, ausgenommen die Stellen, wo der Schnee hoch lag, gut.

Wir überquerten die ziemlich hohe Wasserscheide zwischen den Flüssen Egingol und Muren. In der Nähe des Passes stieß uns etwas ganz Unerwartetes zu. Wir durchritten gerade ein ziemlich breites Tal, dessen oberer Teil von einem dichten Walde bedeckt war. In der Nähe des Waldes entdeckten wir zwei Reiter, die uns offenbar beobachteten. Die Art, wie sie sich in den Sätteln hielten, und der Typ ihrer Pferde sagten uns, daß sie keine Mongolen sein könnten. Wir riefen ihnen zu und winkten mit den Armen. Doch sie gaben keine Antwort. Aus dem Gehölz kam ein dritter Reiter, der ebenfalls stillhielt, um nach uns zu blicken. Wir beschlossen, sie auszufragen, trieben unsere Pferde an und galoppierten auf sie zu. Als wir etwa tausend Meter von ihnen entfernt waren, ließen sie sich aus den Sätteln gleiten und eröffneten auf uns ein fortlaufendes Feuer. Glücklicherweise waren wir in aufgelöster Ordnung geritten, so daß wir ein schlechtes Ziel boten. Wir sprangen ab, legten uns flach auf die Erde und machten uns zum Kampf fertig. Indessen schossen wir nicht, da wir dachten, daß sie uns vielleicht irrtümlich für Rote hielten. Kurz darauf verschwanden sie. Ihre Schüsse aus europäischen Gewehren hatten uns einen weiteren Beweis dafür gegeben, daß sie keine Mongolen waren. Wir warteten, bis von ihnen nichts mehr im Gehölz zu sehen war. Dann gingen wir nach vorn, um ihre Spur zu untersuchen, die, wie wir feststellten, von beschlagenen Pferden stammte, was nun klar bestätigte, daß wir es nicht mit Mongolen zu tun gehabt hatten. Wer mochten diese Leute wohl gewesen sein? Wir haben es niemals feststellen können.

Nachdem wir den Paß überwunden hatten, stießen wir auf den russischen Kolonisten D. A. Teternikoff aus Muren Kure, der uns einlud, beim Eintreffen in Muren Kure in seinem Hause zu wohnen, und uns versprach, uns dort von den Lamas Kamele zu verschaffen.

Die Kälte war äußerst scharf und wurde von dem schneidenden Wind noch fühlbarer gemacht. Am Tag froren wir bis auf die Knochen, um in der Nacht neben unserem Zeltofen aufzutauen und uns gemütlich anzuwärmen.

Nach zwei Tagen erreichten wir das Tal des Muren und sahen aus der Ferne das Viereck von Kure mit seinen chinesischen Dächern und großen roten Tempeln vor uns liegen. In der Nähe befand sich ein zweites Viereck, die chinesische und russische Niederlassung. Zwei weitere Stunden brachten uns zu dem Hause unseres gastlichen Begleiters und seiner liebenswürdigen jungen Frau. Die neu gewonnenen Freunde setzten uns ein wunderbares Lunch aus sehr schmackhaften Gerichten vor.

Wir brachten fünf Tage in Kure zu, auf die von uns zu mietenden Kamele wartend. Während dieser Zeit trafen viele Flüchtlinge aus Khathyl ein, denn Oberst Kazagrandi zog sich allmählich auf das Südufer des Kosogol zurück. Unter den Ankömmlingen befanden sich zwei Oberstenn amens Plawako und Maklakoff, die den Grund zur Auflösung der Streitkraft Kazagrandis gegeben hatten. Kaum waren die Flüchtlinge in Muren Kure erschienen, als die mongolischen Beamten die Mitteilung ergehen ließen, die chinesischen Behörden hätten ihnen befohlen, alle russischen Flüchtlinge zu vertreiben.

„Wohin können wir Obdachlosen uns jetzt im Winter mit Frauen und Kindern wenden?" fragten die bedürftigen Flüchtlinge.

„Das geht uns nichts an," erwiderten die mongolischen Beamten, „Die chinesischen Behörden sind zornig und haben uns befohlen, euch fortzutreiben. Wir können euch nicht helfen."

Die Flüchtlinge mußten Muren Kure verlassen und schlugen ihre Zelte unter dem freien Himmel nicht weit von der Stadt auf. Plawako und Maklakoff erstanden Pferde und brachen in Richtung auf Van Kure auf. Später erfuhr ich, daß beide unterwegs von Chinesen erschlagen wurden.

Wir verschafften uns drei Kamele und traten die Reise mit einem großen Trupp chinesischer Kaufleute und russischer Flüchtlinge in Richtung auf Uliassutai an. Eine sehr angenehme Erinnerung an unsere freundlichen Gastgeber T. V. und D. A. Teternikoff begleitete uns auf unserem Marsch.

Für die Miete unserer Kamele hatten wir den sehr hohen Preis von 33 Liang ungemünzten Silbers zu zahlen gehabt, das uns durch eine amerikanische Firma in Uliassutai geliefert worden war. Dieser Betrag kam ungefähr 2,7 Pfund des weißen Metalls gleich.

24. Kapitel.
Ein furchtbares Verbrechen.

Bald kamen wir auf die Straße, auf der wir in nördlicher Richtung gereist waren, und sahen von neuem die Reihe niedergemähter Telegraphenpfähle, die uns schon einmal in so freundlicher Weise ihren wärmenden Schutz gegeben hatten. Wir gelangten gerade an die bewaldeten Hügel im Norden des Tales des Tisingol, als es zu dunkeln begann. Infolgedessen beschlossen wir, die Nacht in Bobroffs Haus zuzubringen, während unsere Begleiter planten, Kanines Gastfreundschaft auf der Telegraphenstation zu suchen.

Am Stationstor fanden wir einen mit einem Gewehr bewaffneten Soldaten vor, der uns nach Woher und Wohin fragte und, als er zufriedengestellt war, einen jungen Offizier aus dem Hause herauspfiff.

„Leutnant Iwanoff," stellte dieser sich vor. „Ich habe hier mit meiner Abteilung weißer Parteigänger Quartier genommen,"

Er war mit seiner aus zehn Mann bestehenden Gefolgschaft aus der Gegend von Irkutsk gekommen und in Verbindung mit Oberstleutnant Michailoff in Uliassutai getreten, der ihm befohlen hatte, dieses Blockhaus zu besetzen.

„Bitte, treten Sie näher," sagte er höflich.

Ich erklärte ihm, daß ich bei Bobroff wohnen wollte, worauf er mit der Hand eine Gebärde der Verzweiflung machte und sagte: „Bemühen Sie sich nicht. Die Bobroffs sind erschlagen und ihr Haus ist niedergebrannt worden."

Ich konnte einen Schrei des Entsetzens nicht unterdrücken.

Der Leutnant fuhr fort: „Kanine und die Pouzikoffs haben sie getötet, das Besitztum geplündert und danach das Haus mit den in ihm befindlichen Leichen niedergebrannt. Wollen Sie sich selber überzeugen?"

Mein Freund und ich gingen mit dem Leutnant dorthin und sahen uns die Stätte des Schreckens an. Geschwärzte Pfähle standen unter verbrannten Balken und Brettern, während das Tischgerät und eiserne Töpfe überall herumlagen. Ein wenig abseits ruhte unter einem Filzstück das, was von den Unglücklichen übrig geblieben war. Als erster sprach der Offizier: „Ich habe den Fall nach Uliassutai berichtet und

Nachricht erhalten, daß die Verwandten der Verstorbenen mit zwei Offizieren hierher kommen werden, um die Angelegenheit zu untersuchen. Aus diesem Grunde kann ich die Leichen nicht begraben."

„Wie ist das vor sich gegangen?" fragten wir, durch das traurige Bild bedrückt.

„Es kam folgendermaßen," begann er. „Ich kam des Nachts mit meinen zehn Soldaten herbei. Da ich fürchtete, daß Rote hier sein könnten, so schlichen wir uns an die Station heran und blickten zunächst durch die Fenster. Wir sahen, wie Pouzikoff, Kanine und das kurzhaarige Mädchen Kleider und andere Sachen verteilten und Silberklumpen abwogen. Ich konnte nicht sofort die Bedeutung dieses Bildes verstehen, fühlte indessen, daß es angebracht sein würde, weiter auf der Hut zu sein. Deshalb befahl ich einem Soldaten, über den Zaun zu klettern und das Tor zu öffnen. Wir rannten in den Hof hinein. Die erste Person, die von dem Hause gegen uns anlief, war Kanines Frau. Sie rang die Hände und schrie in äußerster Furcht: „Ich wußte, daß es Unglück bringen würde." Dann wurde sie ohnmächtig.

Einer der Männer stürzte durch eine Seitentür nach einem Hofschuppen und versuchte dort über den Zaun hinwegzukommen. Ich selber bemerkte ihn nicht. Doch wurde er von einem meiner Soldaten ergriffen. An der Tür trat uns Kanine entgegen, der bleich war und zitterte. Nun verstand ich, daß sich etwas Wichtiges zugetragen haben mußte und kündigte ihnen allen an, daß sie verhaftet seien. Die Männer wurden gebunden und unter strengste Bewachung gestellt. Auf alle meine Fragen erhielt ich zunächst keine Antwort, ausgenommen von Frau Kanine, die schrie: „Habt Mitleid mit den Kindern, sie sind unschuldig," auf die Knie niederfiel und ihre Hände flehend rang. Das kurzhaarige Mädchen lachte währenddessen aus unverschämten Augen und blies mir einen Mund voll Rauch ins Gesicht. Ich war gezwungen, ihnen zu drohen, und sagte: „Ich weiß, daß Ihr irgend ein Verbrechen begangen habt, aber noch nicht bekennen wollt. Wenn Ihr nicht bekennt, werde ich die Männer erschießen und die Weiber vors Gericht in Uliassutai bringen lassen." Ich sprach entschlossen; denn ich war sehr zornig. Zu meiner großen Ueberraschung sprach das kurzhaarige Mädchen als erste.

„Ich will Ihnen alles erzählen," sagte sie.

Ich ließ Tinte, Feder und Papier bringen. Meine Soldaten waren die Zeugen. Dann protokollierte ich das Bekenntnis des Weibes Pouzikoffs. Ihre blutige Erzählung lautete:

„Mein Mann und ich sind bolschewistische Kommissare. Wir sind ausgesandt worden, um ausfindig zu machen, wie viele weiße Offiziere sich in der Mongolei versteckt halten. Doch der alte Kerl Bobroff kannte uns. Eigentlich wollten wir weiterreisen, aber Kanine hielt uns zurück, indem er uns erzählte, daß Bobroff reich sei und er, Kanine, seit langer Zeit vorhabe, ihn zu töten und sein Besitztum zu plündern. Wir erklärten uns bereit, ihm dabei zu helfen. Wir verlockten den jungen Bobroff zum Kartenspiel. Als der junge Bobroff nach Hause ging, schlich sich mein Mann hinter ihm her und erschoß ihn. Danach gingen wir alle zu Bobroffs Besitztum. Ich kletterte über den Zaun und warf den Hunden vergiftetes Fleisch zu, so daß sie nach wenigen Minuten verreckten. Dann kletterten wir alle hinüber. Die erste Person, die aus dem Hause heraustrat, war Bobroffs Frau, Pouzikoff, der hinter der Tür versteckt war, erschlug sie mit der Axt. Den alten Kerl töteten wir mit einem Axtbieb, als er sich im Schlafe befand. Das kleine Mädchen rannte infolge des Lärms in das Zimmer, Kanine schoß ihr eine Kugel in den Kopf. Danach plünderten wir das Haus und brannten es nieder und ließen dabei auch die Pferde und Rinder umkommen. Später wäre alles vollständig verbrannt gewesen, so daß keine Spuren übrig geblieben wären. Aber dann kamen Sie plötzlich an, und diese dummen Kerle verrieten uns sofort."

„Es war eine schurkische Sache," fuhr der Leutnant fort, als wir uns auf dem Rückweg zu der Station befanden, „Mir stand das Haar zu Berge, als ich die ruhig vorgebrachte Erzählung dieses jungen Weibes, das eigentlich noch ein Kind war, hörte. Erst dann verstand ich, in welche Tiefen der Bolschewismus durch die Vernichtung von Glaube, Gottesfurcht und Gewissen die Menschheit gestürzt hat. Erst dann kam mir zum Bewußtsein, daß alle ehrenhaften Menschen gegen diesen gefährlichsten Feind des Menschentums unnachsichtlich kämpfen müssen."

Während wir zur Station zurückgingen, bemerkte ich an der Wegseite einen schwarzen Fleck, der meine Aufmerksamkeit auf sich zog. „Was ist das?", fragte ich, auf den Fleck weisend.

„Das ist der Mörder Pouzikoff, den ich erschoß," antwortete der Leutnant. „Ich würde auch Kanine und Pouzikoffs Weib erschossen haben; aber Kanines Frau und Kinder taten mir leid. Ich habe noch nicht gelernt, wie man Frauen erschießt. Ich werde diese Leute jetzt zusammen mit Ihnen unter der Bewachung meiner Soldaten nach Uliassutai senden. Sie werden auch so den Tod finden; denn die Mongolen, vor deren Gericht sie kommen, werden sie sicher wegen Mordes töten."

Dies ist, was sich am Tisingol zutrug, an dessen Ufern die Irrwische über die Moraste gleiten.

Unsere Reise von Tisingol nach Uliassutai in der Begleitung dieser Verbrecher war sehr unangenehm. Mein Freund und ich verloren unsere gewöhnliche Geisteskraft und Gemütsstärke vollständig. Kanine war beständig in trotzige Gedanken versunken, während das unverschämte Weib lachte, rauchte und mit den Soldaten und mehreren unserer Begleiter gemeine Scherze trieb. Endlich überqueren wir den Jagisstai und konnten dann nach wenigen Stunden zuerst die Festung und danach die über die Ebene gesäten Häuser entdecken, von denen wir wußten, daß sie Uliassutai waren.

25. Kapitel.
Tage der Unruhe.

Wieder einmal fanden wir uns im Wirbelwind der Ereignisse. Während der zwei Wochen, die wir von Uliassutai abwesend waren, hatte sich sehr viel zugetragen. Der chinesische Kommissar Wang Tsao-Tsun hatte im ganzen elf Boten nach Urga entsandt. Doch war kein Bote zurückgekehrt. Die Lage in der Mongolei blieb nichts weniger als klar. Das in Uliassutai gebildete russische Detachement hatte infolge der Ankunft von Kolonisten Verstärkung erhalten und setzte seine rechtswidrige Existenz fort, obgleich die Chinesen durch ihr ausgedehntes Spionagesystem davon Kenntnis hatten. In der Stadt wagte kein Russe und überhaupt kein Ausländer seine Wohnung zu verlassen. Jedermann blieb bewaffnet zu Hause. Des Nachts standen bewaffnete Posten in allen Siedlungshäusern. Die Chinesen gaben den Anlaß zu diesen Vorsichtsmaßnahmen. Auf Befehl ihres Kommissars hatten die chinesischen Kaufleute ihre Angestellten mit den ihnen zur Verfügung stehenden Gewehrvorräten bewaffnet und die übrig bleibenden Gewehre den Beamten ausgehändigt, die damit eine Schar von zweihundert Kulis ausrüsteten. Die Chinesen ergriffen auch Besitz von dem mongolischen Arsenal und verteilten die dort befindlichen Waffen unter den chinesischen Gemüsebauern in dem Nagan Hushun, wo die chinesische Bevölkerung stets der niedrigsten Arbeiterklasse angehörte. Dieser Auswurf Chinas fühlte sich jetzt mächtig. Die Kerle hielten erregte Versammlungen ab und bereiteten sich offenbar für einen Zusammenstoß vor. Des Nachts trugen Kulis viele Patronenkisten von den chinesischen Läden nach dem Nagan Ilushun. Das Benehmen des chinesischen Mobs wurde unerträglich frech. Diese Kulis hatten die Unverschämtheit, die Leute auf der Straße anzuhalten und zu durchsuchen. Sie waren darauf aus, Zusammenstöße hervorzurufen, die ihnen Gelegenheit geben würden, sich zu bereichern. Durch geheime Nachrichten, die wir von gewissen chinesischen Kreisen erhielten, erfuhren wir, daß die Chinesen sich zu einem Pogrom gegen alle Russen und Mongolen in Uliassutai bereit machten. Es war uns klar, daß im richtigen Teil der Stadt lediglich ein einziges Haus angezündet zu werden brauchte, um die ganze aus Heizhäusern bestehende Niederlassung in ein Flammenmeer zu verwandeln. Die Russen

Die Festung von Uliassutai.

und Mongolen bereiteten ihre Verteidigung vor. Sie verstärkten die Posten auf den Anwesen, ernannten Führer für gewisse Stadtbezirke, organisierten eine besondere Feuerwehr und hielten Pferde, Wagen und Nahrungsmittel für den Fall einer plötzlichen Flucht bereit. Die Lage wurde noch schlimmer, als die Nachricht von Kobdo eintraf, daß die Chinesen dort ein Pogrom veranstaltet, mehrere Einwohner getötet und die ganze Stadt nach einer wilden Plünderungsorgie niedergebrannt hatten. Viele Leute hatten in den Bergwäldern Zuflucht gesucht, aber da sie nicht genügend mit warmen Kleidern und Nahrungsmitteln versehen waren, so hatten die Berge in der Umgebung von Kobdo in den nächsten Tagen bald von den Notschreien der Flüchtlinge widergehallt. Die scharfe Kälte und der Hunger hatten unter dem offenen Himmel des mongolischen Winters die Frauen und Kinder dahingerafft. All diese Nachrichten wurden den Chinesen in Uliassutai bald bekannt Sie lachten spöttisch und organisierten eine große Versammlung im Nagan Hushun, auf der die Loslassung des Mobs gegen die Stadt zur Erörterung stand.

Wir erfuhren von diesen Plänen durch einen jungen Chinesen, den Sohn des Kochs eines der Kolonisten. Wir beschlossen, sofort der Sache nachzugehen. Ein russischer Offizier, mein Freund und ich selbst taten uns zusammen, um unter Führung des jungen Chinesen den Außenrand der Stadt aufzusuchen. Wir taten so, als ob wir lediglich einen Spaziergang machen wollten. Doch hielt uns am Außenende der Stadt ein chinesischer Posten an, der uns in unverschämter Weise erklärte, es dürfe niemand die Stadt verlassen. Während ich mit dem Kuli sprach, stellte ich fest, daß zwischen der Stadt und dem Nagan Hushun den ganzen Weg entlang chinesische Posten aufgestellt waren, und daß sich Ströme von Chinesen in jener Richtung ergossen. So wurde uns klar, daß es von hier aus völlig unmöglich war, den Versammlungsort zu erreichen. Darum wählten wir einen anderen Weg.

Wir verließen die Stadt in östlicher Richtung und wanden uns dem Lager der durch die chinesische Ausbeutung zu Bettlern gewordenen Mongolen entlang. Auch in dem Mongolenlager schien man ängstlich auf das, was kommen sollte, zu warten; denn obgleich die Stunde bereits vorgerückt war, hatte sich niemand schlafen gelegt. Ueber das Flußeis schlichen wir dann auf Umwegen zu dem Nagan Hushun. Außerhalb der Stadt krochen wir auf dem Boden, indem wir Deckung suchten, wo sich dazu Gelegenheit bot. Wir waren mit Revolvern und Handgranaten bewaffnet. Eine kleine Abteilung von Freunden hielt sich in der Stadt bereit, um uns im Notfall zu Hilfe zu kommen. Als erster von uns Vieren kroch der junge Chinese. Unmittelbar hinter ihm folgte, wie dessen Schatten, mein Freund, der dem Chinesen stets in Erinnerung rief, daß er ihn wie eine Ratte erwürgen würde, wenn er die geringste Bewegung machte, die uns verraten könnte. Ich fürchte, der junge Führer hatte an diesem Spaziergang kein sehr großes Vergnügen.

Endlich wurde die Umrahmung des Nagan Hushun sichtbar. Jetzt war nichts als offenes Gelände zwischen uns und den Verschwörern, so daß unsere Gruppe hätte leicht entdeckt werden können. Infolgedessen beschlossen wir, einer nach dem andern, über den freien Raum zu kriechen, mit der Ausnahme jedoch, daß der Chinese in der Gesellschaft meines Freundes blieb. Glücklicherweise lagen viele gefrorene Misthaufen auf der Ebene, die uns Deckung gewährten.

Im Schatten der Umzäunung glitten wir an den Hof heran, von wo uns die Stimmen einer erregten Menge anlockten. Da wir in der Dunkelheit eine gute Beobachtungsstelle wählten, konnten wir in unserer unmittelbaren Nachbarschaft etwas Außerordentliches feststellen.

Ein anderer unsichtbarer Gast war bei der Chinesenversammlung zugegen. Er lag am Boden mit seinem Kopf in einem Loch, das von Hunden unter dem Zaun gegraben worden war. Er hielt sich völlig still und hatte offenbar unser Herbeikommen nicht gehört. In der Nähe von ihnen lag ein weißes Pferd mit zugebundenen Nüstern in einem Erdloch. Ein wenig weiter fort stand ein anderes gesatteltes Pferd, das an den Zaun gebunden war.

Im Hofe herrschte großer Lärm. Es schrien dort ungefähr zweitausend Menschen durcheinander. Sie debattierten und gestikulierten wild mit den Armen. Fast alle waren mit Gewehren, Revolvern, Säbeln und Beilen bewaffnet. Durch die Menge hindurch liefen junge Burschen, die den Leuten beständig zuredeten, Papiere austeilten und Erklärungen abgaben. Schließlich stieg ein großer, breitschultriger Chinese auf die Brunnenumrahmung. Er schwang sein Gewehr über dem Kopf und begann in lauten, scharfen Tönen eine Ansprache.

„Er sagt den Leuten," so setzte uns unser Dolmetscher auseinander, „daß sie hier tun müßten, was die Chinesen in Kobdo bereits getan haben. Sie müßten von dem Kommissar die Versicherung erlangen, daß er der Wache befehlen werde, der Ausführung ihrer Pläne nicht in den Weg zu treten. Der Kommissar müsse ferner auch den Russen alle Waffen abverlangen. Dann werden wir uns an den Russen für ihr Blagoweschtschensker Verbrechen rächen, bei dem sie 1900 dreitausend Chinesen ertränkten. Ihr bleibt jetzt hier, während ich mich zum Kommissar begebe, um mit ihm zu reden."

Der Redner sprang vom Brunnen herab und begab sich geschwind nach dem zu der Stadt führenden Tor. Da bemerkte ich, daß der mit dem Kopf unter dem Zaun liegende Mann aus seinem Loch herauskroch, das weiße Pferd aus der Grube aufriß und dann an die Stelle lief, wo das andere Pferd angebunden war, und daß er dieses darauf nach unserer Seite brachte, die von der Stadt mehr abgewandt war. Dort ließ er das zweite Pferd und verbarg sich hinter der Ecke des Hushun. Der Wortführer der Chinesen trat aus dem Tor heraus. Als er sein Pferd auf der anderen Seite der Umzäunung sah, schwang er sein Gewehr über den Rücken und begab sich zu dem Tiere. Er war ungefähr die Hälfte des Weges gegangen, als der Fremde aus seinem Versteck hinter der Zaunecke plötzlich herausgaloppierte und blitzschnell den Mann vom Erdboden auf seinen Sattelknopf hinaufriß, wo er dem bereits halberwürgten Chinesen den Mund zuband. Dann sauste der Fremde in westlicher Richtung von der Stadt hinweg.

„Wer, glauben Sie, ist das gewesen," fragte ich meinen Freund, der sogleich erwiderte: „Es war sicherlich Tushegoun Lama.

Auch mich erinnerte die ganze Erscheinung in starkem Maße an den geheimnisvollen Lamaräcker.

Spät in der Nacht erfuhren wir, daß einige Zeit, nachdem der Redner der Chinesen fortgegangen war, um des Kommissars Beistand für das geplante Unternehmen zu suchen, der Kopf des Wortführers mitten in die wartende Versammlung hineingeworfen wurde und daß ähnlich acht junge Burschen auf dem Wege von dem Hushun nach der Stadt spurlos verschwanden. Das terrorisierte die Chinesen dermaßen, daß ihr erhitztes Gemüt eine kalte Dusche empfing.

Am nächsten Tag erhielten wir unerwartete Hilfe. Ein junger Mongole kam von Urga in die Stadt hineingaloppiert. Sein Ueberzieher war zerrissen, sein Haar völlig aufgelöst, ein Revolver ragte aus seinem Gürtel heraus. Indem er direkt nach dem Markt stürmte, auf dem sich die Mongolen zu versammeln pflegen, rief er, ohne den Sattel zu verlassen, aus: „Urga ist von unseren Mongolen und Dchiang Dchün

Baron Ungern erobert worden! Bogdo Hutuktu ist wiederum unser Khan! Mongolen, schlagt die Chinesen tot und plündert ihre Läden! Unsere Geduld ist erschöpft!"

Der Menge bemächtigte sich eine große Erregung. Der Reiter wurde von Menschen umringt, die unablässig Fragen an ihn richteten. Der von den Chinesen entlassene alte mongolische Sait, Chultun Beyli, wurde sogleich von der Sachlage unterrichtet. Er ließ den Boten vor sich bringen. Nachdem er ihn ausgefragt hatte, ließ er den Mann wegen Aufwiegelung der Menge zu Unruhen verhaften. Doch weigerte er sich, ihn den chinesischen Behörden auszuliefern. Ich war selbst bei dem Sait, als sich das zutrug, und wurde zum Zeugen seiner Stellungnahme. Als der chinesische Kommissar Wang Tsao-tsun dem Sait damit drohte, er werde ihn wegen Ungehorsams zur Rechenschaft fordern, faßte der alte Mann nur nach seinem Rosenkranz und sagte: „Ich glaube, jedes Wort in der Erzählung dieses Mongolen ist wahr, und ich fürchte, daß unsere gegenseitigen Beziehungen bald ins Gegenteil gewandelt sein werden."

Ich hatte das Gefühl, daß auch Wang Tsao-tsun die Richtigkeit des Berichts des Mongolen erkannte; denn er bestand nicht weiter auf seiner Forderung.

Von diesem Augenblick ab verschwanden die Chinesen von den Straßen Uliassutais, Patrouillen russischer Offiziere und von Leuten unserer ausländischen Kolonie traten an ihre Stelle. Die unter den Chinesen entstandene Panik wurde noch durch das Eintreffen eines Briefes vergrößert, der die Nachricht brachte, daß die Mongolen und die Altai-Tataren unter der Führung des Tatarenoffiziers Kaigorodoff die Verfolgung der Chinesen von Kobdo angetreten hätten, die mit der bei der Plünderung dieser Stadt gemachten Beute zu entkommen trachteten, daß die Verfolger die Plünderer eingeholt und an der Grenze von Sinkiang vernichtet hätten. Ein anderer Teil des Briefes behauptete, General Bakitsch und die sechstausend Mann, die mit ihm von den chinesischen Behörden am Flusse Amyl interniert worden waren, seien bewaffnet worden und schickten sich an, sich mit Ataman Annenkoff zu vereinigen, der in Kuldja interniert worden war, um danach eine Vereinigung mit Baron Ungern anzustreben. Der zweite Teil des Briefes erwies sich als unrichtig, denn weder Bakitsch noch Annenkoff hatte irgend einen derartigen Plan. Annenkoff war vielmehr von den Chinesen tief nach Turkistan hinein verschickt worden.

Die Nachrichten erzeugten jedoch auf jeden Fall unter den Chinesen größte Verblüffung.

Gerade an diesem Zeitpunkt trafen im Hause des russischen bolschewistischen Kolonisten Bourdokoff drei Agenten der Bolschewiki aus Irkutsk ein. Sie nannten sich Saltikoff, Freimann und Nowak. Die drei Agenten bemühten sich sogleich, die chinesischen Behörden zur Entwaffnung der russischen Offiziere und Auslieferung an die Roten zu bewegen. Sie überredeten die chinesische Handelskammer, an den Irkutsker Sowjet um Entsendung eines roten Detachements nach Uliassutai zum Schutze der Chinesen gegen die weißen Detachements zu petitionieren. Freimann hatte kommunistische Flugblätter, die in mongolischer Sprache geschrieben waren, und außerdem Anweisungen für den Wiederaufbau der Telegraphenlinie nach Irkutsk mitgebracht.

Dieses Quartett hatte mit seiner Politik großen Erfolg. Bald arbeitete Wang Tsao-tsun Hand in Hand mit den Agenten. So kehrten die Tage, in denen wir in Uliassutai ein Pogrom erwarten mußten, schnell wieder zurück. Die russischen Offiziere fürchteten festgenommen zu werden. Der Vertreter einer der amerikanischen Firmen ging mit mir zu dem chinesischen Kommissar, um Verhandlungen anzuknüpfen. Wir setzten ihm auseinander, daß seine Handlungen ungesetzlich seien, da er keine Ermächtigung von seiner Regierung habe, zu den Bolschewiki in Beziehungen zu treten, und die Sowjetregierung ja von Peking noch nicht anerkannt worden sei. Wang Tsao-tsun und sein Ratgeber Fu Siang zeigten sich sehr verwirrt, als sie auf diese Weise erfuhren, daß wir von ihren geheimen Zusammenkünften mit den bolschewistischen Agenten wußten. Der Kommissar versicherte uns, seine Wache sei stark genug, um ein Pogrom zu verhindern.

Seine Wache war in der Tat eine sehr tüchtige Truppe, denn sie bestand aus gut gedrillten und disziplinierten Soldaten, deren Führer ein ernster und gut erzogener Offizier war. Aber was konnten achtzig Soldaten gegen einen Mob von dreitausend Kulis, eintausend bewaffneten Kaufleuten und zweihundert jungen Burschen tun?

Wir brachten unsere Befürchtungen sehr stark zum Ausdruck und drangen in den Kommissar, jegliches Blutvergießen zu verhindern, indem wir darauf hinwiesen, daß die ausländische und russische Einwohnerschaft entschlossen sei, sich bis zum letzten zu verteidigen.

Wang ordnete sofort an, daß starke Patrouillen die Straßen durchziehen sollten. So ergab sich, alsbald ein höchst merkwürdiges Bild, indem nämlich überall in der Stadt zu gleicher Zeit russische, ausländische und chinesische Patrouillen herumzogen. Damals wußten wir noch nicht, daß weitere dreihundert Mann auf Posten waren, nämlich Leute Tushegoun Lamas, die sich in den Bergen versteckt hielten.

Bald trat eine neue gründliche und plötzliche Wendung ein. Der mongolische Sait erhielt durch die Lamas des nächsten Klosters die Nachricht, daß Oberst Kazagrandi nach einem Gefecht mit irregulären chinesischen Banden Van Kure eingenommen, dort drei russisch-mongolische Kavalleriebrigaden gebildet und überhaupt die Mongolen auf Befehl des Lebenden Buddhas und die Russen auf Befehl des Baron Ungern mobilisiert hatte. Wenige Stunden später wurde bekannt, daß in dem großen Kloster von Dzain der russische Hauptmann Barsky von chinesischen Soldaten getötet worden war und infolgedessen ein Teil der Truppen Kazagrandis die dortigen Chinesen angegriffen und vertrieben hatte.

Bei der Einnahme von Van Kure hatten die Russen einen koreanischen Kommunisten zum Gefangenen gemacht, der zur Bearbeitung Koreas und Amerikas von Moskau mit Gold und Propagandaschriften unterwegs war. Oberst Kazagrandi sandte diesen Koreaner mit seiner Goldladung an Baron Ungern weiter.

Nachdem diese Nachrichten in Uliassutai eingegangen waren, verhaftete der Führer des russischen Detachements unserer Stadt alle bolschewistischen Agenten und stellte sie, wie auch die Mörder der Bobroffs, vor ein Kriegsgericht. Kanine, Frau Pouzikoff und Freimann wurden erschossen. Was Saltikoff und Nowak anbetrifft, so entstanden einige Zweifel. Ueberdies gelang es Saltikoff zu entkommen, während Nowak auf Befehl des Oberstleutnants Michailoff nach dem Westen abgeschoben wurde.

Der Führer des russischen Detachements von Uliassutai ließ die russischen Kolonisten mobilisieren und stellte die Stadt offen unter seinen Schutz, wozu die mongolischen Behörden ihr stillschweigendes Einverständnis gaben.

Der mongolische Sait Chultun Beyli lud die benachbarten mongolischen Fürsten zu einer Beratung ein, deren Seele der bekannte mongolische Patriot Hun Jap Lama wurde. Die Fürsten setzten sogleich die an die Chinesen zu richtenden Forderungen auf, die dahin gingen, daß das dem Sait Chultun Beyli unterstehende Gebiet völlig geräumt werden müsse. Aus dieser Forderung entstanden

Verhandlungen, Bedrohungen und Reibungen unter den verschiedenen chinesischen und mongolischen Elementen. Wang Tsao-tsun schlug einen eigenen Regelungsplan vor, der von einigen mongolischen Fürsten angenommen wurde. Aber Jap Lama warf das chinesische Dokument im entscheidenden Augenblick auf den Boden, zog sein Messer heraus und schwor, daß er lieber Selbstmord begehen werde, als sein Siegel unter ein solches verräterisches Abkommen zu setzen. Infolgedessen wurden die chinesischen Vorschläge abgelehnt, so daß sich die Gegner nun zum Kampf vorbereiteten. Alle bewaffneten Mongolen wurden von den Gebieten des Jassaktu Khan, Sain-Noion Khan und des Jahantsi Lama einberufen. Die chinesischen Behörden brachten ihre vier Maschinengewehre in Stellung und rüsteten sich für die Verteidigung der Festung.

Fortwährende Beratungen wurden sowohl von den Chinesen wie auch von den Mongolen abgehalten. Schließlich kam unser alter Bekannter Tzeren zu mir als einem der nicht direkt betroffenen Ausländer und überreichte mir gleichzeitige Bitten von Wang Tsao-tsun und Chultun Beyli, daß ich versuchen sollte, den Frieden zwischen den beiden Elementen und ein faires Abkommen herzustellen. Aehnliche Bitten wurden dem Vertreter einer amerikanischen Firma überreicht.

Am folgenden Abend wurde die erste Versammlung der Schiedsrichter und der chinesischen und mongolischen Vertreter abgehalten. Sie verlief leidenschaftlich und stürmisch, so daß wir Ausländer an dem Erfolg unserer Mission verzweifelten. Als gegen Mitternacht die Redner müde geworden waren, führten wir indessen in Bezug auf zwei Punkte eine Uebereinstimmung herbei: die Mongolen erklärten, daß sie nicht Krieg zu führen wünschten und daß sie die Absicht hätten, die ganze Angelegenheit in einer Weise zu regeln, die ihnen die Freundschaft des großen chinesischen Volkes erhalten würde, wohingegen der chinesische Kommissar zugab, daß China gegen die Verträge verstoßen habe, unter denen der Mongolei in gesetzlich gültiger Weise volle Unabhängigkeit gewährt worden war.

Diese beiden Punkte bildeten für uns die Arbeitsunterlage bei der nächsten Versammlung und gaben uns die Ausgangspunkte, um auf eine Versöhnung zu drängen. Die Beratungen dauerten drei Tage an und entwickelten sich schließlich so, daß wir Ausländer uns in der Lage fanden, Vorschläge für eine Regelung zu machen. Die Hauptpunkte unserer Vorschläge gingen dahin, daß die chinesischen

Behörden auf die administrative Gewalt verzichten, die Waffen an die Mongolen zurückgeben, die zweihundert Burschen entwaffnen und das Land verlassen sollten, und daß die Mongolen ihrerseits dem chinesischen Kommissar mit seiner bewaffneten Wache von achtzig Mann freien und ehrenhaften Abzug aus ihrem Land gewähren würden. Dieser chinesisch - mongolische Vertrag von Uliassutai wurde von den chinesischen Kommissaren Wang Tsao-tsun und Fu Hsiang, den beiden mongolischen Saits, Hun Jap Lama und anderen Fürsten unterzeichnet und gesiegelt, wie auch von den Präsidenten der russischen und chinesischen Handelskammer und uns als Schiedsrichtern.

Die chinesischen Beamten und ihre Bedeckung begannen sogleich einzupacken und sich zum Abmarsch vorzubereiten. Die chinesischen Kaufleute blieben in Uliassutai; denn Sait Chultun Beyli, der jetzt über die Stadt volle Gewalt hatte, garantierte ihre Sicherheit.

Der Tag der Abreise der Expedition Wang Tsao-tsuns war gekommen. Die Kamele mit ihren Ladungen füllten bereits den Hof des Yamen, und die Männer warteten nur noch auf die Ankunft der Pferde von der Steppe. Plötzlich verbreitete sich die Nachricht, daß die betreffende Pferdeherde in der Nacht gestohlen und in südlicher Richtung abgetrieben worden war. Von den zwei Soldaten, die ausgesandt worden waren, um den Spuren der Herde zu folgen, kam nur einer mit der Meldung zurück, daß der andere getötet worden war.

Große Verblüffung bemächtigte sich der ganzen Stadt, unter den Chinesen brach eine offene Panik aus, die noch zunahm, als einige Mongolen von einem entlegenen Ourton im Osten kamen und meldeten, daß sie an verschiedenen Stellen an der Poststraße nach Urga die Leichen von sechzehn Soldaten gefunden hatten, die von Wang Tsao-tsun mit Briefen nach Urga gesandt worden waren. Das Geheimnis, das diese Ereignisse umgab, wird bald Erklärung finden.

Der Führer des russischen Detachements erhielt einen Brief von einem Kosakenoberst namens V. N. Domojiroff, der den Befehl gab, sofort die chinesische Garnison zu entwaffnen, alle chinesischen Beamten zu verhaften, sie nach Urga zu Baron Ungern zu schicken, von Uliassutai, wenn nötig mit Gewalt, Besitz zu ergreifen und die Verbindung mit seinem Detachement herzustellen. Zu gleicher Zeit kam ein Bote mit einem Brief vom Narabantschi Hutuktu in die Stadt galoppiert, in dem berichtet wurde, daß ein russisches Detachement unter der Führung von Hun Boldon und Oberst Domojiroff aus Urga einige chinesische Geschäftshäuser geplündert und die Kaufleute getötet habe, daß dieses Detachement dann zu dem Kloster gekommen sei und Pferde, Nahrungsmittel und Unterkunft verlangt hätte. Der Hutuktu bat um Hilfe, denn es bestünde Gefahr, daß der wilde Eroberer von Kobdo, Hun Boldon, das abgelegene, unbeschützte Kloster plündern würde.

Wir drangen mit Nachdruck in Oberstleutnant Michailoff, nicht den besiegelten Vertrag zu verletzen, was alle Ausländer und Russen, die an seinem Abschluß beteiligt waren, desavouieren würde. Das würde nur eine Nachahmung der bolschewistischen Methode, jedermann in den Staatsgeschäften zu täuschen, sein.

Unsere Vorstellungen machten auf Michailoff Eindruck. Denn er gab Domojiroff zur Antwort, Uliassutai sei bereits kampflos in seine Hände gefallen, über dem Gebäude des ehemaligen russischen Konsulats wehe die russische Reichsflagge, die chinesischen Burschen seien entwaffnet worden, im übrigen könnten jedoch die erteilten Befehle nicht ausgeführt werden, da sonst der gerade in Uliassutai unterzeichnete chinesisch - mongolische Vertrag verletzt werden würde.

Täglich gingen mehrere Boten vom Narabantchi Hutuktu nach Uliassutai ab. Die Nachrichten wurden immer beunruhigender. Der Hutuktu meldete, daß Hun Boldon die mongolischen Bettler und Pferdediebe mobilisiere, bewaffne und militärisch ausbilde, daß die Soldaten dem Kloster die Schafe wegnähmen, daß der „Noyon" Domojiroff immer betrunken sei und daß der Hutuktu als Antwort auf seine Proteste nur Spott und Schimpf bekomme.

Die Boten waren nicht in der Lage, irgendwelche genauen Angaben über die Stärke jenes Detachements zu machen. Einige sagten, es bestände ungefähr aus dreißig Mann, während wieder andere behaupteten, Domojiroff befehlige eine achthundert Köpfe starke Truppe. Wir konnten die Sachlage überhaupt nicht verstehen, und das um so weniger, als bald überhaupt keine Boten mehr kamen. Alle Briefe des Sait blieben unbeantwortet und die von ihm entsandten Boten kehrten nicht zurück. Es schien außer Zweifel zu stehen, daß die Leute entweder getötet oder gefangen genommen worden waren.

Prinz Chultun Beyli beschloß, sich persönlich an Ort und Stelle zu begeben. Er nahm die Präsidenten der russischen und chinesischen Handelskammer und zwei mongolische Offiziere mit sich. Drei Tage

Ataman Semjonow

verstrichen, ohne daß wir von ihm irgend etwas hörten. Die Mongolen begannen sich zu beunruhigen.

Der chinesische Kommissar und Hun Jap Lama richteten an unsere ausländische Gruppe die Bitte, jemand nach Narabantchi zu entsenden, um den dort ausgebrochenen Streit zu schlichten und Domojiroff zur Anerkennung des Vertrages zu überreden. Unsere Gruppe bat mich, im Dienste des öffentlichen Wohls diese Mission zu übernehmen. Als Dolmetscher wurde mir ein tüchtiger junger russischer Kolonist, der Neffe des ermordeten Bobroff, der zugleich ein ausgezeichneter Reiter wie auch ein kaltblütiger, tapferer Mann war, beigegeben. Oberstleutnant Michailoff gab mir außerdem noch einen seiner Offiziere zur Begleitung mit.

Mit einer Expreß-Tzara für die Postpferde und einem Führer versehen, legten wir den mir nun vertrauten Weg zu meinem alten Freunde Jelib Djamsrap Hutuktu von Narabantchi in großer Geschwindigkeit zurück. Obgleich an einigen Stellen hoher Schnee lag, machten wir täglich hundert bis hundertundfünfzehn Meilen.

26. Kapitel
Eine Bande weißer Hunghutzen.

Am dritten Tage unserer Reise kamen wir spät in der Nacht in Narabantchi an. Als wir uns dem Kloster näherten, bemerkten wir mehrere Reiter, die, sobald sie uns gesehen hatten, geschwind zum Kloster zurückgaloppierten. Lange blickten wir nach dem Lager des russischen Detachements aus, ohne es indessen zu finden. Mongolen brachten uns in das Kloster hinein, wo mich der Hutuktu sofort empfing. In seiner Jurte saß Chultun Beyli. Er schenkte mir Hatyks und sagte: „Der gute Gott hat Sie gerade in diesem schwierigen Augenblick hierher gesandt."

Es ergab sich, daß Domojiroff beide Handelskammerpräsidenten verhaftet und Fürst Chultun mit Erschießen bedroht hatte. Da weder Domojiroff noch Hun Boldon irgendwelche Dokumente hatten, die sie zu ihren Handlungen ermächtigten, so wollte es Chultun Beyli auf einen Kampf mit ihnen ankommen lassen.

Ich bat, daß man mich zu Domojiroff führe. Im Dunkeln sah ich vier große Jurten und zwei mongolische Posten mit russischen Gewehren. Wir betraten das Zelt des russischen „Noyon". Hier bot sich uns ein sehr sonderbares Bild. In der Mitte der Jurte brannte ein Feuer auf dem Feuerbecken. An der Stelle, wo sonst der Altar steht, befand sich ein Thron, auf dem der hochaufgeschossene dünne, grauhaarige Oberst Domojiroff saß. Er war nur in Unterkleidern und Strümpfen und offenbar leicht angetrunken und schien Geschichten zu erzählen. Um das Feuerbecken herum lagerten zwölf junge Männer in mannigfachen malerischen Posen.

Der mich begleitende Offizier erstattete Domojiroff über die Ereignisse in Uliassutai Bericht. Während der Unterhaltung, die dann begann, fragte ich Domojiroff, wo sich das Lager seines Detachements befinde. Er lachte, als er mit einer Handbewegung antwortete: „Dies hier ist mein Detachement." Ich wies ihn darauf hin, daß die Form seiner nach Uliassutai gesandten Befehle in uns den Glauben erweckt hätte, er habe eine starke Truppe unter seinem Kommando.

Dann erzählte ich ihm, Oberstleutnant Michailoff bereite sich vor, mit einer auf Uliassutai im Anmarsch befindlichen roten Streitmacht die Waffen zu kreuzen.

„Was?" rief er furchtsam und verwirrt aus. „Die Roten kommen?"
Wir brachten die Nacht in seiner Jurte zu. Als ich mich anschickte, mich hinzulegen, flüsterte mir mein Offizier ins Ohr: „Nehmen Sie sich in acht, halten Sie Ihren Revolver bereit.", worauf ich lachend erwiderte: „Aber wir befinden uns doch in der Mitte eines weißen Detachements und sind deshalb in vollkommener Sicherheit."

„Huhu." erwiderte mein Offizier, indem er mit einem Auge zwinkerte.

Am nächsten Tage forderte ich Domojiroff zu einem Spaziergang auf der Steppe auf. Diese Gelegenheit benutzte ich dazu, um mit ihm sehr freimütig über die Ereignisse zu sprechen. Er und Hun Boldon hatten von Baron Ungern lediglich Befehl erhalten, in Verbindung mit General Bakitsch zu treten. Aber anstatt das zu tun, hatten sie die chinesischen Geschäftshäuser, die an ihrem Wege lagen, geplündert, und hatte er selbst beschlossen, ein großer Eroberer zu werden. Unterwegs war er auf mehrere Offiziere gestoßen, die von Oberst Kazagrandis Truppe desertiert waren und nun seine eigene Bande bildeten. Ich überredete Domojiroff, den Streit mit Chultun Beyli friedlich zu regeln und nicht gegen den Vertrag zu verstoßen.

Domojiroff begab sich darauf sofort noch vor mir zu dem Kloster. Als ich mich auf dem Rückweg befand, traf ich einen großen Mongolen mit wildem Gesicht, der in einen blauen seidenen Rock gekleidet war — es war Hun Boldon. Er stellte sich mir vor und sprach Russisch.

Nach diesem kurzen Zusammentreffen mit dem mongolischen Räuberhauptmann im Zelte Domojiroffs angelangt, hatte ich gerade nur Zeit gehabt, meinen Mantel auszuziehen, als ein Mongole hereingerannt kam und mich aufforderte, in die Jurte Hun Boldons zu kommen. Der Räuberfürst wohnte gerade nebenan in einer prächtigen blauen Jurte. Da ich die mongolischen Sitten kannte, so sprang ich in den Sattel und ritt die zehn Schritte bis zu seinem Zelt.

Hun Boldon empfing mich mit Kälte und Stolz.

„Wer ist er?" fragte er den Dolmetscher, indem er mit dem Finger auf mich wies.

Ich verstand, daß er mich beleidigen wollte. So antwortete ich auf dieselbe Weise, indem ich mit einem Finger auf ihn zeigte und mich in noch unfreundlicherem Tone mit der gleichen Frage an den Dolmetscher wandte: „Wer ist er? Hoher Fürst, Krieger, Schafhirte oder Rohling?"

Boldon wurde verwirrt. Mit bebender Stimme und aufgeregtem Wesen fuhr er mich an, er werde mir nicht erlauben, mich in seine Angelegenheiten einzumischen, und er werde jeden erschießen, der wage, sich in Gegensatz zu seinen Befehlen zu bringen. Er schlug mit seiner Faust auf den Tisch. Dann erhob er sich und zog den Revolver. Doch ich, der ich bereits viel unter den Nomaden gereist war, hatte sie — die Fürsten, Lamas, Schafhirten und Räuber — gründlich studiert. Ich griff nach meiner Peitsche, schlug mit ihr mit aller Kraft auf den Tisch und sagte zu dem Dolmetscher: „Sag ihm, daß er die Ehre hat, weder mit einem Mongolen noch einem Russen, sondern mit einem Ausländer, dem Angehörigen eines großen und freien Staates zu sprechen. Sag ihm, daß er erst lernen muß, ein Mann zu sein. Erst dann darf er mich besuchen, und erst dann können wir miteinander reden."

Ich wandte mich um und ging hinaus. Zehn Minuten später trat Hun Boldon in meine Jurte und bat um Entschuldigung. Ich überredete ihn, mit Chultun Beyli zu verhandeln und das freie mongolische Volk nicht durch sein Verhalten zu beleidigen. Noch in derselben Nacht wurde alles geregelt. Hun Boldon entließ seine Mongolen und reiste nach Kobdo ab, während Domojiroff mit seiner Bande den Vormarsch nach dem Gebiet des Jassaktu Khan antrat, um dort die Mobilisierung der Mongolen vorzunehmen. Mit Zustimmung Chultun Beylis richtete er an Wang Tsao-tsun einen Brief, in dem er die Entwaffnung der chinesischen Wache verlangte, da alle chinesischen Truppen in Urga ebenso behandelt worden seien. Doch traf dieser Brief erst in Uliassutai ein, nachdem Wang, der als Ersatz für die gestohlenen Pferde Kamele gekauft hatte, bereits auf dem Wege zur Grenze war. Daraufhin entsandte Oberstleutnant Michailoff eine Abteilung von fünfzig Mann unter dem Befehl von Leutnant Strigine, um Wang einholen und die Waffen seiner Wache in Empfang nehmen zu lassen.

27. Kapitel.
Ein Mysterium in einem kleinen Tempel.

Fürst Chultun Beyli und ich waren bereit, Nara-bantchi Kure zu verlassen. Während der Hutuktu für den Sait einen Gottesdienst im Tempel der Segnungen abhielt, wanderte ich in den engen Alleen zwischen den Mauern der Häuser der verschiedenen Lamagrade herum, der Gelongs, der Getuls, der Chaidje und der Rabdjampa, zwischen den Schulen, wo die gelehrten Doktoren der Theologie, Maramba genannt, zusammen mit den Doktoren der Medizin oder Ta Lama lehrten, zwischen den Wohnhäusern der Studierenden oder Bandi, zwischen den Vorratshäusern, den Archivgebäuden und den Bibliotheken. Als ich zu der Jurte des Hutuktu zurückkehrte, war dieser zugegen, Er überreichte mir einen großen Hatyk und schlug einen Spaziergang um das Kloster vor. Sein Gesicht war nachdenklich, woraus ich entnahm, daß er den Wunsch hatte, etwas mit mir zu erörtern. Als wir aus der Jurte traten, gesellten sich uns der nunmehr befreite Präsident der russischen Handelskammer und ein russischer Offizier zu. Der Hutuktu führte uns zu einem kleinen Gebäude, das dicht hinter einer glänzend gelben Steinmauer lag.

„In diesem Gebäude haben einmal der Dalai Lama und Bogdo Khan gewohnt. Wir geben den Gebäuden, in denen diese heilige Persönlichkeit Aufenthalt genommen hat, stets die gelbe Farbe. Treten Sie ein."

Das Innere des Gebäudes war glanzvoll. Zu ebener Erde lag das Speisezimmer, das mit reich geschnitzten, schweren chinesischen Schwarzholztischen und mit Schränkchen eingerichtet war, die Porzellan und Bronzen enthielten. Darüber befanden sich zwei Zimmer. Das eine war ein mit schweren gelben Seidenvorhängen verhängtes Schlafzimmer, in dem eine große chinesische Laterne, die mit wertvollen farbigen Steinen geschmückt war, an einer Bronzekette von der geschnitzten Decke herabhing. In diesem Raum befand sich ein großes viereckiges Bett, das mit seidenen Kopfkissen, Matratzen und Tüchern bedeckt war. Der Rahmen des Bettes bestand gleichfalls aus chinesischem Schwarzholz und zeigte ebenfalls reiche Schnitzereien in dem üblichen Muster des die Sonne verschlingenden Drachens, besonders an den Pfosten, die den dachähnlichen Oberbau trugen.

Neben dem Bett stand eine Kommode, die gänzlich mit Schnitzereien, welche religiöse Bilder zeigten, bedeckt war. Vier bequeme Lehnstühle und ein niedriger orientalischer Thron, der im Hintergrund des Raumes auf einem Dais stand, vervollständigten die Einrichtung des Zimmers.

„Sehen Sie diesen Thron?" fragte mich der Hutuktu. „Eines Nachts im Winter kamen mehrere Reiter in das Kloster geritten und verlangten, daß sich alle Gelongs und Getuls mit dem Hutuktu und Kanto an ihrer Spitze in diesem Zimmer versammeln sollten. Dann bestieg einer der Fremden den Thron und nahm seinen Bashlyk, die kappenähnliche Kopfbedeckung, ab. Alle Lamas fielen auf die Knie, denn sie erkannten den Mann, der vor langer Zeit in den heiligen Bullen des Dalai Lama beschrieben worden ist, den Tashi Lama und Bogdo Khan. Er war der Mann, dem die ganze Welt gehört und der in alle Mysterien der Natur eingedrungen ist Der Tashi Lama sprach ein kurzes tibetanisches Gebet, segnete die Anwesenden und machte danach Prophezeiungen für das nächste halbe Jahrhundert Dies trug sich vor dreißig Jahren zu. Und alles, was er vorausgesagt hat, hat sich inzwischen erfüllt. Während seiner Gebete vor dem kleinen Gebetschrein im nächsten Zimmer öffnete sich die Tür von allein, die Lichter vor dem Altar entzündeten sich von selbst und die heiligen Feuerbecken strömten Weihrauchdämpfe aus, die den Raum durchdrangen, obgleich sie keine Kohle enthielten. Dann verschwanden der König der Welt und seine Gefährten aus unserer Mitte. Hinter ihm blieb keine Spur, ausgenommen die Falten in der seidenen Thronbedeckung, die sich aber allmählich wieder glätteten, um den Thron alsbald wieder so dastehen zu lassen, wie wenn überhaupt niemand auf ihm gesessen hätte."

Der Hutuktu trat an den Gebetschrein heran, kniete nieder, bedeckte seine Augen mit den Händen und begann zu beten. Ich blickte auf das ruhige, gleichgültige Gesicht des goldenen Buddha, über das die flackernden Lampen hin- und herhuschende Schatten warfen, dann richtete ich meine Augen auf die Stelle neben dem Thron. Es war wunderbar, und es ist kaum glaublich, aber ich sah dort wirklich die starke muskulöse Gestalt eines Mannes mit ernstem, ausdrucksvollem Gesicht, dem der Glanz seiner Augen ein hohes Relief gab. Durch seinen durchsichtigen, in ein weißes Gewand gekleideten Körper hindurch sah ich die tibetanischen Inschriften auf der Rückenlehne des

Der unterirdische Tempel des Königs der Welt.
Vom Verfasser nach eigener Phantasie entworfen.

Thrones. Ich schloß meine Augen, dann öffnete ich sie wieder. Niemand war dort; doch die seidene Thronbedeckung schien sich zu bewegen.

„Nervosität," dachte ich, „anormale, übertriebene Impressionabilität infolge der ungewöhnlichen Umgebung und der gehabten Anstrengungen."

Der Hutuktu wandte sich zu mir und sagte: „Geben Sie mir Ihren Hatyk. Ich habe das Gefühl, daß Sie sich wegen der Menschen, die Sie lieben, in Sorge befinden. Ich will für sie beten. Und Sie müssen ebenfalls beten. Flehen Sie Gott an und richten Sie Ihr seelisches Auge auf den König der Welt, der hier gewesen ist und diesen Ort geheiligt hat."

Der Hutuktu legte den Hatyk auf die Schulter des Buddha und flüsterte Gebetsworte, indem er sich auf dem Teppich vor dem Altar hinwarf. Dann erhob er seine Hand und winkte mir mit leiser Bewegung.

„Sehen Sie auf den dunklen Raum hinter der Statue Buddhas. Dort werde ich Ihnen Ihre Lieben zeigen."

Ich folgte dem mit tiefer Stimme gegebenen Befehl und sah in die dunkle Nische hinter der Buddhafigur. Bald traten aus der Dunkelheit Ströme von Rauch und von durchsichtigen Fäden heraus. Sie schwebten in der Luft, wurden immer dichter und zahlreicher, bis sie schließlich die Körper mehrerer Personen und die Umrisse verschiedener Gegenstände bildeten. Ich sah ein mir fremdes Zimmer, in dem meine Familie saß. Sie war umgeben von einigen Leuten, die ich kannte, und anderen, die ich nicht kannte. Ich erkannte sogar das Kleid, das meine Frau trug. Jede Linie ihres lieben Gesichtes war ganz deutlich sichtbar. Allmählich verdunkelte sich die Vision. Sie löste sich in Ströme von Rauch und durchsichtigen Fäden auf und verschwand. Hinter dem goldenen Buddha war nichts als die Dunkelheit. Der Hutuktu erhob sich, nahm meinen Hatyk von der Schulter Buddhas und gab ihn mir mit folgenden Worten zurück: „Das Glück wird immer mit Ihnen und Ihrer Familie sein. Die Güte Gottes wird sie nicht verlassen."

Wir traten aus dem Gebäude des unbekannten Königs der Welt hinaus, aus dem Gebäude, in dem dieser für die ganze Menschheit gebetet und das Schicksal der Völker und Staaten vorausgesagt hatte. Ich war sehr erstaunt, zu finden, daß meine Begleiter ebenfalls meine Vision gesehen hatten. Sie beschrieben mir in den kleinsten Einzelheiten die Gestalten und die Kleider der Personen, die ich in der dunklen Nische hinter dem Kopf Buddhas gesehen hatte.*)

Der mongolische Offizier erzählte mir, daß Chultun Beyli am vorhergehenden Tage den Hutuktu gebeten habe, ihm anläßlich dieser wichtigen Wendung in seinem Leben und dieser Krise seines Landes sein Geschick zu enthüllen. Doch habe der Hutuktu nur eine Handbewegung mit dem Ausdruck der Furcht gemacht und sich geweigert. Als ich den Hutuktu nach dem Grunde seiner Weigerung fragte und meinte, die Erfüllung der Bitte könnte Chultun Beyli beruhigen, wie die Vision meiner Lieben mich gestärkt habe, zog der Hutuktu die Stirne in Falten und sagte: „Nein! Die Vision würde dem Fürsten nicht gefallen. Sein Schicksal ist schwarz. Gestern habe ich dreimal seine Zukunft auf verbrannten Schulterblättern und im Gedärm von Schafen gesucht, aber jedesmal zeigte sich dasselbe schreckliche Ergebnis..."

Er beendigte seine Rede nicht, sondern bedeckte voller Furcht das Gesicht mit den Händen. Er schien überzeugt zu sein, daß das Los Chultun Beylis so schwarz wie die Nacht sei.

Fürst Chultun Beyli und ich brachen auf. Nach einer Stunde befanden wir uns hinter den niedrigen Hügeln, die Narabantchi Kure vor uns verbargen.

---

*) Um das Zeugnis anderer mit Bezug auf diese außerordentliche, eindrucksvolle Vision zu haben, habe ich die betreffenden Männer gebeten, das Gesehene zu protokollieren und zu bestätigen. Das haben sie getan und ich habe jetzt diese Erklärungen in meinem Besitz.

28. Kapitel.
Dem Tode nahe.

Wir kehrten nach Uliassutai am Tage der Rückkunft des zur Entwaffnung der Wache Wang Tsao-tsuns ausgesandten Detachements zurück. Dieses Detachement war auf Oberst Domojiroff gestoßen, der ihm befohlen hatte, die Bedeckung nicht allein zu entwaffnen, sondern auch zu plündern. Unglücklicherweise war dieser rechtswidrige Befehl von dem Detachementsführer Leutnant Strigine ausgeführt worden. Es war eine Schande, die russischen Soldaten und Offiziere zu sehen, wie sie chinesische Ueberzieher, Stiefel und Armbanduhren trugen, die den chinesischen Beamten und der Bedeckung abgenommen worden waren. Alle besaßen sie Silber und Gold von der Beute. Die mongolische Frau Wang Tsao-tsuns und ihr Bruder kehrten mit dem Detachement zurück und legten Klage ein, weil sie von den Russen beraubt worden waren. Die chinesischen Beamten und ihre Bedeckung erreichten die chinesische Grenze, Hunger und Kälte ausgesetzt, nur mit schwerster Mühe, denn sie mußten nach der Beraubung ohne jegliche Vorräte reisen.

Wir Ausländer waren höchst verblüfft, zu sehen, daß Oberstleutnant Michailoff Strigine mit militärischen Ehren empfing. Doch wurde uns das bald erklärt, als wir erfuhren, daß Michailoff einen Teil des chinesischen Silbers und seine Frau den schön dekorierten Sattel Fu Slangs erhalten hatten. Chultun Beyli forderte, daß alle den Chinesen abgenommenen Waffen und alles ihnen gestohlene Eigentum ihm ausgehändigt würden, da man es später den chinesischen Behörden zurückgeben müsse. Doch Michailoff schlug dieses Ersuchen aus. Infolgedessen brachen wir Ausländer jede Berührung mit dem russischen Detachement ab. Auch wurden die Beziehungen zwischen den Russen und Mongolen sehr gespannt. Mehrere russische Offiziere protestierten gegen die Handlungen Michailoffs und Strigines. So entstanden immer häufigere und immer ernstere Streitigkeiten.

Zu dieser Zeit traf eines Morgens eine sonderbare Gruppe bewaffneter Reiter in Uliassutai ein. Diese Leute nahmen in dem Hause des Bolschewisten Bourdukoff Quartier, der ihnen, wie man uns sagte, eine große Menge Silbers aushändigte. Sie behaupteten, sie seien ehemalige Offiziere der kaiserlichen Garde. Sie waren die Obersten

Poletika, N, N. Philipoff und drei Brüder des letzteren. Sie erklärten, daß sie alle in der Mongolei und China anwesenden weißen Offiziere und Soldaten zusammenziehen wollten, um sie zum Kampf gegen die Bolschewiki nach Urianhai zu führen. Doch zunächst sei es notwendig, Ungern zu vernichten und die Mongolei an China zurückzugeben. Sie nannten sich die Vertreter der Zentralorganisation der Weißen in Rußland.

Die Vereinigung russischer Offiziere in Uliassutai lud die neu Angekommenen zu einer Versammlung ein, untersuchte ihre Papiere und unterwarf sie einem Verhör. Die Untersuchung erwies, daß die Behauptungen dieser Offiziere hinsichtlich ihrer früheren Verbindungen völlig falsch waren, daß Poletika eine wichtige Stellung in dem Kriegskommissariat der Bolschewiki einnahm, daß einer der Philipoffs ein Assistent Kameneffs bei seinem ersten Versuch, nach England zu gelangen, gewesen war, daß die Zentrale Weiße Organisation in Rußland überhaupt nicht bestand, daß der vorgeschlagene Kampf in Urianhai lediglich eine Falle für die weißen Offiziere war, und daß die Neuangekommenen enge politische Beziehungen zu dem Bolschewiki Bourdukoff unterhielten.

Trotz dieser klaren Beweise entstand unter den Offizieren in Bezug auf das, was man mit den Leuten machen sollte, eine scharfe Diskussion, die das Detachement in zwei Parteien spaltete. Oberstleutnant Michailoff trat mit mehreren Offizieren Poletikas Gruppe bei. Gerade an diesem Zeitpunkt traf Oberst Domojiroff mit seinem Detachement in Uliassutai ein. Oberst Domojiroff setzte sich sofort mit beiden Parteien in Verbindung, fühlte zunächst den politischen Boden ab und ernannte dann Poletika zum Kommandanten von Uliassutai, indem er gleichzeitig einen ausführlichen Bericht über die Ereignisse in Uliassutai an Baron Ungern absandte. In diesem Dokument wurde meiner Person sehr viel Raum geschenkt. Ich wurde angeklagt, der Ausführung der Befehle Domojiroffs im Wege zu stehen.

Die Offiziere des mir feindlich gesinnten Obersten überwachten mich nun beständig. Von verschiedenen Seiten wurde ich gewarnt, auf der Hut zu sein. Diese Bande und ihr Führer fragten offen, was für ein Recht dieser Ausländer eigentlich habe, sich in die Angelegenheiten der Mongolei einzumischen. Einer der Offiziere Domojiroffs forderte mich sogar in einer Versammlung in dieser Hinsicht direkt heraus. Meine sehr ruhig gegebene Antwort war diese: „Und auf welcher Grundlage mischen sich russische Flüchtlinge, die weder in ihrer Heimat noch im Ausland irgendwelche Rechte genießen, in die mongolischen Angelegenheiten ein?"

Der Offizier gab keine eigentliche Antwort; aber ich konnte seine Erwiderung in seinen Augen lesen. Mein riesengroßer Freund, der neben mir saß, sah es, schritt zu ihm hin, streckte, indem er sich über ihn lehnte, seine Hände und Arme aus, als ob er gerade aus einem Schlaf erwachte, und sagte: „Ich möchte mal ein bißchen boxen."

Bei einer Gelegenheit wäre ich um ein Haar in die Hände der Leute Domojiroffs gefallen, wenn ich nicht durch die Wachsamkeit unserer ausländischen Gruppe gerettet worden wäre. Ich war zur Festung gegangen, um mit dem mongolischen Sait hinsichtlich der Abreise der Ausländer zu verhandeln. Chultun Beyli behielt mich eine lange Zeit bei sich, so daß ich gezwungen war, erst um neun Uhr abends zurückzukehren. Mein Pferd ging im Schritt. Eine halbe Meile vor der Stadt sprangen drei Männer aus einer Grube und liefen auf mich zu. Ich trieb mein Pferd mit der Peitsche an, bemerkte aber in diesem Augenblick, daß noch mehr Männer aus einer anderen Grube kamen, die mich anscheinend abschneiden wollten. Ich hatte mich jedoch getäuscht; denn diese zweite Gruppe stürmte auf die ersten drei Männer zu und nahm sie gefangen. Ich hörte die Stimme eines Ausländers, der mich herbeirief.

An der betreffenden Stelle fand ich drei Offiziere Domojiroffs in den Händen von polnischen Soldaten und anderer Ausländer unter der Führung meines braven Freundes vor, der gerade damit beschäftigt war, die Hände der Offiziere so stark zu fesseln, daß ihnen die Knochen knackten. Als er diese Arbeit beendigt hatte, meinte mein Freund mit ernsthafter und wichtiger Miene, dabei seine ewige Pfeife rauchend: „Ich glaube, es ist das beste, sie in den Fluß zu werfen."

Ueber seine Ernsthaftigkeit und die Furcht der Offiziere Domojiroffs lachend, fragte ich die Angreifer, warum sie den Ueberfall gemacht hatten. Sie senkten die Augen und schwiegen. Ihr Schweigen war recht beredt. Wir verstanden sehr gut, was ihre Absicht war: sie hatten Revolver in ihren Taschen.

„Schön," sagte ich. „Es ist alles sonnenklar. — Ich werde Sie freigeben. Aber Sie müssen dem Manne melden, der Sie entsandt hat, daß er sich das nächste Mal bei Ihrer Rückkehr nicht freuen wird. Ihre Waffen werde ich dem Kommandanten von Uliassutai übergeben."

Mein Freund entfesselte sie, indem er fortfuhr, die gleiche schrekkenerregende Sorgfalt zu zeigen, und immer wieder sagte: „Und ich hätte mit Euch die Fische im Fluß gefüttert!"

Dann kehrten wir zur Stadt zurück und überließen die Missetäter sich selber.

Domojiroff fuhr fort, Boten zu Baron Ungern zu schicken. Immer wieder bat er, ihm Vollmacht zu erteilen, und berichtete er über Michailoff, Chultun Beyli, Poletika, Philopoff und mich. Mit asiatischer Schlauheit unterhielt er aber gleichzeitig zu allen denjenigen gute Beziehungen, denen er den Tod aus der Hand des gestrengen Kriegers, Baron Ungerns, zugedacht hatte, der so über alles, was sich in Uliassutai zutrug, nur ganz einseitige Berichte erhielt. Unsere ganze Kolonie befand sich im Zustande großer Erregung. Es waren nicht allein die Offiziere in verschiedene Parteien gespalten, sondern auch die Soldaten bildeten Gruppen und erörterten die Tagesereignisse, indem sie ihre Führer kritisierten. Unter dem Einfluß einiger der Domojiroff sehen Leute ließen sie disziplinwidrige Bemerkungen die Runde gehen. So wurde zum Beispiel folgender bösartige Scherz unter den gemeinen Soldaten in Umlauf gesetzt: „Wir haben jetzt sieben Oberste, die alle den Oberbefehl haben wollen und sich untereinander streiten. Sie sollten einmal alle eine gute Tracht Prügel bekommen, und derjenige von ihnen, der die meisten Prügel ertragen kann, mag dann zu unserem Führer gewählt werden."

Dieser schlechte Witz zeugte von dem Zustand des russischen Detachements.

„Es scheint mir," so bemerkte mein Freund gelegentlich, „daß wir bald das Vergnügen haben werden, auch hier in Uliassutai Soldatenräte zu sehen. Hol's der Teufel! Eine Sache ist hier sehr unangenehm; denn es gibt hier keine tiefen Wälder, in denen gute Christen untertauchen und alle diese verdammten Sowjets loswerden können. Diese elende Mongolei ist nackt, furchtbar nackt und bietet keine Verstecke für uns."

In der Tat lag die Gefahr der Errichtung eines Soldatensowjets nahe. Bei einer Gelegenheit bemächtigten sich die Soldaten der Waffen des Arsenals, die von den Chinesen übergeben worden waren, und schleppten sie in ihre Lager fort. Trunkenheit, Spielsucht und Hader nahmen zu. Wir Ausländer folgten den Ereignissen mit großer Wachsamkeit und beschlossen schließlich, da wir den Ausbruch einer Katastrophe befürchten mußten, Uliassutai, dieses Nest der Streitigkeiten und Denunziationen, zu verlassen. Wir hörten, daß sich Poletikas Gruppe ebenfalls vorbereitete, in einigen Tagen aufzubrechen.

Wir Ausländer teilten uns in zwei Gruppen. Die eine nahm die alte Karawanenstraße, die durch die Gobi sehr weit südlich von Urga nach Kuku-Hoto oder Kweihuatscheng und Kaigan führt. Die andere Gruppe, die aus mir, meinem Freund und zwei polnischen Soldaten bestand, wählte indessen den Weg nach Urga über Zain Shabi, wo Oberst Kazagrandi mich, wie er kürzlich in einem Brief geschrieben hatte, treffen wollte. So ließen wir also Uliassutai hinter uns, das uns so viel Aufregung gebracht hatte.

Am sechsten Tage nach unserer Abreise traf in Uliassutai ein mongolisch-burjettisches Detachement unter dem Befehl des Burjetten Vandaloff und des russischen Hauptmanns Bezrodnoff ein. Dieses Detachement begegnete mir später bei Zain Shabi. Es war von Baron Ungern aus Urga entsandt worden, um in Uliassutai die Ordnung wiederherzustellen und um danach nach Kobdo zu marschieren. Auf dem Wege von Zain Shabi stieß Bezrodnoff auf die Gruppe Poletikas und Michailoffs. Er ließ sie durchsuchen und fand dabei verdächtige Dokumente in ihrem Gepäck und außerdem in dem Gepäck Michailoffs und seiner Frau das Silber und anderes den Chinesen abgenommene Eigentum. Von dieser aus sechzehn Mann bestehenden Gruppe sandte er N. N, Philipoff zu Baron Ungern, ließ drei Mann frei und erschoß die übrigen zwölf. So endigte in Zain Shabi das Leben einer Partei der Flüchtlinge von Uliassutai und die Tätigkeit Poletikas. In Uliassutai angekommen, ließ Bezrodnoff Chultun Beyli wegen Verletzung des mit den Chinesen abgeschlossenen Vertrages erschießen und außerdem noch einigen bolschewistischen russischen Kolonisten das gleiche Schicksal zuteil werden. Domojiroff wurde von ihm verhaftet und nach Urga gesandt. So stellte er die Ordnung wieder her. Die Voraussage über Chultun Beyli war in Erfüllung gegangen!

Ich wußte, was Domojiroff über mich berichtet hatte. Dennoch hatte ich beschlossen, Urga nicht zu meiden, wie es Poletika tun wollte, als er von Bezrodnoff gefangen genommen wurde. Ich war jetzt daran gewöhnt, der Gefahr ins Auge zu sehen, und entschlossen, dem schrecklichen „blutigen Baron" zu begegnen. Niemand kann sein eigenes Schicksal entscheiden. Ich wußte, daß ich mich nicht im Unrecht befand, und das Gefühl der Furcht war mir seit langer Zeit fremd geworden. Die Nachricht von dem Tode unserer Bekannten in Zain Shabi wurde uns unterwegs von einem mongolischen Reiter überbracht, der mit mir die Nacht in der Jurte eines Ourton zubrachte und mir im Anschluß an seinen Bericht die folgende Todeslegende erzählte:

„Es war vor langer Zeit, nämlich als die Mongolen über China herrschten. Der Fürst von Uliassutai Beltis Van war wahnsinnig. Er ließ nach Gutdünken jedermann hinrichten, so daß niemand wagte, Uliassutai zu passieren. Infolgedessen belagerten alle übrigen Fürsten und reichen Mongolen die Stadt, in der Beltis wütete, schnitten überall die Verbindungen ab und erlaubten niemandem ein- und auszugehen. In der Stadt entstand eine Hungersnot. Alle Ochsen, Schafe und Pferde waren bereits verzehrt. Schließlich beschloß Beltis Van mit seinen Soldaten einen Ausfall in westlicher Richtung zu machen, um das Land eines seiner Stämme, der Olets, zu erreichen. Doch kamen er und alle seine Leute in dem Kampfe um. Die Fürsten vergruben daraufhin die Gefallenen auf Anraten des Hutuktu Buyantu auf den Hängen der Berge um Uliassutai. Sie begruben sie unter Anstimmung religiöser Gesänge und unter Anwendung von Zauberbräuchen, um den Tod der Gewalt daran zu hindern, ihr Land abermals aufzusuchen. Die Gräber wurden mit schweren Steinen bedeckt, und der Hutuktu verhieß, daß der böse Dämon des Toedes der Gewalt die Erde erst wieder verlassen werde, wenn das Blut eines Menschen auf den Grabsteinen vergossen würde. Diese Legende hat sich jetzt erfüllt. Die Russen haben an der Grabstätte drei Bolschewiki und die Chinesen zwei Mongolen erschossen. Der böse Geist Beltis Vans ist unter dem schweren Grabstein hervor ausgebrochen und mäht jetzt das Volk mit seiner Sichel nieder. Der edle Chultun Beyli ist umgekommen, der russische Noyon Michailoff ist gefallen, und der Tod wird sich von Uliassutai über unsere weiten Ebenen ergießen. Wer sollte imstande sein, ihn jetzt noch aufzuhalten? Wer sollte die Kraft haben, ihm jetzt noch die wilden Hände zu binden? Eine schlimme Zeit ist für die Götter und die guten Geister gekommen. Die bösen Dämonen haben den guten Geistern den Krieg erklärt. Was kann da der Mensch tun? Er kann nur umkommen, nur umkommen..."

Teil III.

Das Herz Asiens in Zuckungen.

29. Kapitel.
Auf der Straße der großen Eroberer.

Der große Eroberer Dschingis Khan, der Sohn der traurigen, ernsten, strengen Mongolei, war, einer alten mongolischen Legende zufolge, auf die Spitze des Berges Karasu Togol gestiegen und blickte mit seinen Adleraugen nach Westen und nach Osten. Im Westen sah er ganze Meere menschlichen Blutes, über denen ein blutiger Nebel schwebte, der den Horizont bedeckte. Dort also konnte er sein Geschick nicht erkennen. Und doch befahlen ihm die Götter nach Westen zu gehen und dorthin alle seine Krieger und die mongolischen Stämme zu führen. Im Osten aber sah er reiche Städte, glänzende Tempel, Mengen glücklichen Volkes, Gärten und Felder mit reicher Erde, was dem großen Mongolen sehr gefiel. Er sagte zu seinen Söhnen: „Dort im Westen werde ich Feuer, Schwert, Zerstörer und rächendes Schicksal sein. Im Osten aber werde ich als der gnädige, große Aufbauer kommen, der Volk und Land Glückseligkeit bringt."

Solches meldet die Legende. Ich fand in ihr sehr viel Wahrheit. Ich bin über einen großen Teil des nach Westen gerichteten Weges Dschingis Khans gegangen und fand ihn überall durch Gräber und Steinmäler bezeichnet. Ich habe auch einen Teil des östlichen Weges des Helden, des Weges, über den er nach China ging, gesehen. Dort bot sich ein ganz anderes Bild.

Als unsere Gesellschaft von Uliassutai aufbrach, machten wir es uns zunächst auf unserer Reise bequem. Wir legten nur fünfunddreißig bis fünfzig Meilen am Tage zurück, bis wir uns in einer Entfernung von etwa sechzig Meilen von Zain Shabi befanden. Dort trennte ich mich von den übrigen, um mich zu diesem Ort zu begeben, wo ich ja Oberst Kazagrandi treffen wollte. Die Sonne war gerade aufgegangen, als mein einziger mongolischer Führer und ich die niedrigen, bewaldeten Bergrücken zu besteigen begannen, von deren Höhe ich meine Begleiter noch einmal unten im Tale sehen konnte. Ich hatte keine Ahnung von den vielen und fast verhängnisvollen Gefahren, denen ich auf diesem Ausflug, der sich viel länger ausdehnte, als ich erwartet hatte, ausgesetzt sein sollte.

Als wir einen kleinen Fluß mit sandigem Ufer überschritten, erzählte mir mein mongolischer Führer, wie es die Mongolen machen, wenn sie im Sommer hierherkommen, um trotz des Verbots der Lamas, im Fluß Gold zu waschen. Die Arbeitsweise ist sehr primitiv, aber die Ergebnisse zeigen, wie goldreich der Sand hier ist. Der Mongole, der Gold wäscht, legt sich flach auf den Boden, fegt den Sand mit einer Feder zur Seite und bläst in die so gebildete Aushöhlung hinein. Von Zeit zu Zeit feuchtet er einen Finger an und hebt mit dem angefeuchteten Finger ein kleines Goldkorn oder Goldklümpchen auf, das er in einem kleinen unter seinem Kinn hängenden Beutel verschwinden läßt. Auf diese Weise gewinnen die Goldsucher ungefähr den fünften Teil einer Unze Goldes am Tag.

Ich beschloß, den ganzen Weg bis Zain Shabi in einem einzigen Tage zurückzulegen. Auf den Ourtons suchte ich das Einfangen und Satteln der Pferde so sehr wie möglich zu beschleunigen. Auf einer dieser Stationen gaben mir die Mongolen ein wildes Pferd, einen großen, starken Schimmelhengst. Als ich aufsitzen wollte und schon meinen Fuß im Bügel hatte, trat mich das Pferd gegen das Bein, welches in dem Kampf in Tibet verwundet worden war. Das Bein schwoll sofort an und schmerzte stark.

Bei Sonnenuntergang zeigten sich mir die ersten russischen und chinesischen Häuser von Zain Shabi und danach auch das Kloster selber. Wir stiegen in das Tal eines kleinen Stromes hinab, der am Hange eines Berges fließt. Auf dem Gipfel dieses Berges bilden weiße Felsen eine so eigenartige Formation, daß sie das Bild der Worte eines tibetanischen Gebetes ergeben. Am Fuße dieses Berges lag eine Begräbnisstätte für Lamas, d. h, es befanden sich dort Haufen von Knochen und eine Hundemeute. Endlich lag das Kloster dicht vor uns, ein gewöhnliches Viereck, das von einem Holzzaun umgeben war. In der Mitte stand ein großer Tempel, der von den anderen Tempelbauten der Mongolei sehr verschieden war. Er war nämlich nicht im chinesischen, sondern im tibetanischen Stile gebaut, ein weißes Gebäude mit senkrechten Wänden und regelmäßigen Reihen von schwarz gerahmten Fenstern und mit einem Dach aus schwarzen Ziegeln. Ein anderes kleineres Viereck von Gebäuden lag ein wenig weiter östlich. Es umfaßte russische Wohnhäuser, die mit dem Kloster durch ein — Telephon verbunden waren.

„Das ist das Haus des Lebenden Gottes von Zain," erklärte der Mongole, indem er auf das kleinere Viereck wies, „Er liebt russische Sitten und Gebräuche."

Im Norden des Klosters steht auf einem kegelförmigen Hügel ein Turm, der an den babylonischen Zikkurat erinnert. Dies ist der Tempel, in dem die alten Bücher und Manuskripte, alter Tempelschmuck, die Gegenstände, deren man sich bei den religiösen Zeremonien bedient und die Gewänder verstorbener Hutuktus aufbewahrt werden. Hinter diesem Museum ragt eine steile Klippe in die Höhe, die man nicht erklimmen kann. Auf der Klippenwand sind ohne besondere Anordnung mancherlei Bilder lamaistischer Götter eingraviert. Jedes der Bilder ist bis zu einem halben Meter hoch. Vor ihnen pflegen die Mönche des Nachts Lampen zu entzünden, so daß man die Bilder der Götter und Göttinnen von weit her sehen kann.

Wir betraten die Handelsniederlassung. Die Straßen waren verlassen. Aus den Fenstern sahen nur Frauen und Kinder heraus. Ich nahm in einer russischen Firma Quartier, deren Filialen in andern Teilen des Landes ich kannte.

Zu meiner Verwunderung wurde ich in Zahl Shabi als Bekannter begrüßt. Der Hutuktu von Narabantchi hatte nämlich an alle Klöster Weisung ergehen lassen, daß, wohin ich auch kommen würde, man mir Hilfe gewähren sollte, da ich das Narabantchi-Kloster gerettet hätte und, wie klare göttliche Kundgebungen gezeigt hätten, eine von den Göttern geliebte Inkarnation Buddhas sei. Der Brief, der von dem mir so günstig gesinnten Hutuktu in Umlauf gesetzt worden war, war mir äußerst nützlich. Ja, ich sollte ihn eigentlich noch mehr preisen, denn er war dazu bestimmt, mir das Leben zu retten.

Die Gastfreundschaft, die ich hier genoß, war mir sehr willkommen, denn mein verletztes Bein zeigte sehr starke Schwellungen und war sehr schmerzhaft. Als ich meinen Stiefel auszog, fand ich, daß mein ganzer Fuß mit Blut bedeckt war, denn die alte Wunde hatte sich infolge des Pferdetritts von neuem geöffnet. Man verband mich, so daß ich nach drei Tagen wieder herumgehen konnte.

Ich fand Oberst Kazagrandi nicht mehr in Zain Shabi an. Nachdem er die chinesischen Irregulären hier selbst vernichtet hatte, war er nach Van Kure zurückgekehrt. Der von ihm zurückgelassene Befehlshaber überreichte mir einen Brief des Obersten, in dem dieser mich herzlich einlud, ihn zu besuchen, sobald ich mir in Zain etwas Ruhe gegönnt hätte. Dem Briefe war ein mongolisches Dokument beigefügt, das mich berechtigte, von Herde zu Herde mittels der Urga, die ich später beschreiben werde, Pferde und Karren zu empfangen.

Diese weitere Reise von zweihundert Meilen war eine sehr unangenehme Aufgabe für mich; aber offenbar hatte Kazagrandi, dem ich bis dahin noch nicht begegnet war, gute Gründe, unser Zusammentreffen zu wünschen.

Am Tage nach meiner Ankunft erhielt ich um ein Uhr mittags den Besuch des „Gottes" vom Orte, der Gheghen Pandita Hutuktu hieß. Eine sonderbarere und merkwürdigere Erscheinung eines Gottes hätte ich mir niemals vorstellen können. Er war ein kleiner, dünner, junger Mann von zweiundzwanzig Jahren, mit schnellen, nervösen Bewegungen und ausdrucksvollem Gesicht, das, wie die Züge aller mongolischen Götter, durch große erschreckte Augen beherrscht wurde. Er trug einen blauseidenen russischen Uniformrock mit gelben Epauletten, die das heilige Zeichen des Pandita Hutuktu aufwiesen, blauseidene Hosen und hohe Stiefel und hatte auf dem Kopf eine weiße Astrachankappe mit gelber Spitze. In seinem Gürtel staken ein Revolver und ein Säbel. Ich wußte nicht recht, was ich von diesem verkleideten Gott denken sollte. Er nahm von meinem Gastgeber eine Tasse Tee an und begann in einem Gemisch von Mongolisch und Russisch zu sprechen.

„Nicht weit von meinem Kure liegt das alte Kloster Erdeni Dzu, das auf der Stätte der Ruinen von Karakorum, der ehemaligen Hauptstadt Dschingis Khans, gebaut wurde. Dorthin lenkte Kublai Khan später des öftern seine Schritte, um die Götter zu heiligen, und um von seinen Mühen als Kaiser von China, Indien, Persien, Afghanistan, der Mongolei und halb Europas auszuruhen. Jetzt sind nur noch Ruinen und Gräber übrig geblieben, um die Stätte dieses ehemaligen „Gartens glückbringender Tage" anzuzeigen. Die frommen Mönche von Baroun Kure haben in dem Unterbau der Ruinen Manuskripte gefunden, die viel älter sind als Erdeni Dzu selber. In diesem fand mein Maramba Meetchik-Atak ein Dokument, das die Voraussage enthielt, der Hutuktu von Zain werde bald den Titel eines Pandita führen, er werde nur einundzwanzig Jahre alt sein, aus dem Herzen der Länder Dschingis Khans stammen und auf seiner Brust das natürliche Zeichen der Swastika tragen. Dieser Hutuktu werde in den Tagen eines großen Krieges und großer Unruhen vom Volke sehr geehrt werden und den Kampf mit den Dienern des „Roten Uebels" beginnen. Er werde sie besiegen und Ordnung im Weltall wiederherstellen, um dann diesen glücklichen Tag in der Stadt der weißen Tempel und der Gesänge von zehntausend Glocken zu feiern. Ich bin Pandita Hutuktu. Die Zeichen und Symbole treffen auf meine Person zu. Ich werde die Bolschewiki vernichten, die schlechten Diener des „Roten Uebels", und in Moskau werde ich mich von meiner ruhmvollen und großen Arbeit ausruhen. Deshalb habe ich Oberst Kazagrandi gebeten, mich unter den Truppen Baron Ungerns aufzunehmen und mir die Gelegenheit zum Kämpfen zu geben. Die Lamas wollen mich daran hindern fortzugehen. Wer aber ist hier der Gott?"

Er stampfte energisch mit seinen Füßen auf, während die Lamas und die Mitglieder der Wache, die ihn begleiteten, ehrfürchtig ihre Köpfe senkten.

Als er von mir fortging, beschenkte er mich mit einem Hatyk. Meine Satteltaschen durchstöbernd, fand ich einen einzigen Gegenstand, der mir als Gabe für einen Hutuktu würdig zu sein schien, nämlich eine kleine Flasche mit Osmiridium, diesem seltenen, natürlichen Begleitelement des Platin,

„Dies ist das festeste und härteste aller Metalle," sagte ich. „Möge es das Zeichen Ihres Ruhmes und Ihrer Stärke sein, Hutuktu!"

Der Pandita dankte mir und forderte mich auf, ihn zu besuchen.

Nachdem ich von meiner Verletzung einigermaßen wiederhergestellt war, begab ich mich zu seinem in europäischer Weise ausgestatteten Hause: elektrisches Licht, elektrische Klingeln und Telephon. Er setzte mir Wein und Süßigkeiten vor und machte mich mit zwei sehr interessanten Persönlichkeiten bekannt. Die eine von diesen war ein alter tibetanischer Arzt, mit einem von Pockennarben tief durchwühlten Gesicht, einer starken, dicken Nase und schielenden Augen. Dies war ein merkwürdiger Arzt. Seine Pflichten bestanden darin, Hutuktus zu behandeln und zu heilen, wenn sie krank waren, und sie ... zu vergiften, wenn sie zu unabhängig oder extravagant wurden, oder wenn ihre Politik nicht in Uebereinstimmung mit den Wünschen des Konzils der Lamas des Lebenden Buddhas oder des Dalai Lama stand. Mittlerweile wird Pandita Hutuktu wahrscheinlich schon im ewigen Frieden auf dem Gipfel irgend eines heiligen Berges ruhen, wohin ihn wohl die Sorgfalt seines außerordentlichen Hofarztes entsandt hat. Die kriegerische Gesinnung Pandita Hutuktus war nämlich im Konzil der Lamas sehr wenig gern gesehen.

Pandita liebte Wein und Karten. Eines Tages, als er in der Gesellschaft von Russen war und dabei einen europäischen Anzug trug, kamen Lamas herbeigerannt, um zu melden, der Gottesdienst habe bereits begonnen und „der Lebende Gott" müsse am Altar Platz nehmen, um angebetet zu werden. Ohne die geringste Verlegenheit zog der Pandita seinen roten Hutuktumantel über den europäischen Anzug und dessen lange graue Hosen und ließ die Lamas ihren „Gott" in dieser Verfassung im Tragstuhl hinwegtragen.

Außer dem ärztlichen Giftmischer traf ich in der Wohnung des Hutuktu noch einen Knaben von dreizehn Jahren, dessen jugendliches Alter, rote Robe und geschorenes Haar mich vermuten ließen, daß er ein Bandi oder ein im Heime des Hutuktu dienender Student sei. Aber es zeigte sich, daß er eine andere Stellung inne hatte. Dieser Knabe war der erste Hubilgan, ebenfalls eine Inkarnation Buddhas, ein gewitzigter Wahrsager und der Nachfolger des Pandita Hutuktu. Er war stets betrunken und ein leidenschaftlicher Kartenspieler und liebte es, schlechte Witze zu machen, woran die Lamas starken Anstoß nahmen.

Am gleichen Abend machte ich die Bekanntschaft des zweiten Hubilgan. Dieser stattete mir einen Besuch ab. Er war der eigentliche Verwalter von Zain Shabi, das ein dem „Lebenden Buddha" unmittelbar unterstehendes unabhängiges Gebiet ist. Dieser Hubilgan war ein ernster, asketischer Mann von zweiunddreißig Jahren, der eine gute Erziehung hatte und in mongolischer Folklore sehr bewandert war. Er kannte die russische Sprache und war in ihr viel belesen. Er interessierte sich besonders für das Leben und die Geschichte anderer Völker. Groß war besonders seine Achtung für das schöpferische Genie des amerikanischen Volkes. So sagte er zu mir:

„Wenn Sie nach Amerika gehen, dann bitten Sie die Amerikaner, zu uns zu kommen und uns aus der Finsternis, die uns umgibt, herauszuführen. Die Chinesen und die Russen werden uns nur in die Zerstörung hineinbringen. Allein die Amerikaner können uns retten."

Nachdem mein Bein genügend wiederhergestellt war, lud mich der Hutuktu ein, mit ihm nach Erdeni Dzu zu reisen, wozu ich mich gerne bereit erklärte. Am Morgen des Aufbruchtages wurde ein leichter und bequemer Wagen für mich herbeigebracht. Unsere Reise dauerte fünf Tage. Wir besuchten Erdeni Dzu, Karakorum, Hoto-Zaidam und Hara-Balgasun. An allen diesen Orten befinden sich die Ruinen von Klöstern und Städten, deren Erbauer Dschingis Khan und seine Nachfolger Ugadai und Kublai im dreizehnten Jahrhundert waren. Jetzt sind dort nur noch die Ueberbleibsel von Mauern und Türmen, einige große Gräber und, unter den Trümmern, Bücher mit alten Legenden und Geschichten zu finden.

„Sehen Sie diese Gräber!", sagte der Hutuktu zu mir. „Hier ist der Sohn des Khan Uyuk beerdigt worden. Dieser junge Prinz wurde durch Bestechung von den Chinesen dazu verführt, seinen Vater zu töten. Doch seine eigene Schwester hinderte ihn daran, indem sie ihn aus Sorge um ihren alten Vater, den Kaiser und Khan, umbrachte. Dort liegt das Grab von Tsinilla, der geliebten Gemahlin des Khan Mangu. Sie verließ die Hauptstadt von China, um sich nach Khara Bolgasun zu begeben, wo sie sich in den tapferen Schafhirten Damcharen verliebte, der so schnell reiten konnte, daß er auf seinem Pferd den Wind einzuholen und wilde Yaks und wilde Pferde mit seinen bloßen Händen einzufangen vermochte. Der wütende Khan ließ seine treulose Frau erwürgen, doch begrub er sie später mit kaiserlichen Ehren und kam oft an ihr Grab, um nach seiner verlorenen Liebe zu weinen."

„Und was geschah mit Damcharen?", wollte ich wissen. Der Hutuktu selber konnte keinen Bescheid geben. Aber sein alter Diener, ein wirklicher Archivar von Legenden, erwiderte: „Mit Hilfe von wilden Tschahar-Räubern kämpfte er lange Zeit gegen China. Doch ist es unbekannt, wie er den Tod fand."

Die Mönche beten an festgesetzten Zeitpunkten an der Stätte der Ruinen und suchen dann dort auch nach heiligen Büchern und Gegenständen, die unter den Trümmern verborgen liegen. Kürzlich fanden sie hier zwei chinesische Gewehre, zwei Goldringe und zwei Bündel mit alten Manuskripten, die mit Lederschnüren zusammengebunden waren.

„Warum hat diese Gegend die mächtigen Kaiser und Khane, die von dem Pazifischen Ozean bis zum Adriatischen Meer regierten, angezogen?", fragte ich mich. „Die Anziehungskraft kam sicherlich nicht von diesen mit Lärchen und Birken bedeckten Bergen und Tälern, auch nicht von diesen weiten Sandstrecken, den zurücktretenden Seen und den nackten Felsen." Doch glaube ich, daß ich auf meine Frage die Antwort fand.

Die großen Kaiser, die sich der Vision Dschingis Khans erinnerten, suchten hier neue Offenbarungen und Wahrsagungen hinsichtlich seines wunderbaren, majestätischen Geschicks, das in so hohem Maße

Der „Lebende Gott" von Erdeni Dzu.
Skizze des Verfassers.

zugleich von göttlicher Verehrung, Gehorsam und Haß umgeben war. Wo aber sollten sie mit den Göttern und den guten und bösen Geistern in Berührung kommen, wenn nicht hier an dieser Stätte! Das Gebiet von Zain mit seinen alten Ruinen eignet sich trefflich dafür.

„Diesen Berg können nur Männer besteigen, die in direkter Linie von Dschingis Khan abstammen," erklärte mir der Pandita. „Auf halber Höhe findet der gewöhnliche Mensch den Erstickungstod, wenn er wagt, weiter hinanzusteigen. Kürzlich haben mongolische Jäger eine Wolfsmeute auf diesem Berge gejagt. Als sie aber an die betreffende Stelle des Berghanges kamen, verloren sie alle ihr Leben. Dort an den Hängen des Berges liegen die Knochen von Adlern, großen gehörnten Schafen und von Kabarga-Antilopen, die leicht und schnell sind wie der Wind, aber doch umkommen mußten. Dort haust der böse Dämon, der das Buch der menschlichen Geschicke besitzt."

„Das ist die Antwort, die ich suche," dachte ich. Im westlichen Teil des Kaukasus habe ich einmal einen Berg zwischen Soukhoum Kaie und Tuopsei gesehen, auf dem Wölfe, Adler und wilde Ziegen ebenfalls umkommen und wo auch Menschen umkommen würden, wenn sie dort nicht die Gewohnheit hätten, diese Zone auf Pferden zurückzulegen. Dort strömt nämlich die Erde Kohlengas aus, so daß sich über ihr in einer Höhe von etwa einem halben Meter ein Lager dieses Giftgases bildet. Menschen, die auf Pferden reiten, befinden sich oberhalb dieses Lagers und sind deshalb außer Gefahr. Die Pferde halten dabei stets ihren Kopf in die Höhe und schnauben furchtsam, bis die Gefahrenzone hinter ihnen liegt. Hier auf dem Gipfel dieses Berges, wo der böse Dämon in dem Buche der menschlichen Geschikke blättert, handelt es sich um die gleiche Erscheinung. Mir war die religiöse Furcht, die dieser Ort den Mongolen einflößt, wie auch die Anziehungskraft der Gegend für die hochaufgeschossenen, fast gigantischen Nachkommen Dschingis Khans verständlich. Ihre Köpfe ragten über das Lager des Giftgases hinaus, so daß sie den Gipfel dieses geheimnisvollen und schrecklichen Berges erreichen konnten. Es ist auch möglich, diese Naturerscheinung geologisch zu erklären; denn die Gegend hier ist der südliche Rand von Kohlenlagern, die oft Kohlen- und Sumpfgase ausströmen.

Nicht weit von den Ruinen liegt in den Ländern von Hun Doptschin Djamtso ein kleiner See, dessen Oberfläche gelegentlich in einer roten Flamme brennt und den Mongolen und Pferdeherden großen

Schrecken einjagt. Selbstverständlich ist auch dieser See reich an Legenden. Hier ist früher einmal ein Meteor heruntergefallen, der sich tief in die Erde eingegraben hat. In dem auf diese Weise entstandenen Loch bildete sich der See. Jetzt, so glauben die Mongolen, bemühen sich die Bewohner unterirdischer Gänge, die halb Menschen, halb Dämonen sind, den „Stein des Himmels" aus seinem tiefen Bett herauszuziehen. Wenn auf solche Weise der Stein gehoben wird, entzündet sich das Wasser, worauf der Stein jedesmal trotz aller Bemühungen wieder zurückfällt. Ich habe den See nicht persönlich gesehen, aber ein russischer Kolonist sagte mir, es könne sich Petroleum auf dem See befinden, das sich infolge der Lagerfeuer am Ufer oder infolge der sengenden Sonnenstrahlen entzünde.

Jedenfalls ist es sehr wohl verständlich, warum sich die großen mongolischen Potentaten hierher gezogen fühlten. Den stärksten Eindruck machte mir Karakorum, der Ort, wo der grausame und weise Dschingis Khan lebte und seine gigantischen Pläne für die Ueberrennung des ganzen Westens mit Blut und die Beschenkung des Ostens mit nie dagewesenem Ruhme entwarf. Dschingis Khan baute zwei Karakorums, eins hier in der Nähe von Tatsa Gol an der Karawanenstraße, das andere im Pamir, wo seine trauernden Krieger den größten der menschlichen Eroberer in einem Mausoleum beerdigten, das von fünfhundert Gefangenen gebaut worden war, welche nach getaner Arbeit dem Geist des Verstorbenen geopfert wurden.

Der kriegerische Pandita Hutuktu betete an der Ruinenstätte, wo die Schatten dieser Potentaten, die die halbe Welt beherrscht haben, herumzogen. Hier betete der Hutuktu, dessen Seele nach chimärischen Taten und dem Ruhme Dschingis Khans und Tamerlans dürstete.

Auf dem Rückwege wurden wir nicht weit von Zain eingeladen, einen sehr reichen Mongolen zu besuchen. Dieser hatte bereits die für den Empfang von Fürstlichkeiten geeigneten Jurten, die mit reichen Teppichen und seidenen Draperien geziert waren, bereitgestellt. Der Hutuktu nahm die Einladung an. Wir legten uns auf den weichen Kissen in der Jurte nieder, während der Hutuktu den Mongolen segnete, indem er dessen Kopf mit seiner heiligen Hand berührte und die Hatyks in Empfang nahm. Der Gastgeber ließ dann ein ganzes Schaf für uns hereinbringen, das in einem ungeheur großen Gefäß gedämpft war. Der Hutuktu schnitt ein Hinterbein ab und bot es mir an, während er das andere Hinterbein für sich mit Beschlag legte. Dann gab er ein großes Fleischstück dem kleinsten Sohne des Gastgebers, was das Zeichen war, daß der Pandita Hutuktu die Anwesenden aufforderte, den Schmaus zu beginnen. Im Nu war das Schaf völlig zerschnitten und auseinandergerissen und in den Händen der Bankettteilnehmer. Als der Hutuktu die weißen Knochen des Schafbeins, ohne ein bißchen Fleisch zurückzulassen, neben dem Feuerbecken hinwarf, zog der Gastgeber kniend ein Stück Schafshaut aus dem Feuer und bot es mit beiden Händen zeremoniell dem Hutuktu dar. Der Pandita kratzte mit seinem Messer die Wolle und die Asche ab, schnitt es in dünne Streifen und machte sich dann sogleich an dieses wirklich sehr schmackhafte Gericht. Das betreffende Hautstück ist der Teil der Haut, der oberhalb des Brustknochens liegt. *Es* wird in der Mongolei Tarach oder „Pfeil" genannt. Wenn ein Schaf enthäutet wird, so wird dieser kleine Hautteil herausgeschnitten und auf heiße Kohlen gelegt, wo er langsam geröstet wird. Auf diese Weise zubereitet, stellt es den schönsten Leckerbissen dar und wird immer dem Ehrengast dargereicht. Es darf nie geteilt werden, so verlangen es Brauch und Sitte.

Nach dem Essen schlug unser Gastgeber eine Jagd auf Dickhörner vor, von denen, wie man wußte, eine große Herde in den Bergen kaum eine halbe Meile von den Jurten entfernt graste. Man brachte Pferde mit reichen Sätteln und reichem Zaumzeug herbei. Das Zaumzeug des Tieres des Hutuktu war mit roten und gelben Zeugfetzen geschmückt, um den Rang des Reiters anzuzeigen. Ungefähr fünfzig mongolische Reiter galoppierten hinter uns her. Als wir, am Ziel angekommen, von den Pferden absaßen, wurden wir hinter Felsen aufgestellt, die etwa dreihundert Schritt von einander entfernt waren. Dann begannen die mongolischen Treiber die Einkreisungsbewegung um den Berg herum. Nach ungefähr einer halben Stunde bemerkte ich, daß oberhalb zwischen den Felsen etwas huschte, und stellte bald fest, daß dort ein schönes Dickhorn mit riesigen Sätzen von Fels zu Fels sprang und hinter ihm eine Herde von mehr als zwanzig Stück mit blitzartiger Geschwindigkeit über den Boden setzte. Höchst ärgerlich wurde ich, als es mir schien, daß die Mongolen die Treibjagd verdorben hätten, indem sie nämlich die Herde vor Vollendung der Einkreisung an der Seite vorbeiziehen ließen. Doch glücklicherweise befand ich mich im Irrtum. Es sprang nämlich gerade hinter einem Felsen, der sich vor der Herde befand, ein mit den Armen herumfuchtelnder Mongole in die Höhe. Nur das große Leittier ließ sich dadurch nicht abschrecken. Es stürmte an dem unbewaffneten Mongolen vorbei. Doch der Rest der Herde schwenkte plötzlich herum und raste den Hang hinab gerade auf mich zu Ich schoß und erlegte zwei Tiere, Auch der Hutuktu brachte ein Dickhorn zur Strecke wie auch eine Moschus-Antilope, die unerwartet hinter einem Felsen hervorkam. Das größte Paar von Hörnern der erlegten Tiere wog ungefähr dreißig Pfund. Aber es stammte von einem jungen Schaf.

Am Tage nach unserer Rückkehr nach Zain Shabi beschloß ich, nunmehr die Reise nach Van Kure anzutreten, da ich mich völlig wiederhergestellt fühlte. Als ich von dem Hutuktu Abschied nahm, gab er mir einen großen Hatyk und drückte zugleich seinen wärmsten Dank für das Geschenk aus, das ich ihm am ersten Tage unserer Bekanntschaft gegeben hatte,

„Es ist eine wunderschöne Medizin," rief er aus „Nach unserem Ausflug fühlte ich mich ganz erschöpft. Da nahm ich Ihre Medizin. Das gab mir völlig meine Jugendkraft wieder. Vielen, vielen Dank!"

Der arme Kerl hatte mein Osmiridium geschluckt. Es konnte ihm sicherlich nicht schaden. Daß es ihm aber geholfen hat, ist merkwürdig. Vielleicht mögen nun Aerzte im Westen wünschen, dieses neue harmlose und sehr billige Mittel — von dem es in der ganzen Welt nur acht Pfund gibt — anzuwenden. Doch muß ich sie bitten, mir dafür die Patentrechte für die Mongolei, Barga, Sinkiang, Kokonor und alle anderen Ländern Mittelasiens zu lassen. Ein alter rassischer Kolonist begleitete mich als Führer. Man gab mir einen großen, aber leichten und bequemen Wagen, der auf eine merkwürdige Weise gezogen wurde. Eine gerade vier Meter lange Stange war quer vor den beiden Wagenschäften befestigt. Diese Stange wurde von zwei Reitern auf die Sattelknöpfe genommen, die nun mit mir über die Ebene galoppierten. Hinter uns galoppierten vier weitere Reiter mit vier Extrapferden.

30. Kapitel,
Verhaftet!

Nach ungefähr zwölf Meilen von Zain sahen wir von einem Bergrükken, wie eine schlangenähnliche Linie von Reitern ein Tal durchritt. Auf dieses Detachement stießen wir eine halbe Stunde später am Ufer eines tiefen, sumpfigen Stroms. Es bestand aus Mongolen, Burjetten und Tibetanern, die alle mit russischen Gewehren bewaffnet waren. An der Spitze der Kolonne ritten zwei Männer. Der eine von ihnen, der eine riesige schwarze Astrachankappe mit roter, kaukasischer, auf die Schulter hinabhängender Kapuze trug, versperrte mir den Weg und fragte mich mit grober, rauher Stimme: „Wer sind Sie? Wo kommen Sie her und wo gehen Sie hin?"

Meine Antwort war ebenso lakonisch. Der Führer sagte darauf, daß sein Detachement eine Abteilung der Truppen Baron Ungerns unter dem Befehl des Hauptmann Vandaloff sei.

„Ich bin Hauptmann Bezrodnoff, der Kriegsrichter." Dann lachte er plötzlich laut. Sein unverschämtes dummes Gesicht gefiel mir nicht. Ich befahl meinen Reitern weiterzureiten, indem ich mich vor den übrigen Offizieren verbeugte.

„Aber nein," rief Hauptmann Bezrodnoff aus, indem er mir abermals den Weg versperrte, „Ich kann Ihnen nicht erlauben weiterzureisen. Ich möchte eine lange und ernste Unterhaltung mit Ihnen haben. Dazu werden Sie mit mir nach Zain zurückkehren müssen."

Ich protestierte und berief mich auf den Brief von Oberst Kazagrandi. Doch antwortete Bezrodnoff mit großer Kälte: „Dieser Brief ist eine Sache des Obersten Kazagrandi. Sie nach Zain zurückzubringen und mit Ihnen zu reden, ist meine Sache. Geben Sie mir Ihre Waffe."

Doch ich wünschte nicht dieser Aufforderung nachzukommen, selbst wenn mich der Tod bedroht hätte.

„Hören Sie," sagte ich. „Sagen Sie es mir offen. Ist Ihr Detachement wirklich eine Abteilung, die mit den Bolschewiki Kampf führt, oder ist es ein rotes Kontingent?"

„Nein, das ist es nicht, ich versichere es Ihnen," warf der Burjettenoffizier Vandaloff ein, indem er sich mir näherte. „Wir stehen schon seit drei Jahren im Kampf mit den Bolschewiki."

„Dann kann ich Ihnen nicht meine Waffe aushändigen," entgegnete ich ruhig. „Ich habe sie von Sowjetsibirien mitgebracht. Ich habe viele Kämpfe mit dieser treuen Waffe geführt und jetzt soll ich von weißen Offizieren entwaffnet werden! Diese Schande kann ich nicht zulassen."

Mit diesen Worten warf ich mein Gewehr und meinen Mauserrevolver in den Strom. Die Offiziere waren verwirrt. Bezrodnoff wurde rot vor Zorn.

„Ich ersparte Ihnen und mir eine Demütigung," erklärte ich.

Schweigend wendete Bezrodnoff sein Pferd. Sein ganzes aus dreihundert Mann bestehendes Detachement setzte sich sogleich vor mich. Nur die letzten zwei Reiter blieben halten und befahlen dem Mongolen, meinen Wagen umzuwenden. Dann setzten sie sich hinter meine kleine Gruppe. So war ich nun verhaftet! Einer der Reiter hinter mir war ein Russe, der mir erzählte, daß Bezrodnoff viele Todesurteile mit sich trüge. Ich war gewiß, daß das meinige darunter sein würde.

Dumm! Höchst dumm! Was hatte es für einen Zweck, sich durch rote Detachements hindurchzuschlagen, von Frost und Hunger gequält zu werden und in Tibet fast umzukommen, um dann durch eine Kugel von einem der Mongolen Bezrodnoff's zu sterben? Um dieses Vergnügen zu haben, lohnte es sich nicht, so lange Zeit und so weit zu reisen! In jeder sibirischen Tscheka hätte man mir freudigst ein solches Ende bewilligt.

Als wir in Zain Shabi ankamen, wurde mein Gepäck untersucht. Bezrodnoff fragte mich auf das genaueste über die Ereignisse in Uliassutai aus. Wir sprachen ungefähr drei Stunden miteinander. Ich versuchte, die Offiziere von Uliassutai zu verteidigen, indem ich den Standpunkt vertrat, daß man sich nicht bloß auf die Berichte von Domojiroff verlassen dürfe. Als unsere Unterhaltung beendigt war, stand der Hauptmann auf und bat mich wegen des Aufenthalts, den er mir verursacht hatte, um Entschuldigung. Danach schenkte er mir einen schönen Revolver mit silbernem Beschlag am Griff und sagte: „Ihr Stolz hat mir außerordentlich gefallen. Ich bitte Sie, diese Waffe als Erinnerung an mich anzunehmen."

Am nächsten Morgen brach ich erneut von Zain Shabi auf. Nun hatte ich einen laissez-passer von Bezrodnoff in meiner Tasche.

31. Kapitel.
Die „Urga".

Er sprang in den Sattel und nahm zwei meiner Mongolen mit sich, indem er sie und sich selbst mit vier bis fünf Meter langen dünnen Stangen versah, die an den Enden Seilschlingen hatten. Die Drei galoppierten hinweg. Mein Karren setzte sich hinter ihnen in Bewegung. Wir verließen die Straße und durchquerten eine Stunde lang die Steppe. Dann kamen wir auf eine große Herde grasender Pferde. Der Mongole fing mit seiner Stange die für uns notwendige Zahl von Pferden ein, als plötzlich von den Bergen die Eigentümer der Herde herbeigaloppiert kamen. Sobald der alte Mongole ihnen meine Papiere zeigte, fügten sie sich ergeben und stellten vier Männer als Ablösung für die Mongolen zur Verfügung, die mich bis hierher begleitet hatten. Auf diese Weise reisen die, die Urga benutzenden Mongolen nicht auf der Ourton- oder Stationsstraße, sondern direkt von einer Herde zur andern. Alle Mongolen, die urgapflichtig werden, versuchen ihre Aufgabe so schnell wie möglich zu erfüllen. Sie galoppieren wie Wahnsinnige der allgemeinen Reiserichtung folgend bis zu der nächsten Herde, um dort die Aufgabe dem Nachbarn zu übertragen. Jeder Reisende, der das Recht der Urga hat, kann sich selber Pferde einfangen und, wenn keine Eigentümer zugegen sind, die bisherigen Eigentümer zwingen, weiter mitzureiten und die Tiere bei der nächsten Herde, bei der eine Requisition stattfindet, zurückzulassen. Doch das kommt nur selten vor; denn der Mongole liebt es nicht, seine Pferde aus einer andern Herde herauszusuchen, da das Anlaß zu Streitigkeiten gibt.

Von dieser Einrichtung, dahin geht eine Erklärung, hat die Stadt Urga bei den Landesfremden ihren Namen erhalten. Die Mongolen nennen sie stets Ta Kure, das große Kloster. Der Grund, warum die Burjetten und Russen, die als erste diese Gegenden bereisten, die Stadt Urga nennen, ist, weil sie das Hauptziel aller Handelsexpeditionen war, die die Steppe mit Hilfe dieser alten Reisemethode durchquerten. Eine zweite Erklärung geht dahin, daß die Stadt in einer „Schlinge" liege, deren Seiten von drei Bergrücken gebildet werden, deren einem entlang der Tolafluß läuft, genau wie die Stange der Urga.

Mit Hilfe der einzigartigen Urga-Fahrkarte durchquerte ich ungefähr zweihundert Meilen bisher unbereisten Gebietes der Mongolei. Ich hatte dabei die mir willkommene Gelegenheit, die Fauna dieses Landesteils zu beobachten. Es kamen mir viele große Herden mongolischer Antilopen von fünf- bis sechstausend Stück und viele Gruppen von Dickhörnern, Vapiti- und Kabarga- Antilopen zu Gesicht. Manchmal huschten kleine Herden wilder Pferde und Esel so schnell wie eine Vision über den Horizont.

An einer Stelle konnte ich eine große Kolonie von Murmeltieren beobachten. Ein ganzes Gebiet von mehreren Quadratmeilen war mit ihren verstreuten Hügeln bedeckt, deren Eingangslöcher zu den Gängen und Wohnungen der Tiere führen. Zwischen diesen Hügeln liefen die graugelben und braunen Tiere in allen Größen umher. Die größten von ihnen erreichten die Höhe eines mittelgroßen Hundes. Ihre Bewegungen waren schwerfällig. Die Haut auf ihren fetten Körpern bewegte sich, als wenn sie zu weit wäre. Die Murmeltiere sind ausgezeichnete Graber. Wenn sie ihre tiefen Gruben aushöhlen, werfen sie stets die Steine an die Oberfläche. An vielen Stellen sah ich Murmeltierhügel, die aus Kupfererzstücken bestanden. Weiter im Norden fand ich oft Hügel mit Mineralien, die Wolfram und Vanadium enthielten. Wenn sich das Murmeltier am Eingang seines Loches aufhält, so sitzt es aufrecht auf seinen Hinterbeinen und sieht wie ein Stück Holz oder ein Steinklumpen aus. Sobald es in der Entfernung einen Reiter erspäht, beobachtet es ihn mit großer Neugierde und stößt scharfe Pfiffe aus. Aus dieser Neugierde der Murmeltiere ziehen die Jäger Nutzen, indem sie sich mit wehenden Tuchfetzen, die an einer Stange befestigt sind, an die Löcher heranmachen. Die ganze Aufmerksamkeit des kleinen Tieres ist dann auf diese Fetzen gerichtet. Erst die Kugel, die ihm das Leben nimmt, erklärt ihm die Bedeutung dieses, ihm bisher unbekannt gewesenen, Gegenstands.

Ich sah ein sehr aufregendes Bild, als ich durch eine Murmeltierkolonie in der Nähe des Orkhonflusses hindurchkam. Es gab dort viele Tausende von Löchern, so daß meine Mongolen äußerst vorsichtig sein mußten, um ihre Pferde vor Beinbrüchen zu bewahren. Ueber uns kreiste ein Adler. Plötzlich ließ sich dieser wie ein Stein auf einen Hügel niederfallen, wo er, zu einem Felsblock erstarrt, bewegungslos sitzen blieb. Nach wenigen Minuten lief das Murmeltier, das den betreffenden Hügel bewohnte, aus seinem Loch heraus, um sich zum

Eingang eines Nachbarn zu begeben. Der Adler hüpfte in aller Ruhe von der Hügelspitze herunter und verschloß mit einem seiner Flügel den Eingang des Loches. Das Murmeltier hörte das Geräusch, wandte sich um und ging sogleich zum Angriff vor, um zu seinem Loch durchzubrechen; denn offenbar hatte es da unten seine Familie gelassen. Der Kampf begann. Der Adler kämpfte mit dem freien Flügel, einem Bein und seinem Schnabel, ohne den Eingang freizugeben. Das Murmeltier sprang den Raubvogel mit großer Kühnheit an, fiel aber bald infolge eines Schlages, den es auf den Kopf erhielt, zu Boden. Erst dann zog der Adler seinen Flügel von der Eingangsstelle zurück. Nachdem er dem Murmeltier den Garaus gemacht hatte, trug er es mit Mühe in seinen Fängen zu den Bergen.

In kahleren Gegenden, wo man nur ganz gelegentlich Grashalme sieht, lebt ein anderes Nagetier, das Imouran. Dieses hat ungefähr die Größe eines Eichkätzchens. Sein Pelz gleicht der Farbe der Steppe. Es bewegt sich in schlangenähnlichen Windungen. Es sammelt die Samenkörner, die vom Winde herbeigeblasen werden, und trägt sie in seine winzige Behausung. Das Imouran hat einen treuen Freund, die gelbe Steppenlerche, deren Rücken und Kopf braun sind. Wenn die Steppenlerche das Imouran über die Ebene laufen sieht, setzt sie sich auf dessen Rücken, schwingt dabei ihre Flügel auf und ab, um das Gleichgewicht zu halten, und reitet so mit größter Geschwindigkeit spazieren, während das Imouran seinen langen, zottigen Schwanz in bester Laune hin- und herwedelt. Während dieses Rittes fängt die Lerche mit großem Geschick und erstaunlicher Geschwindigkeit die Parasiten, die auf dem Rücken ihres Freundes leben, und gibt ihre Freude an dieser Arbeit durch einen kurzen, fröhlichen Gesang zu erkennen. Die Mongolen nennen deshalb das Imouran „das Roß der fröhlichen Lerche". Die Lerche warnt das Imouran, wenn sich Adler und Habichte nähern, indem sie drei scharfe Pfiffe ertönen läßt, sobald sie die Räuber der Lüfte wahrnimmt. Sie sucht dann selber hinter einem Stein oder in einem kleinen Erdloch Zuflucht. Nach diesem Signal zeigt kein Imouran seinen Kopf mehr, bis die Gefahr vorüber ist. So leben die fröhliche Lerche und ihr Roß in liebenswürdiger Nachbarschaft.

In anderen Teilen der Mongolei, in denen es viel Gras gibt, bin ich auf noch einen anderen Typ von Nagetieren gestoßen, der mir schon einmal in Urianhai begegnet war, nämlich eine riesige schwarze

Kamelwagen bei Urga.

Steppenratte mit kurzem Schwanz, die in Kolonien bis zu zweihundert Stück lebt. Diese Ratte ist interessant und einzigartig, denn sie ist hinsichtlich der Bearbeitung ihres Winterfutters der geschickteste Landwirt unter den Tieren. In den Wochen, in denen das Gras am saftigsten ist, mäht sie es mit schnellen Rucken ihres Kopfes nieder, indem sie mit ihren scharfen langen Vorderzähnen etwa zwanzig bis dreißig Halme mit einem Hieb niederhaut. Dann läßt sie das Gras trocknen, um das so präparierte Heu später in höchst wissenschaftlicher Weise aufzuschichten. Sie errichtet nämlich zunächst einen ungefähr ein Fuß hohen Hügel. Durch diesen hindurch treibt sie vier schräge Stöckchen in den Grund hinein, die unter der Mitte des Haufens zusammenlaufen, und verbindet ihre oberen Enden an der Oberfläche des Heus mit langen Grashalmen, deren Enden genügend hinausragen. Dann setzt sie eine weitere ein Fuß hohe Schicht auf, worauf sie die Oberfläche wiederum in ähnlicher Weise festmacht. Dieses Verfahren bewahrt die Heuhaufen davor, von dem Sturmwind fortgeblasen zu werden. Die Haufen bringt sie stets unmittelbar vor der Tür ihrer Behausung an, so daß sie nicht lange Wintergänge zu unternehmen braucht. Die Pferde und Kamele schätzen das Heu des kleinen Landwirts sehr, da es aus dem nahrhaftesten Grase gemacht ist. Doch sind die Heuhügel so stark gebunden, daß sie nur mit großer Mühe auseinandergetreten werden können.

Fast überall in der Mongolei traf ich einzelne Paare oder ganze Scharen von graugelben Steppenhühnern an, die Salga oder „Schwalbenrebhühner" genannt werden. Der Name kommt daher, daß sie, ähnlich wie die Schwalben, lange, spitze Schwänze haben, und daß auch ihr Flug sehr dem Fluge der Schwalbe ähnelt. Diese Vögel sind zahm und wenig scheu. Sie lassen die Menschen bis auf zehn bis fünfzehn Schritt herankommen. Wenn sie aber dann aufschrecken, so steigen sie sehr hoch hinauf und fliegen weite Entfernungen, wobei sie die ganze Zeit wie Schwalben zwitschern. Im allgemeinen sind sie grau und gelb gezeichnet, doch haben die männlichen Tiere hübsche schokoladenfarbige Flecke auf ihren Rücken und Flügeln und an ihren Beinen und Füßen ein dichtes Federkleid.

Die Gelegenheit, diese Beobachtungen zu machen, ergab sich mir, da ich mit der Urga durch wenig besuchte Gegenden reiste. Diese Reisemethode hatte indessen auch ihre Nachteile. Die Mongolen brachten mich stets in gerader Linie und mit großer Geschwindigkeit an den Bestimmungsort und nahmen dafür höchst vergnügt die chinesischen Dollars hin, die ich ihnen zur Belohnung schenkte. Da ich jedoch vor dieser Fahrt bereits fünftausend Meilen auf meinem Kosakensattel zurückgelegt hatte, der nun mit Staub bedeckt unbenutzt hinter mir auf dem Karren lag, lehnte ich mich innerlich dagegen auf, nun durch die rücksichtslose Gangart des Karrens, der wahllos von wilden Pferden und ebenso wilden Reitern über Steine, Hügel und Erdlöcher gezogen wurde, förmlich gerädert und in Stücke gerissen zu werden. Alle meine Knochen begannen zu schmerzen. Schließlich stöhnte ich bei jedem Atemzug. Mein verwundetes Bein wurde durch eine starke Ischias-Attacke gepeinigt. In der folgenden Nacht konnte ich weder schlafen noch liegen, ja sogar das Sitzen machte mir Beschwerden. So verbrachte ich die Nacht, indem ich in der Steppe auf- und abging und auf das laute Schnarchen der Jurteninsassen lauschte. Gelegentlich hatte ich mich gegen zwei ungeheuer große schwarze Hunde zu wehren, die mich anfielen. Am folgenden Tage konnte ich das Gerüttel nur bis zum Mittag ertragen. Ich war gezwungen, Halt zu machen und mich hinzulegen. Der Schmerz war unerträglich. Ich konnte weder mein Bein noch meinen Rücken bewegen. Schließlich fiel ich in hohes Fieber. Ich verschlang meinen ganzen Vorrat von Aspirin und Chinin, ohne Erleichterung zu finden. Mir stand also eine weitere schlaflose Nacht bevor. Das war mir ein schauderhafter Gedanke. Unser Quartier war eine Gäste-Jurte, die neben einem Kloster lag. Meine Mongolen sandten nach dem Lamadoktor, der mir zwei sehr bittere Pulver gab und mir versicherte, daß ich imstande sein würde, die Reise am nächsten Morgen fortzusetzen. Bald fühlte ich eine Zunahme der Herztätigkeit, doch wurde der Schmerz danach noch ärger. So mußte ich eine weitere Nacht schlaflos verbringen. Als aber die Sonne am nächsten Morgen aufging, verschwand im gleichen Augenblick der Schmerz. Eine Stunde darauf ließ ich mir ein Pferd satteln. Den Karren wollte ich nun nicht mehr benutzen.

Während die Mongolen die Pferde einfingen, kam Oberst N. N. Philipoff zu meinem Zelt. Er erzählte mir, er habe alle Anklagen, daß er, sein Bruder und Poletika Bolschewiki seien, bestritten, und Bezrodnoff habe ihm erlaubt, nach Van Kure zu reisen, um dort Baron Ungern zu treffen, der in Van Kure erwartet werde. Philipoff wußte aber nicht, daß sein mongolischer Führer mit einer Bombe bewaffnet und ein anderer Mongole bereits mit einem Brief an Baron Ungern unterwegs war. Er wußte auch nichts von der Erschießung seiner Brüder und Poletikas in Zahl Shabi.

Philipoff war in Eile; er wünschte Van Kure am gleichen Tage zu erreichen. Ich brach eine Stunde nach ihm auf.

32. Kapitel.
Ein alter Wahrsager.

Von nun ab reisten wir wieder auf der Ourtonstraße. In der Gegend, die wir jetzt durchquerten, waren die Pferde der Mongolen sehr schwache und erschöpfte Tiere; denn die Jurtenbewohner waren immer wieder gezwungen, für die zahlreichen Boten, die Daitschin Van und Kazagrandi aussandten, Pferde zu liefern. Wir mußten die Nacht auf dem letzten Ourton vor Van Kure zubringen, wo ein dicker alter Mongole und sein Sohn Stationshalter waren. Nach dem Abendessen nahm der alte Mongole das Schulterblatt eines Schafes in die Hand, entfernte sorgfältig alle Fleischreste und legte es, indem er mich ansah, in das Feuer. Nachdem er einen Zauberspruch vor sich hingesagt hatte, erklärte er mir: „Ich will Ihnen wahrsagen. Alle meine Prophezeiungen erfüllen sich."

Als der Knochen ganz schwarz geworden war, zog er ihn aus dem Feuer, blies die Asche ab, untersuchte die Oberfläche sehr genau und blickte durch das Knochenblatt in die Glut. Er setzte diese Untersuchung eine Zeitlang fort. Dann legte er mit dem Ausdruck der Furcht im Gesicht den Knochen zurück auf die Kohlen. „Was haben Sie gesehen?" fragte ich lachend, „Schweigen Sie!" flüsterte er. „Ich habe schreckliche Vorzeichen gefunden."

Er nahm von neuem den Knochen aus dem Feuer und untersuchte ihn abermals von allen Seiten, indem er Gebete flüsterte und sonderbare Bewegungen machte. Dann machte er mit feierlicher, ruhiger Stimme seine Prophezeiung:

„Tod in der Gestalt eines großen, weißen Mannes mit rotem Haar wird hinter Ihnen stehen und Sie aus nächster Nähe lange beobachten. Aber der Tod wird von Ihnen weichen... Ein anderer weißer Mann wird zu Ihrem Freunde werden. Vor dem vierten Tage werden Sie Ihre Bekannten verlieren. Diese werden durch ein langes Messer den Tod finden. Ich sehe sie bereits, wie sie von den Hunden gefressen werden. Nehmen Sie sich in acht vor dem Manne mit dem Kopf wie ein Sattel. Er wird nach Ihrem Tode trachten."

Eine lange Zeit, nachdem mir diese Prophezeiung verkündet worden war, saßen wir noch rauchend und teetrinkend beisammen. Doch der alte Mann blickte immerfort mit dem Ausdruck der Furcht auf mich. Ich konnte den Gedanken nicht unterdrücken, daß in dieser Weise Gefängnisgefährten auf jemanden blicken müssen, der zum Tode verurteilt wurde.

Am nächsten Morgen verließen wir den Wahrsager, bevor die Sonne aufgegangen war. Nachdem wir ungefähr fünfzehn Meilen zurückgelegt hatten, kam Van Kure in Sicht.

Ich fand Oberst Kazagrandi in seinem Hauptquartier. Der Oberst war ein Mann von guter Familie, ein erfahrener Ingenieur und ein trefflicher Offizier, der sich im Kriege bei der Verteidigung der Insel Moon in der Ostsee und später im Kampf gegen die Bolschewiki an der Wolga ausgezeichnet hatte. Oberst Kazagrandi bot mir ein Bad in einer wirklichen Badewanne an, die ich in dem Hause des Präsidenten der Handelskammer von Van Kure aufgestellt fand. Als ich in diesem Hause war, trat ein großer junger Hauptmann ein. Er hatte langes, gelocktes rotes Haar und ein ungewöhnlich weißes Gesicht. Seine Augen waren groß und kalt wie Stahl, seine Lippen schön, zart und geradezu mädchenhaft. Aber in den Augen lag so viel harte Grausamkeit, daß es unangenehm war, in dieses sonst schöne Gesicht zu blicken. Als er das Zimmer wieder verließ, sagte mir mein Gastfreund, daß er Hauptmann Veseloffsky, der Adjutant des Generals Rezukhin, sei, der im Norden der Mongolei gegen die Bolschewiki kämpfte. Der General und sein Adjutant seien gerade heute in Van Kure angekommen, um eine Konferenz mit Baron Ungern abzuhalten.

Nach dem Mittagessen forderte mich Oberst Kazagrandi auf, zu seiner Jurte zu kommen. Er erörterte dort mit mir die Lage in der Westmongolei, die sehr gespannt geworden war.

„Kennen Sie Dr. Gay?" fragte er mich. „Sie wissen, er half mir, mein Detachement zu organisieren. Doch Urga klagt ihn an, ein Agent der Sowjets zu sein."

Ich verteidigte Gay, so gut ich konnte. Er hatte mir ja geholfen und war außerdem von Koltschak von jeder Schuld freigesprochen worden.

„Ja, ja. Aehnliches habe auch ich zur Rechtfertigung Gays vorgebracht," sagte der Oberst. „Aber Rezukhin hat Briefe von Gay an die Bolschewiki bei sich, die unterwegs aufgegriffen wurden. Auf Befehl Baron Urgerns ist Gay nebst Familie heute zum Hauptquartier Rezukhins gesandt worden, und ich fürchte, daß sie ihren Bestimmungsort nicht erreichen werden."

„Wieso?" fragte ich.

„Man wird sie unterwegs hinrichten!" antwortete der Oberst.

„Was sollen wir tun, um das zu verhüten?" rief ich aus, „Gay kann kein Bolschewiki sein. Er ist zu gut erzogen und zu klug dazu."

„Ich weiß es nicht, ich weiß es nicht," murmelte Oberst Kazagrandi mit verzagender Geste. „Versuchen Sie mit Rezukhin darüber zu sprechen."

Ich beschloß, Rezukhin sofort aufzusuchen. Gerade in diesem Augenblick trat Oberst Philipoff ein und begann über die Fehler zu reden, die bei der Ausbildung der Soldaten gemacht werden. Als ich meinen Mantel angezogen hatte, kam ein weiterer Offizier in die Jurte. Dieser war ein kleiner Mann mit einer alten grünen Kosakenschildmütze und einem zerrissenen grauen mongolischen Mantel. Er trug seine rechte Hand in einer Schlinge. Der Neuankömmling war General Rezukhin. Ich wurde ihm sogleich vorgestellt. Während der Unterhaltung erkundigte sich der General sehr höflich und sehr geschickt nach dem Leben, das Philipoff und ich in den letzten drei Jahren geführt hatten. Er scherzte dabei und lachte diskret und bescheiden. Als er sich verabschiedete, benutzte ich die Gelegenheit, mit ihm hinauszugehen.

Als ich meine Einwände vorbrachte, hörte er mir sehr aufmerksam und höflich zu. Dann sagte er mit seiner ruhigen Stimme: „Dr. Gay ist ein Agent der Sowjets, der vorgibt, ein Weißer zu sein, um auf diese Weise um so besser alles sehen, hören und erfahren zu können. Wir sind überall von Feinden umgeben. Das russische Volk ist demoralisiert. Der Russe wird jeden Verrat gegen Geld begehen. Ein solcher Mann ist Gay. Jedenfalls, was hat es noch für einen Zweck, seinen Fall zu erörtern? Er und seine Familie sind nicht mehr am Leben. Sie sind heute fünf Kilometer von hier von meinen Leuten in Stücke gehauen worden."

Entsetzt sah ich in das Gesicht dieses kleinen, beweglichen Mannes, der eine so weiche Stimme und ein so höfliches Benehmen hatte. Da las ich in seinen Augen so viel Haß und Entschlossenheit, daß ich nun die zitternde Furcht begriff, die ich bei den Offizieren in seiner Gegenwart bemerkt hatte. Später erfuhr ich in Urga mehr über Rezukhin, der gleichermaßen durch seine unbedingte Tapferkeit wie auch seine grenzenlose Grausamkeit ausgezeichnet war. Er war der Wachhund Baron Ungerns, der jederzeit bereit war, für seinen

Führer durchs Feuer zu gehen oder demjenigen an die Kehle zu springen, den ihm sein Herr weisen mochte.

Es waren noch nicht vier Tage verstrichen, bevor „meine Bekannten durch ein langes Messer den Tod fanden", so daß also ein Teil der Prophezeiung des alten mongolischen Stationshalters bereits erfüllt war. Nun war die Reihe an mir, der Bedrohung durch den Tod ins Auge zu sehen. Ich brauchte nicht lange zu warten. Zwei Tage später traf der Chef der Asiatischen Kavalleriedivision Baron Ungern von Sternberg in Van Kure ein.

33. Kapitel.
„Tod in der Gestalt eines weißen Mannes wird hinter Ihnen stehen."

„Der schreckliche General, der Baron" traf, völlig unbemerkt durch die Posten Oberst Kazagrandis, ein. Nach einer Unterredung mit Kazagrandi forderte der Baron Oberst N. N. Philipoff und mich auf, zu ihm zu kommen. Oberst Kazagrandi brachte mir diese Nachricht. Ich wollte sogleich fortgehen, doch hielt mich der Oberst etwa eine halbe Stunde lang auf. Dann ließ er mich mit den Worten ziehen: „Jetzt möge Gott Ihnen helfen! Gehen Sie!"

Das war ein sonderbarer Abschiedsgruß, der sicherlich nichts weniger als tröstlich und höchst rätselhaft klang. Ich nahm meinen Revolver mit mir und versteckte mein Cyankali in meinen Aermeln.

Der Baron hatte in der Jurte des Militärarztes Quartier genommen. Als ich den Vorhof betrat, kam mir Hauptmann Veseloffsky entgegen. Er trug einen Kosakensäbel und in seinem Gürtel einen Revolver ohne Futteral. Er ging in die Jurte hinein, um meine Ankunft anzumelden.

„Treten Sie näher," sagte er, als er wieder aus dem Zelte herauskam. Am Eingang der Jurte fiel mir eine Blutlache auf, die noch nicht hatte versickern können — ein ominöser Gruß von jemandem, der hier vor mir gewesen war. Ich klopfte.

„Herein!" erklang die Antwort in einem hohen Tenor. Als ich die Schwelle überschritt, sprang mir eine Gestalt in rotem mongolischen Seidenmantel mit dem Satz eines Tigers entgegen, ergriff meine Hand und schüttelte sie, um sich dann der Länge nach auf das Bett an der Zeltseite fallen zu lassen.

„Sagen Sie mir, wer sind Sie! Es gibt hier überall viele Spione und Agitatoren," rief der Mann im Zelt mit hysterischer Stimme, indem er seine Augen auf mich heftete. Ein Augenblick genügte mir, um seine Erscheinung und Psychologie zu erkennen. Ein kleiner Kopf auf breiten Schultern; blondes, unordentliches Haar; ein rötlicher, struppiger Schnurrbart und ein hageres, erschöpftes Gesicht, ähnlich den Gesichtern auf alten byzantinischen Ikonen. Doch trat alles hinter der großen, vorragenden Stirn zurück, die über stählernen Augen stand. Diese Augen waren auf mich gerichtet wie die Augen eines wilden Tieres im Käfig. Meine Beobachtungen dauerten nur eine Sekunde. Doch verstand ich sofort, daß ich vor mir einen sehr gefährlichen Mann hatte, der jederzeit imstande wäre, Unwiderrufbares zu begehen. Obgleich ich mich sicherlich in großer Gefahr befand, fühlte ich mich schwer beleidigt.

„Setzen Sie sich!" fuhr er mich mit zischender Stimme an, indem er auf einen Stuhl wies und ungeduldig an seinem Schnurrbart zerrte. Ich fühlte, wie der Zorn in mir aufstieg, und entgegnete ihm, ohne Platz zu nehmen: „Sie haben sich erlaubt, mich zu beleidigen, Baron. Mein Name ist so bekannt, daß Sie sich solchen Kränkungen nicht hingeben durften. Sie können mit mir machen, was Sie wollen; denn die Macht ist auf Ihrer Seite. Aber Sie können mich nicht zwingen, mit jemand zu reden, der mich beleidigt hat."

Als ich das sagte, schwang Baron Ungern seine Beine vom Bett herab und musterte mich mit offensichtlichem Erstaunen, indem er seinen Atem anhielt und immer noch an seinem Schnurrbart zerrte. Ich bewahrte äußerlich meine Ruhe und blickte gleichgültig in der Jurte umher. Da bemerkte ich erst, daß auch General Rezukhin zugegen war. Ich grüßte diesen durch eine Verbeugung und empfing seine Erwiderung auf meinen Gruß. Danach richtete ich meine Blicke wieder auf den Baron, der mit gesenktem Kopf und geschlossenen Augen dasaß, sich von Zeit zu Zeit die Augenbrauen rieb und vor sich hinmurmelte.

Plötzlich stand der Baron auf und sagte, dabei an mir vorbeisehend: Gehen Sie hinaus! Ich brauche das nicht mehr..." Ich drehte mich um und sah erst jetzt Hauptmann Veseloffsky mit seinem weißen, kalten Gesicht. Ich hatte ihn nicht eintreten hören. Er machte Kehrt und ging durch die Tür hinaus.

„Tod in der Gestalt eines weißen Mannes" hatte hinter mir gestanden, dachte ich. Aber ist er bereits völlig von mir gewichen?

Der Baron stand eine Zeitlang nachdenklich da. Dann begann er in sprunghaften, unabgeschlossenen Sätzen zu reden: „Ich bitte Sie um Entschuldigung ... Sie müssen verstehen, es gibt so viele Verräter! Die ehrlichen Menschen sind verschwunden. Ich kann niemandem trauen. Alle Namen sind entweder falsch oder angenommen, Dokumente werden gefälscht. Augen und Worte täuschen. Alles ist demoralisiert und vom Bolschewismus verseucht. Soeben gab ich Befehl, Oberst Philipoff niederzusäbeln, der sich einen Vertreter der Russischen

Weißen Organisation nannte. Im Futter seiner Kleider sind zwei bolschewistische Geheimcodes gefunden worden ... Als mein Offizier über ihm das Schwert schwang, rief er noch: „Warum töten Sie mich, Tavarische?" Ich kann niemandem trauen..."

Dann schwieg er. Auch ich schwieg.

„Ich bitte Sie um Entschuldigung," begann er von neuem. „Ich habe Sie beleidigt, aber ich bin nicht nur ein Mensch, sondern auch der Führer großer Streitkräfte und habe in meinem Kopf so mancherlei Sorgen und Kummer!"

Seine Stimme drückte zugleich Verzweiflung und Aufrichtigkeit aus. Freimütig streckte er mir seine Hand entgegen. Wiederum Schweigen. Schließlich antwortete ich: „Was befehlen Sie mir jetzt zu tun? Denn ich habe weder gefälschte noch wirkliche Dokumente. Doch viele Ihrer Offiziere kennen mich, und in Urga gibt es so manche, die bezeugen können, daß ich nicht fähig bin. weder ein Agitator noch..."

„Unnötig, unnötig," unterbrach mich der Baron „Alles ist klar! Ich bin in Ihre Seele eingedrungen und kenne alles. Was Hutuktu Narabantchi über Sie geschrieben hat, war die Wahrheit. Was kann ich für Sie tun?"

Ich setzte ihm auseinander, wie mein Freund und ich aus Sowjetrußland entkommen waren, um in die Heimat zu gelangen, und wie eine Gruppe polnischer Soldaten in der Hoffnung, Polen wieder erreichen zu können, sich uns angeschlossen hatte. Ich bat ihn, mir Hilfe zu gewähren, damit ich den nächsten Hafen erreichen könnte.

„Mit Vergnügen, mit Vergnügen ... Ich werde Ihnen in jeder Beziehung helfen," antwortete er erregt. „Ich werde Sie in meinem Automobil nach Urga fahren. Wir werden morgen aufbrechen und in Urga werden wir dann das Weitere bereden."

Ich verabschiedete mich und verließ die Jurte. Als ich in meinem Quartier ankam, fand ich Oberst Kazagrandi in großer Sorge vor.

„Gott sei Dank!" rief er aus, indem er sich bekreuzigte.

Seine Freude war sehr rührend; aber ich sagte mir doch, daß der Oberst hätte viel mehr für die Rettung seines Gastes tun können, wenn er es gewollt hätte.

Die Aufregung dieses Tages hatte mich ermüdet und ließ mich um Jahre gealtert fühlen. Als ich in den Spiegel blickte, glaubte ich, grauer geworden zu sein. In der Nacht konnte ich keinen Schlaf finden. Immer wieder mußte ich an das junge, hübsche Gesicht des Oberst

Philipoff, die Blutlache, die kalten Augen des Hauptmanns Veseloffsky und den Klang der Stimme Baron Ungerns mit ihren Tönen der Verzweiflung und des Kummers denken. Schließlich sank ich in einen tiefen Schlummer.

Aus ihm wurde ich durch Baron Ungern geweckt. Er war gekommen, um sich zu entschuldigen, weil er mich nicht in seinem Automobil mitnehmen könnte, da er gezwungen sei, Daitschin Van mitzunehmen. Aber er ließ mich wissen, daß er befohlen habe, mir sein weißes Kamel als Reittier und zwei Kosaken an Bedienung zur Verfügung zu stellen. Ich hatte keine Zeit, ihm zu danken, so schnell stürzte er nach dieser Mitteilung aus dem Zimmer.

Der Schlaf war jetzt völlig von mir gewichen. Ich zog mich an und rauchte eine Pfeife nach der anderen. Dabei dachte ich: „Wie viel leichter ist es doch, die Bolschewiki auf den Sümpfen des Seybi zu bekämpfen und die Schneegipfel von Ulan Taiga zu überqueren, wo die bösen Dämonen alle Reisenden erschlagen! Dort war alles einfach und verständlich. Hier aber ist alles ein toller Alpdruck, ein dunkler, abstoßender Wirbel!" — Ich fühlte, daß irgendeine Tragödie, etwas Entsetzliches in jeder Bewegung Baron Ungerns lag, hinter dem dieser stille, weißgesichtige Veseloffsky und der Tod schritten.

34. Kapitel.
Der Schrecken des Krieges

Bei Morgendämmerung brachte man mir am nächsten Tage das prächtige weiße Kamel Baron Ungerns. Wir traten die Reise an. Meine Gesellschaft bestand aus zwei Kosaken, zwei mongolischen Soldaten und einem Lama. Ich hatte zwei Packkamele, die das Zelt und die Lebensmittelvorräte trugen.

Ich befürchtete noch, daß der Baron vielleicht vorhätte, mich auf dieser Reise umbringen zu lassen, um sich meiner nicht vor den Augen meiner Freunde in Van Kure entledigen zu müssen. Eine Kugel im Rücken, und es wäre geschehen. Infolgedessen hielt ich mich bereit, jederzeit meinen Revolver zu ziehen und mich zu verteidigen. Ich achtete darauf, daß sich die Kosaken immer vor mir oder neben mir befanden.

Gegen Mittag hörten wir aus der Entfernung das Horn eines Automobils und sahen bald Baron Ungern in voller Geschwindigkeit heranrasen. In seiner Begleitung waren zwei Adjutanten und Prinz Daitschin Van. Der Baron grüßte mich sehr liebenswürdig und rief: „Werde Sie in Urga wiedersehen!"

„Ah!" dachte ich. „Offenbar soll ich Urga erreichen. So brauche ich mir auf der Reise keine Sorge zu machen und in Urga werde ich viele Freunde haben."

Nach der Begegnung mit dem Baron wurden die beiden Kosaken sehr aufmerksam zu mir und trachteten danach, mich durch Erzählungen zu zerstreuen. Sie erzählten mir von ihren schweren Kämpfen gegen die Bolschewiki in Transbaikalien und in der Mongolei und von der Schlacht mit den Chinesen in der Nähe von Urga; sie beschrieben, wie man kommunistische Pässe bei verschiedenen chinesischen Soldaten gefunden habe; sie rühmten, wie groß die Tapferkeit Baron Ungerns sei und wie er rauchend und teetrinkend mitten in der Schlachtlinie am Lagerfeuer zu sitzen pflege, ohne daß er auch nur von einer einzigen Kugel verletzt werde; als Beispiel erwähnten sie, daß in einer Schlacht vierundsiebzig Kugeln in seinen Mantel, seinen Sattel und die Satteltaschen eingedrungen seien, ohne daß er eine Verletzung davongetragen habe, und sie meinten, das sei einer der Gründe seines großen Einflusses über die Mongolen; sie erzählten

Die Felsenspitze des heiligen Berges Bogdo-Ol bei Urga.
Skizze des Verfassers.

ferner, wie Baron Ungern vor der Schlacht von Urga einen Patrouillenritt gemacht und auf seinem Rückweg einen chinesischen Offizier und zwei Soldaten mit seinem Bambusstock. (Tashur) getötet habe; sie stellten anerkennend fest, daß der General keine andere Ausrüstung besitze als eine zweite Wäschegarnitur und ein zweites Paar Stiefel; und sie sprachen sich über sein Wesen dahin aus, daß er in der Schlacht immer ruhig und jovial, in den seltenen Tagen des Friedens aber streng und verdrießlich sei.

Ich erzählte den Kosaken meinerseits von meiner Flucht aus Sibirien. Indem wir so miteinander plauderten, verstrich der Tag sehr schnell. Unsere Kamele trabten die ganze Zeit, so daß wir anstatt der üblichen achtzehn bis zwanzig Meilen am Tag fast fünfzig Meilen zurücklegten. Mein Tier war schneller als alle anderen Tiere. Es war ein ungeheuer großes weißes Kamel mit einer prächtigen, dicken Mähne, das Geschenk eines Fürsten der inneren Mongolei an Baron Ungern.

Jenseits des Orkhonflusses stießen wir auf die erste Leiche eines chinesischen Soldaten. Sie lag mit dem Gesicht nach oben und mit ausgestreckten Armen mitten auf dem Wege da. Nachdem wir die Burgutberge überschritten hatten, traten wir in das Tal des Tola-Flusses ein, an dem weiter oberhalb Urga liegt. Die Straße war jetzt mit Mänteln, Hemden, Stiefeln, Mützen und Kesseln besät, die hier von den Chinesen auf ihrer Flucht niedergeworfen worden waren, und durch viele Leichen bezeichnet. Danach durchquerte sie einen Morast, an dessen beiden Seiten große Berge von Leichen von Menschen, Pferden und Kamelen, zerbrochenen Karren und die Trümmer militärischer Gegenstände jeder Art lagen. Hier hatten die Tibetaner Baron Ungerns den chinesischen Vorratstrain auf dessen Flucht abgeschnitten.

Es war ein sonderbarer, erschütternder Kontrast, die Leichenhaufen neben dem sprießenden, erwachenden Leben des Frühlings zu sehen. In jeder Pfütze schwammen wilde Enten verschiedener Arten. In dem hohen Gras vollführten Kraniche ihren eigenartigen Liebestanz. Auf den Seen trieben große Scharen von Schwänen und Gänsen. Die Sümpfe waren von stets paarweise auftretenden Surpanen oder „Lamagänsen" belebt, jenen den Mongolen geheiligten Vögeln, die mit ihrem glänzenden Farbenkleid wie huschende Lichtflecke wirken. Auf den höheren, trockeneren Stellen hüpften wilde Truthähne herum und kämpften miteinander, während sie ihr Futter suchten. Scharen von Salgarebhühnern flogen vorbei. Und an dem Berghange lagen, nicht weit von diesen sich der Rückkehr des Frühjahrs erfreuenden Tieren entfernt, bellende und sich in den Sonnenstrahlen rekelnde Wölfe, die spielenden Hunden glichen.

Die Natur kennt nur das Leben. Der Tod ist für sie eine Episode, deren Spuren sie mit Sand, Schnee und dem Schmuck eines üppigen Grüns und glänzend farbiger Büsche und Blumen auswischt. Was bekümmert sich die Natur darum, wenn eine Mutter in Tschifu oder an den Ufern des Jangtse einen Napf mit Reis darbringt und Weihrauch vor einem Opferschrein verbrennt, um für die Rückkehr ihres Sohnes zu beten, der für alle Zeiten unbekannt auf der Steppe an dem Tolafluß gefallen ist, wo seine Gebeine unter den Strahlen des verschwenderischen Feuers der Natur trocknen und von den Winden auf dem Steppensand verstreut werden? Die Gleichgültigkeit der Natur gegenüber dem Tode und ihre Gier nach Leben ist großartig!

Am vierten Tage erreichten wir nach Einbruch der Nacht das Ufer des Tolaflusses. Wir konnten nicht die gewöhnliche Furt finden. So zwang ich mein Kamel in den Strom hineinzutreten, um auf gut Glück hinüberzukommen. Glücklicherweise fand ich eine flache, obgleich ein wenig schlammige Stelle. So kamen wir heil hinüber. Dafür mußte ich dankbar sein; denn wenn ein Kamel das Wasser zu tief findet und ihm das nasse Element bis zum Hals reicht, dann schwimmt es nicht wie ein Pferd, sondern legt sich gewöhnlich auf die Seite, um sich von der Strömung treiben zu lassen, was für seinen Reiter sehr unbequem ist.

Am Ufer des Flusses richteten wir unser Zelt auf.

Nach weiteren fünfzehn Meilen durchquerten wir am folgenden Tage ein Schlachtfeld, auf dem die dritte große Schlacht für die Unabhängigkeit der Mongolei stattgefunden hatte. Hier war die Truppe Baron Ungerns mit sechstausend Chinesen zusammengestoßen, die von Kiachta herbeigeeilt waren, um ihren Landsleuten in Urga Hilfe zu bringen. Die Chinesen waren vollständig geschlagen und viertausend Mann von ihnen zu Gefangenen gemacht worden, aber diejenigen, die sich ergeben hatten, hatten danach in der Nacht versucht zu entkommen. Darauf waren von Baron Ungern die transbaikalischen Kosaken und seine Tibetaner zu ihrer Verfolgung entsandt worden, deren Arbeitsergebnis wir nun auf diesem Felde des Todes erblickten.

Es lagen ungefähr noch fünfzehnhundert unbeerdigte Leichen umher. Eine noch größere Zahl war, so erklärten meine Kosaken, die an der Schlacht teilgenommen hatten, bereits vergraben worden. Die Getöteten zeigten schreckliche Säbelwunden. Ueberall lagen Ausrüstungsstücke verstreut durcheinander. Die Mongolen hatten diese Gegend des Schreckens verlassen. An ihre Stelle waren die Wölfe getreten, die hinter jedem Stein und in jeder Grube lagen. Hundemeuten, wild gewordene Bestien, kämpften mit den Wölfen um die Beute.

Endlich lag die Stätte des dem verfluchten Kriegsgott dargebrachten Massenopfers hinter uns. Bald kamen wir in die Nähe eines flachen, reißenden Stromes. An diesem ließen sich die Mongolen von ihren Kamelen gleiten. Sie nahmen ihre Kappen ab und tranken aus ihnen das Stromwasser. Es war der heilige Strom, der an dem Wohnsitz des Lebenden Buddha vorbeifließt.

Aus dem gewundenen Tal traten wir plötzlich in eine andere Einsenkung, wo ein großer mit dunklem, dichtem Lärchenwald bedeckter Berg vor uns auftauchte.

„Heiliger Bogdo-Ol!" rief der Lama aus. „Der Sitz der Götter, die unseren Lebenden Buddha beschützen!"

Bogdo-Ol ist der ungeheure Knoten, der drei Bergketten miteinander verknüpft... Gegyl im Südwesten, Gangyn im Süden und Huntu im Norden. Der mit einem jungfräulichen Walde bedeckte Berg ist das Eigentum des Lebenden Buddha. Der Wald ist von allen Sorten von Tieren bewohnt, die in der Mongolei gefunden werden. Aber die Jagd ist hier nicht gestattet. Ein Mongole, der gegen dies Gesetz verstößt, wird zum Tode verurteilt, während für Ausländer Deportation die Strafe ist. Selbst die bloße Durchquerung des Bogdo-Ol ist bei Todesstrafe verboten. Dieses Gebot wurde nur von einem Manne überschritten, von Baron Ungern, der den Berg mit fünfzig Kosaken überquerte, zu dem Palast des Lebenden Buddha, in dem der Oberpriester von Urga von den Chinesen in Gefangenschaft gehalten wurde, vordrang und den Lebenden Buddha stahl.

35. Kapitel.
In der Stadt der lebenden Götter, der dreißigtausend Buddhas und sechzigtausend Mönche.

Also lag nun endlich der Sitz des Lebenden Buddha vor mir. Am Fuße des Bogdo-Ol erhebt sich ein weißes tibetanisches Gebäude, das mit grünblauen in der Sonne glitzernden Ziegeln bedeckt ist. Inmitten von Baumgruppen liegt es neben den phantastischen Dächern von Opferschreinen und kleinen Palästen prächtig da. An der dem Berg abgekehrten Seite ist es durch eine lange, über den Tolafluß führende Brücke mit der Stadt der Mönche verbunden, die im ganzen Osten als Ta Kure geheiligt ist. Hier wohnen ganze Scharen zweitrangiger Wundertäter, Propheten, Zauberer und heilkundiger Aerzte. Alle diese Leute haben göttlichen Ursprung und werden als lebende Götter verehrt. Zur Linken liegt auf einer flachen Erhöhung ein altes Kloster mit einem ungeheuer hohen dunkelroten Turm. Dieses Kloster ist bekannt als „Tempel Lamas Stadt". Es enthält eine riesenhafte vergoldete Bronzestatue Buddhas, die auf einer vergoldeten Lotosblume sitzt. Viele kleinere Tempel, Opferschreine, Obo, offene Altäre, Türme für astrologische Zwecke und der graue, aus einstöckigen Häusern und Jurten bestehende Stadtteil der Lamas, in dem ungefähr sechzigtausend Mönche jeden Alters und aller Rangstufen wohnen. Schulen, heilige Archivgebäude und Bibliotheken, die Häuser der Bandi und die Gasthöfe für die geehrten Gäste aus China, Tibet und den Ländern der Burjetten und Kalmücken bilden die eigentliche Mongolenstadt.

Unterhalb des Klosters liegt die ausländische Niederlassung, wo die russischen, die ausländischen und die reichsten chinesischen Kaufleute wohnen und der farbenreiche orientalische Bazar sein pulsierendes Leben zeigt. Ein Kilometer unterhalb schließt die Umwallung von Maimaitscheng die übrigen chinesischen Handelsniederlassungen ein, und noch weiter das Tal abwärts sieht man eine lange Reihe russischer Privathäuser, ein Hospital, eine Kirche und endlich auch das ungeschickt gebaute, vierstöckige rote Ziegelhaus, das früher das russische Konsulat gewesen ist.

Wir befanden uns bereits in der Nähe des Klosters, als ich mehrere mongolische Soldaten an der Eingangsstelle einer in der Nähe gelegenen Schlucht bemerkte. Sie zerrten drei Leichen in die Schlucht hinein.

„Was tun diese Leute?" fragte ich.

Die Kosaken lächelten nur, ohne zu antworten. Plötzlich richteten sie sich zu strammem Gruße auf.

Aus der Schlucht kam ein kleiner mongolischer Pony heraus, auf dem ein untersetzter Mann saß. Als er an uns vorbeiritt, erkannte ich auf seinen Achselstücken die Rangzeichen eines Oberst. Er musterte mich mit kalten, farblosen Augen, die unter dichten Brauen lagen. Im Vorbeireiten nahm er seine Mütze vom Kopf und wischte den Schweiß von dem kahlen Schädel. Mir fielen die sonderbar gewellten Linien der Schädelform auf. Es war der Mann „mit dem Kopf wie ein Sattel", vor dem ich von dem alten Wahrsager auf dem letzten Ourton vor Van Kure gewarnt worden war!

„Wer ist dieser Offizier?" fragte ich.

Obgleich er sich schon in einiger Entfernung befand, wagten die Kosaken nur zu flüstern: „Oberst Sepailoff, der Kommandant von Urga."

Oberst Sepailoff, die dunkelste Erscheinung in der Flucht der mongolischen Ereignisse! Ehemals ein Techniker, nachher ein Gendarm, war er unter dem Regime des Zaren schnell befördert worden. Der Mann war als völlig anormale Erscheinung bekannt. Sein Körper befand sich stets in nervösen Windungen und Schwingungen. Wenn sein Redestrom floß, stieß er dabei recht wenig anziehende Laute aus seiner Kehle hervor, während Speichel und Schaum auf seine Lippen traten. Sein Gesicht war immer von Zuckungen verzerrt. Sepailoff war wahnsinnig. Baron Ungern hatte zweimal eine Aerztekommission ernannt, um ihn untersuchen zu lassen, und ihm befohlen, sich der Ruhe hinzugeben. Er hatte gehofft, ihn, seinen bösen Genius, auf diese Weise loswerden zu können. Doch es war vergeblich. Zweifellos war Sepailoff ein Sadist. Später hörte ich, daß er die Hinrichtungen der Verurteilten selber vornahm, und daß er bei dieser Arbeit zu lachen und zu singen pflegte. Furchtbare Geschichten waren über ihn in Urga im Umlauf. Er war ein Bluthund, der sich an seine Opfer mit den Klauen des Todes heftete. Der Ruhm der Grausamkeit Baron Ungerns gebührt ihm. Baron Ungern erzählte mir einmal, daß Sepailoff ihm im Wege sei und auch ihn jederzeit umbringen könne. Der Baron hatte Furcht vor Sepailoff, nicht vor ihm als Menschen, sondern infolge eines Aberglaubens; denn der wahnsinnige Oberst hatte in Transbaikalien einen Zauberdoktor gefunden, der vorausgesagt hatte, der Baron würde den Tod finden, wenn er Sepailoff aus seinen Diensten entließe. Sepailoff kannte für Bolschewiki oder für Personen, die irgendwie mit den Bolschewiki verbunden waren, keinen Pardon. Der Grund seiner Rachsucht war, daß die Bolschewiki ihn im Gefängnis gefoltert und nach seinem Entkommen seine ganze Familie getötet hatten.

Ich nahm in einer russischen Firma Quartier, wo mir meine Gefährten von Uliassutai sofort einen Besuch abstatteten. Sie begrüßten mich mit großer Freude; denn sie hatten sich wegen der Ereignisse in Van Kure und Zain Shabi meinetwegen in beträchtlicher Sorge befunden.

Nachdem ich gebadet und mich wieder ein wenig zum Menschen gemacht hatte, ging ich mit meinen Freunden auf die Straße. Wir betraten den Bazar. Auf dem ganzen Markt herrschte ein starkes Gedränge. Den Gruppen kaufender, verkaufender und Waren anpreisender Menschen gaben die glänzenden Bänder aus chinesischem Tuch, die Perlenketten, Ohrringe und Armbänder, die überall feilgeboten wurden, ein festliches Aussehen. Während hier Käufer lebende Schafe abfühlten, um festzustellen, ob sie fett oder mager seien, schnitt dort der Metzger große Fleischstücke aus aufgehängten Tierleibern. Wohin man blickte, sah man lachende und scherzende Steppensöhne. Mongolische Frauen mit ihren hohen Coiffuren und schweren Silberkappen, die wie umgekehrte Untertassen auf ihren Köpfen saßen, bewunderten die ausgelegten Seidenbänder und langen Korallenketten. Ein imposanter großer Mongole sah sich prüfend eine kleine Herde prächtiger Pferde an und feilschte mit dem mongolischen Zahachine, dem Eigentümer der Pferde. Ein knochiger, flinker, schwarzverbrannter Tibetaner, der nach Urga gekommen sein mochte, um den Lebenden Buddha anzubeten oder vielleicht um von dem anderen „Gott", in Lassa, eine Geheimbotschaft herbeizubringen, schwatzte und schacherte, um die Abbildung eines Lotos-Buddhas, der in Achat geschnitten war, zu erlangen. An einer anderen Stelle stand eine Menge von Mongolen und Burjetten um einen chinesischen Kaufmann herum, der schön bemalte Schnupftabakfläschchen aus Glas, Kristall, Porzellan, Amethyst, Jade, Achat und Nephrit zum Kaufe anbot und für einen dieser Gegenstände, der aus grünlich-milchigem Nephrit mit braunen Adern geschnitten war, von den mongolischen Kauflustigen zehn junge Ochsen forderte. Und überall waren Burjetten mit ihren langen, roten Röcken und ihren roten, goldgestickten Kappen zu sehen und, im farbigen Gegensatz zu ihnen, Tataren in schwarzen Mänteln, die schwarze Samtkappen auf den Rückseiten ihrer Köpfe trugen. Das Durcheinander ergab ein wirklich orientalisches Bild.

Die Lamas gaben für dieses Bild den Hintergrund. Sie wanderten umher in gelben und roten Roben mit Kappen, die malerisch über ihre Schultern geworfen waren, Kappen verschiedenartiger Formen, von denen einige gelben Pilzen, andere roten phrygischen Mützen oder alten rotfarbigen griechischen Helmen glichen. Sie mischten sich unter die Menge, schwatzten feierlich, zupften an ihren Rosenkränzen und sagten die Zukunft denjenigen voraus, die sie hören wollten, sich dabei hauptsächlich die reichen Mongolen aussuchend. Auch mancherlei politische und religiöse Spionage wurde hier auf dem Markte betrieben. Die vielen Mongolen, die in dieser Zeit aus den verschiedenen Teilen der Mongolei nach Urga kamen, waren beständig von einem unsichtbaren Netz beobachtender Lamas umgeben.

Ueber den Gebäuden wehten die russische, die chinesische und die mongolische Flagge. Nur ein einziges Sternenbanner war über einem kleinen Laden am Markte zu sehen. Andererseits befanden sich auch die in der Nähe gelegenen Zelte und Jurten in reichem Flaggenschmuck. Da sah man Vierecke und Kreise, die den Wohnsitz von Prinzen oder Privatpersonen anzeigten, und auch dreieckige Flaggen, die kundtaten, daß hier Leute an Pocken und Aussatz litten und im Sterben lagen. Im Sonnenglanz machte dies alles einen überaus farbenprächtigen Eindruck. Hier und dort sah man auch Soldaten Baron Ungerns herumstolzieren, die Russen in langen blauen Rökken, die Mongolen und Tibetaner in roten Röcken mit gelben Achselstücken, auf denen die Swastika Dschingis Khans und die Initialen des Lebenden Buddha angebracht waren, und Chinesen des chinesischen Detachements der mongolischen Armee. Nach der Vernichtung des chinesischen Heeres hatten nämlich zweitausend chinesische Krieger bei dem Lebenden Buddha um das Vorrecht petitioniert, in seinen Legionen angeworben zu werden, und ihm Treue und Gehorsam geschworen. Ihr Wunsch war erfüllt worden. Sie bildeten nun zwei Regimenter, die die alten chinesischen Silberdrachen auf ihren Mützen und Schulterklappen trugen.

Als wir den Markt durchschritten, kam um eine Ecke ein großes Automobil gefahren. In ihm saß Baron Ungern, mit einem gelbseidenen mongolischen Rock und blauem Gürtel bekleidet. Sein Automobil fuhr in voller Fahrt. Dennoch erkannte er mich. Er ließ sogleich anhalten, stieg aus und forderte mich auf, ihn zu seiner Jurte zu begleiten.

Der Baron wohnte in einer kleinen, einfach eingerichteten Jurte, die in dem Hof eines chinesischen Hongs aufgestellt war. Sein Hauptquartier lag in zwei in der Nähe befindlichen Jurten, während seine Bedienung in einem chinesischen Fang-tzu untergebracht war. Als ich ihn an sein Versprechen, mir auf der Weiterreise nach einem Seehafen behilflich zu sein, erinnerte, blickte mich der General mit seinen hellen Augen an und sagte in französischer Sprache: „Meine hiesige Arbeit nähert sich ihrem Ende. In neun Tagen werde ich den Krieg gegen die Bolschewiki beginnen und in Transbaikalien einmarschieren. Ich bitte Sie, so lange noch hier zu bleiben. Viele Jahre habe ich ohne zivilisierten Umgang leben müssen. Ich bin stets mit meinen Gedanken allein. Was ich denke, würde ich Ihnen gerne mitteilen. Ich würde gern mit Ihnen eine Unterhaltung haben, bei der Sie mit mir nicht als dem „blutigen tollen Baron", wie meine Feinde mich nennen, noch dem „strengen Großvater", so nennen mich meine Offiziere und Soldaten, sondern einem gewöhnlichen Menschen sprechen, der viel gesucht und noch mehr gelitten hat."

Der Baron dachte einige Minuten lang nach. Dann fuhr er fort: „Ich habe mir Ihre Weiterreise überlegt und werde alles für Sie vorbereiten. Doch ich bitte Sie, diese neun Tage noch hier zu bleiben."

Was konnte ich tun? Der Baron schüttelte mir dankbar die Hand und ließ Tee herbeibringen.

36 Kapitel.
Ein Sohn der Kreuzfahrer und Seeräuber.

"Erzählen Sie mir von Ihnen und Ihrer Reise," drang er in mich. Ich berichtete alles, was ihn nach meiner Meinung interessieren konnte. Meine Erzählung schien ihn ordentlich aufzuregen.

"Jetzt werde ich Ihnen von mir berichten und Ihnen sagen, wer und was ich bin! Mein Name ist von so viel Haß und Furcht umgeben, daß niemand wissen kann, was wahr und was falsch, was Geschichte und was Legende ist. Sie werden vielleicht einmal darüber schreiben, wenn Sie eine Aufzeichnung von Ihrer Reise durch die Mongolei und Ihrem Aufenthalt in der Jurte des „blutigen Generals" machen."

Baron Ungern schloß seine Augen und rauchte, während er beim Sprechen seine Sätze hervorstieß, ohne sie zu beendigen, als wenn ihn jemand daran hinderte, sie richtig aufzubauen.

"Die Familie der Ungern v. Sternberg ist eine alte Familie, eine Mischung von Deutschen mit Ungarn und Hunnen aus der Zeit Attilas. Meine kriegerischen Vorfahren haben an allen europäischen Kämpfen teilgenommen. Sie waren bei den Kreuzzügen dabei. Ein Ungern wurde unter Richard Löwenherz kämpfend am Fuße der Mauern von Jerusalem getötet. Selbst in dem tragischen Kinderkreuzzug kam ein Ungern um, Ralph Ungern, ein elfjähriger Knabe. Als die kühnsten Krieger des Landes im zwölften Jahrhundert an die Ostgrenze des deutschen Kaiserreiches gegen die Slawen entsandt wurden, befand sich unter diesen mein Vorfahr Arthur Baron Halsa Ungern-Sternberg. Dort an der Grenze bildeten die Ritter den Deutschritterorden, der die christliche Lehre unter den Litauern, Esten, Letten und Slawen mit Feuer und Schwert ausbreitete. Als der deutsche Orden in der Schlacht bei Grünwald von polnischen und litauischen Truppen vernichtet wurde, wurden daselbst zwei Barone von Ungern-Sternberg getötet. Meine Familie ist immer kriegerisch und dem Mystizismus und Asketentum hingegeben gewesen.

Im 16. und 17. Jahrhundert besaßen mehrere Barone von Ungern Burgen in Lettland und Estland. Mancherlei Legenden und Erzählungen sind an ihre Persönlichkeiten geknüpft. Heinrich Ungern v. Sternberg, die „Axt" genannt, war ein wandernder Ritter. Auf den Turnieren in Frankreich, England, Spanien und Italien waren sein Name und sein Speer so bekannt, daß seine Gegner ihn fürchteten. Er fiel bei Cadiz in Spanien unter dem Schwert eines Ritters, der ihm Helm und Schädel spaltete. Baron Ralph Ungern war ein Raubritter, der zwischen Riga und Reval sein Wesen trieb. Baron Peter Ungern besaß eine Burg auf der Insel Dagö in der Ostsee, wo er als Raubritter den Seehandel jener Zeit beherrschte.

Zu Beginn des 18. Jahrhunderts lebte der bekannte Baron Wilhelm Ungern, der ein Alchimist war und der „Bruder Satans" genannt wurde. Mein Großvater war ein Seeräuber im Indischen Ozean, der den englischen Kaufleuten Tribut abverlangte, ohne daß ihn die britischen Kriegsschiffe mehrere Jahre hindurch fangen konnten. Schließlich wurde er jedoch gefangen genommen, dem russischen Konsul ausgeliefert und von diesem nach Rußland geschickt, wo er zur Verbannung nach Transbaikalien verurteilt wurde. Ich bin auch ein Marineoffizier, doch zwang mich der russisch-japanische Krieg, meinen eigentlichen Beruf aufzugeben und in die Truppe der Zabaikal-Kosaken einzutreten. Ich habe mein ganzes Leben dem Krieg und dem Studium des Buddhismus gewidmet. Mein Großvater hatte uns den Buddhismus aus Indien mitgebracht. Mein Vater und ich bekannten uns infolgedessen zu dieser Lehre. In Transbaikalien habe ich versucht, zum rücksichtslosen Kampf gegen die Niedrigkeit der Revolution den Orden der Militärischen Buddhisten zu bilden."

Als der Baron bis hierher gekommen war, schwieg er und trank nervös eine Tasse Tee nach der andern. Sein Tee war so stark und schwarz wie Kaffee.

„Die Niedrigkeit der Revolution! ... Hat irgend jemand jemals daran gedacht außer dem französischen Philosophen Bergson und dem hochgelehrten Tashi Lama in Tibet?"

Der Sohn des Seeräubers fuhr in seiner Erzählung fort, indem er dabei wissenschaftliche Theorien, Werke, die Namen von Männern der Wissenschaft und Schriftstellern, die heilige Schrift und buddhistische Bücher zitierte und französisch, deutsch, russisch und englisch durcheinander sprach.

„In den buddhistischen und den alten christlichen Büchern lesen wir über die Zeit, in der der Krieg zwischen den guten und bösen Geistern ausbrechen wird. Dann muß der unbekannte „Fluch" kommen, der die Welt erobern, die Kultur austilgen, die Moral töten und jedermann vernichten wird. Seine Waffe ist die Revolution. Während jeder

Roman Nicholas Max Feodorovitch,
Baron von Ungern-Sternberg

Revolution wird an die Stelle des durch Erfahrung gereiften Intellekt-Schöpfers die rohe Gewalt des Zerstörers treten. Dieser wird die niedrigsten Instinkte und Wünsche in den Vordergrund bringen. Die Menschheit wird sich noch mehr von der Göttlichkeit und Geistigkeit entfernen. Der Große Krieg hat bewiesen, daß sich die Menschheit zu höheren Idealen erheben muß. Dann aber erschien dieser „Fluch", der von Christus, dem Apostel Johannes, Buddha, den ersten christlichen Märtyrern, Dante, Leonardo da Vinci, Goethe und Dostojewsky vorausgesehen worden ist. Er erschien, hielt den Fortschritt der Menschheit an und versperrte unsern Weg zur Göttlichkeit. Die Revolution ist eine ansteckende Krankheit. Als Europa mit Moskau Verträge schloß, täuschte es sich selber wie auch die anderen Teile der Welt. Der Große Geist stellte an die Schwelle unserer Leben Karma, der weder Zorn noch Gnade kennt. Er wird Abrechnung halten und diese wird auf Hunger, Zerstörung, den Untergang der Kultur, des Ruhmes, der Ehre und des Geistes, den Untergang der Staaten und den Untergang der Völker lauten. Ich sehe bereits diese Schrecken, die finstere, tolle Zerstörung der Menschheit."

Die Tür der Jurte sprang plötzlich auf. Ein Adjutant trat herein und stand stramm.

„Warum kommen Sie gewaltmäßig in ein Zimmer?" rief der General zornig aus.

„Exzellenz, die Vorposten an der Grenze haben eine bolschewistische Patrouille gefangen genommen und sie hierher gebracht."

Der Baron erhob sich. Seine Augen blitzten, sein Gesicht verfiel in Zuckungen.

„Bringen Sie sie hier vor meine Jurte!" befahl er.

Alles war vergessen; die inspirierte Rede, die eindringliche Stimme, alles wurde durch den rauhen Befehl des strengen Kommandeurs verdrängt. Der Baron setzte seine Mütze auf, ergriff den Bambustashur, den er immer mit sich trug, und stürzte aus der Jurte. Ich folgte ihm. Vor der Jurte standen sechs rote Soldaten, die von Kosaken umringt waren.

Der Baron stand still und starrte die Gefangenen einige Minuten lang an. In seinem Gesicht war ein heftiges Gedankenspiel zu erkennen. Dann wandte er sich von den Gefangenen ab, setzte sich auf die Türschwelle eines Chinesenhauses und war eine lange Zeit in Gedanken versunken. Plötzlich stand er auf, schritt zu den Gefangenen hin und berührte, mit großer Entschiedenheit in seinen Bewegungen, jeden von ihnen mit seinem Tashur auf der Schulter, indem er sagte: „Du nach links, Du nach rechts." Auf diese Weise teilte er die gefangen genommene Patrouille in zwei Gruppen: vier Mann standen rechts und zwei links.

„Durchsucht diese beiden! Sie müssen Kommissare sein!" befahl der Baron. Dann fragte er, sich zu den anderen vier wendend: „Seid Ihr von den Bolschewiki mobilisierte Bauern?"

„Ganz richtig, Ew. Exzellenz," riefen die erschreckten Soldaten aus.

„Geht zum Kommandanten und sagt ihm, daß ich befohlen habe, euch in meine Truppe einzureihen!"

Bei den beiden, die links standen, wurden Pässe gefunden, die zeigten, daß sie Kommissare des Kommunistischen Politischen Departements waren. Der General runzelte die Stirn und verkündete langsam: „Schlagt sie mit Knüppeln tot!"

Er wandte sich um und trat wieder in die Jurte ein. Doch wollte unsere Unterhaltung jetzt nicht mehr in Fluß kommen. So überließ ich den Baron sich selber.

Nach dem Abendessen in der russischen Firma, in der ich Quartier genommen hatte, kamen einige Offiziere Ungerns zu uns in das Haus. Wir führten eine lebhafte Unterhaltung, als wir plötzlich das Horn eines Automobils hörten. Die Offiziere verfielen darauf sofort in Schweigen.

„Der General fährt irgendwo in der Nähe vorüber," bemerkte einer von ihnen mit sonderbar veränderter Stimme.

Die unterbrochene Unterhaltung kam bald wieder in Gang. Doch nicht für lange Zeit. Der Kommis der Firma rannte in das Zimmer und rief aus: „Der Baron!" Der Baron trat ein und stand an der Schwelle still. Die Lampen waren noch nicht angezündet worden, obgleich es innerhalb des Raumes bereits dunkel zu werden begann. Dennoch erkannte der Baron sofort einen jeden von uns. Er näherte sich der Frau des Hauses, küßte ihr die Hand, begrüßte jeden von uns herzlich und setzte sich am Tisch nieder, indem er die ihm angebotene Tasse Tee entgegennahm. Bald begann er zu sprechen.

„Ich möchte Ihnen Ihren Gast stehlen," sagte er zu der Dame des Hauses. Dann fragte er mich: „Wollen Sie mit mir eine Ausfahrt im Automobil machen? Ich werde Ihnen die Stadt und die Umgebung zeigen."

Als ich meinen Mantel anzog, steckte ich, meiner Gewohnheit folgend, den Revolver ein, worauf der Baron lachte.

„Lassen Sie das Ding zurück! Sie befinden sich hier in Sicherheit. Außerdem müssen Sie an die Prophezeiung des Narabantschi Hutuktu denken, daß das Glück immer mit Ihnen sein wird."

„Schön," erwiderte ich, indem ich gleichfalls lachte. „Ich erinnere mich sehr wohl dieser Prophezeiung. Nur weiß ich nicht, was der Hutuktu in meinem Falle unter Glück versteht. Es mag sein, daß er mit Glück den Tod meint."

Wir gingen hinaus. Am Tor stand der große Fiatwagen, mit weithin leuchtenden Laternen. Der als Chauffeur dienst tuende Offizier saß wie eine Statue am Steuerrad und blieb stramm sitzen, während wir einstiegen und uns niedersetzten.

„Nach der drahtlosen Station!" befahl der Baron.

Wir flogen geradezu. In der Stadt herrschte nach wie vor das orientalische Treiben. Aber das Bild, das sie bot, erschien jetzt noch merkwürdiger und wunderbarer. Ueberall waren unter der Menge flinke mongolische, burjettische und tibetanische Reiter zu sehen. Die Kamele der Karawanen erhoben feierlich ihre Köpfe, während wir vorbeirasten. Die hölzernen Räder der mongolischen Karren quietschten schmerzhaft. Alles lag im Lichte prächtiger großer Bogenlampen da, die ihren Strom von dem Elektrizitätswerk erhielten, das der Baron unmittelbar nach der Einnahme Urgas zugleich mit einer Telephonanlage und einer drahtlosen Station hatte einrichten lassen. Auf seinen Befehl waren auch die Straßen gereinigt und desinfiziert worden, was ihnen seit der Zeit Dschingis Khans sicherlich nicht begegnet war. Er hatte auch einen Auto-Omnibus-Verkehr zwischen verschiedenen Teilen der Stadt organisiert, Brücken über die Flüsse Tola und Orkhon gebaut, eine Zeitung ins Leben gerufen, ein Laboratorium für Tierärzte geschaffen, Krankenhäuser und Schulen eröffnet und Maßnahmen zum Schutze des Handels getroffen, indem er schonungslos russische und mongolische Soldaten hängen ließ, die bei der Plünderung chinesischer Firmen angetroffen wurden. So waren einmal zwei Kosaken und ein mongolischer Soldat von dem Kommandanten verhaftet worden, weil sie Branntwein in einem chinesischen Laden gestohlen hatten. Als die Sünder vor den Baron gebracht wurden, ließ er sie in sein Automobil werfen, das er sofort zu dem betreffenden Laden fuhr. Dort lieferte er den gestohlenen Branntwein wieder ab und befahl prompt dem mitarretierten Mongolen, einen seiner russischen Kameraden an dem großen Torbogen des Anwesens aufzuhängen. Als dies geschehen war, befahl er: „Jetzt hänge auch den andern auf!" Nachdem der Mongole auch das getan hatte, befahl er dem Kommandanten, nun den Mongolen zu hängen. Das war immerhin ein schnelles und gerechtes Verfahren. Doch kam der chinesische Besitzer in großer Not zu dem Baron gelaufen und bat: „General Baron! General Baron! Bitte lassen Sie diese Leute von meinem Torbogen wegnehmen. Denn sonst wird niemand in meinen Laden kommen!"

Nachdem das Handelsviertel an unsern Augen vorbeigeflogen war, kamen wir in die russische Niederlassung. Mehrere russische Soldaten und vier sauber aussehende mongolische Frauen standen hier an einer Brücke, über die wir hinwegfahren mußten. Die Soldaten rissen die Knochen zum Gruß zusammen, standen wie unbewegliche Statuen da und richteten ihre Augen auf das strenge Gesicht ihres Kommandanten. Die Frauen wollten erst fortlaufen. Dann aber wurden sie von der Disziplin angesteckt. Auch sie rissen ihre Hände zum Gruß an den Kopf und standen ebenso unbeweglich da wie ihre Courmacher des Nordens. Der Baron sah mich an und lachte.

„Sehen Sie diese Disziplin! Sogar die mongolischen Frauen grüßen mich."

Bald befanden wir uns auf der Steppe. Das Automobil schoß wie ein Pfeil dahin, während der Wind um unsere Ohren pfiff und an den Falten unsrer Mäntel und Mützen zerrte. Doch Baron Ungern war nicht zufrieden. Mit geschlossenen Augen dasitzend, rief er immer wieder: „Schneller! Schneller!" Lange Zeit schwiegen wir.

„Gestern ließ ich meinem Adjutanten Prügel geben, weil er in die Jurte hineinrannte und meine Erzählung unterbrach," sagte er.

„Sie mögen sie jetzt beendigen," erwiderte ich.

„Langweilt Sie meine Geschichte nicht? Es ist von ihr nicht mehr viel übrig geblieben. Ich sagte Ihnen gestern schon, daß ich die Absicht hatte, einen Orden militärischer Buddhisten in Rußland zu gründen. Wozu? Zum Schutz des Evolutionsprozesses der Menschheit und zum Kampf gegen die Revolution. Denn ich bin sicher, daß die Evolution zur Göttlichkeit und die Revolution zur Bestialität führt. Aber ich hatte in Rußland zu arbeiten! In Rußland, wo die Bauern roh, unmündig, wild und immer mißmutig sind, wo sie jedermann und jedes

Ding hassen, ohne zu wissen warum. Sie sind argwöhnisch und materialistisch und haben keine geheiligten Ideale. Die russischen Intellektuellen aber leben unter imaginären Idealen, die der Realität bar sind. Sie haben eine starke Befähigung, alles zu kritisieren, aber es fehlt ihnen an produktiver Kraft. Sie haben auch keinen Willen und können nichts als reden, reden, reden. Wie die Bauern vermögen sie nichts und niemanden gern zu haben. Ihre Liebe und ihr Gefühle sind imaginär. Ihre Gedanken und Stimmungen kommen und gehen wie flüchtige Worte, ohne eine Spur zu hinterlassen. So kam es, daß meine Gefährten bald begannen, gegen die Bestimmungen des Ordens zu verstoßen. Darauf wurde von mir das Zölibat eingeführt, die gänzliche Negation der Frau, der Bequemlichkeiten und des Ueberflüssigen, so wie es die Gelbe Lehre verlangt. Und um dem Russen zu ermöglichen, seine physische Natur zu überwinden, führte ich den unbegrenzten Genuß von Alkohol, Haschisch und Opium ein. Jetzt lasse ich meine Offiziere und Soldaten wegen Alkoholgenusses hängen. Damals aber haben wir bis zum „Weißen Fieber", dem Delirium tremens, getrunken. Den Orden konnte ich nicht organisieren. Aber ich sammelte dreihundert Männer um mich, die überaus kühn und wild waren. Im Kriege gegen Deutschland entwickelten sie sich als Helden wie auch später in den Kämpfen gegen die Bolschewiki. Jetzt sind nur noch wenige von ihnen übrig geblieben."

„Die drahtlose Station, Exzellenz!" meldete der Chauffeur.

„Fahren Sie dahin!" befahl der General.

Auf einem flachen Hügel stand die große, mächtige Radiostation, die von den Chinesen bei ihrem Rückzug zum Teil zerstört, doch von den Ingenieuren des Barons Ungern wieder hergestellt worden war. Der General durchflog die eingegangenen Telegramme und überreichte sie mir. Sie kamen von Moskau, Tschita, Wladiwostok und Peking. Auf einem besonderen gelben Blatt Papier standen die chiffrierten Meldungen. Diese ließ der Baron in seine Tasche gleiten, indem er zu mir sagte: „Diese Meldungen kommen von meinen Agenten, die in Tschita, Irkutsk, Charbin und Wladiwostok stationiert sind. Die Agenten sind alle Juden, sehr geschickte und kühne Leute, sie sind alle Freunde von mir. Ich habe auch einen jüdischen Offizier, Vulfovitch, der meinen rechten Flügel befehligt. Er ist wild wie der Teufel und dabei klug und tapfer ... Aber jetzt wieder zurück!"

Abermals sausten wir den Weg entlang und versenkten uns in der

Dunkelheit der Nacht. Es war eine wilde Fahrt. Der Wagen sprang über kleine Steine und Erdlöcher, ja sogar über kleine Bäche. Während wir über die Steppe rasten, bemerkte ich des öfteren zuckende kleine Lichter, die immer nur einen Augenblick lang zu sehen waren.

„Die Augen von Wölfen," erklärte mein Begleiter. „Wir haben sie mit unserem Fleisch und dem Fleisch unserer Feinde sattgefüttert." Dann kehrte er zu seinem Glaubensbekenntnis zurück.

„Während des Krieges erkannten wir die allmähliche Korrumpierung der russischen Armee und sahen Rußlands Verrat an den Alliierten wie auch die Gefahr der Revolution voraus. Um der letzteren vorzubeugen, wurde ein Plan ausgearbeitet, nach dem sich alle mongolischen Völker, die ihre alten Bekenntnisse und Sitten noch nicht vergessen haben, zu einem Asiatischen Staat zusammenschließen sollten. Dieser Staat sollte aus autonomen Stammeinheiten bestehen und unter die moralische und legislative Führung Chinas, des Landes der höchsten und ältesten Kultur, treten. Ihm sollten die Chinesen, die Mongolen, die Tibetaner, die Afghanen, die mongolischen Stämme von Turkestan, die Tataren, die Burjetten, die Kirgisen und die Kalmücken angehören. Er sollte physisch und moralisch stark sein und durch sorgfältige Betonung seines eigenen Geistes, seiner eigenen Philosophie und seiner eigenen individuellen Politik das Bollwerk gegen die Revolution bilden. Wenn die tolle und verderbte Menschheit fortfahren würde, den göttlichen Geist im menschlichen Geschlecht zu bedrohen, Blut zu vergießen und die moralische Entwicklung zu hindern, dann sollte der Asiatische Staat dieser Bewegung entschlossen ein Ende bereiten und einen dauernden, festen Frieden aufrichten. Unsere Propaganda machte während des Krieges unter den Turkmenen, Kirgisen, Burjetten und Mongolen prächtige Fortschritte... Anhalten!" rief plötzlich der Baron.

Das Automobil stand mit einem scharfen Ruck. Der General sprang hinaus und hieß mich ihm folgen. Wir schritten über die Steppe. Der Baron ging die ganze Zeit mit vorgebeugtem Kopfe, als wenn er etwas suchte.

„Ah!" murmelte er schließlich. „Er ist jetzt fort."

Ich blickte ihn erstaunt an.

„Ein reicher Mongole hatte früher hier seine Jurte. Er war ein Lieferant des russischen Kaufmanns Noskoff. Noskoff war ein wilder Mensch, wie der ihm von den Mongolen gegebene Name „Satan" besagte. Er ließ seine mongolischen Schuldner durch die chinesischen Behörden prügeln und ins Gefängnis werfen. So ruinierte er auch diesen Mongolen, der alles verlor und nach einem Ort entkam, der dreißig Meilen von hier entfernt liegt. Aber Noskoff fand ihn dort, nahm von allem Besitz, was dem Mongolen an Vieh und Herden übrig geblieben war, und überließ ihn und seine Familie dem Hungertode. Als ich Urga eroberte, erschien dieser Mongole mit dreißig anderen in gleicher Weise von Noskoff ruinierten Familien vor mir. Sie verlangten seinen Tod ... So erhängte ich „Satan" — — —"

Erneut raste das Automobil durch die Nacht, indem es auf der Steppe einen großen Bogen beschrieb, und erneut ließ Baron Ungern mit scharfer, nervöser Stimme seine Gedanken um ganz Asien wandern.

„Rußland wurde zum Verräter an Frankreich, England und Amerika. Es unterzeichnete den Vertrag von Brest-Litowsk und versank im Chaos. Da beschlossen wir, Asien gegen Deutschland mobil zu machen. Unsere Boten drangen nach der Mongolei, Tibet, Turkestan und China vor. Aber zu dieser Zeit begannen die Bolschewiki alle russischen Offiziere zu töten. So sahen wir uns gezwungen, in den Bürgerkrieg gegen sie zu treten und unsere panasiatischen Pläne aufzugeben. Doch hoffen wir, später ganz Asien noch aufrütteln und mit seiner Hilfe den Frieden und Gott zur Erde zurückbringen zu können. Ich möchte das Gefühl haben, daß ich dieser Idee durch die Befreiung der Mongolei geholfen habe."

Der Baron dachte einen Augenblick lang nach.

„Aber einige meiner Gefährten in der Bewegung lieben mich wegen meiner Greueltaten und meiner Strenge nicht," bemerkte er mit trauriger Stimme. „Sie können noch nicht verstehen, daß wir nicht eine politische Partei, sondern eine Sekte von Mördern der ganzen zeitgenössischen geistigen Kultur bekämpfen. Warum richten die Italiener die Mitglieder der „Schwarzen Hand" hin? Warum töten die Amerikaner anarchistische Bombenwerfer auf elektrischem Wege? Und mir soll nicht erlaubt sein, die Welt von denen zu befreien, die die Seele des Volkes töten möchten? Mir, einem Deutschen, dem Abkömmling von Kreuzfahrern und Raubrittern? Ich kenne für Mörder nur den Tod... Wenden!" befahl er dem Chauffeur.

Nach anderthalb Stunden erblickten wir die elektrischen Lichter von Urga.

37. Kapitel.
Unter Baron Ungerns Offizieren.

In der Nähe des Eingangs der Stadt stand ein Automobil vor einem kleinen Hause.

„Was bedeutet das?" rief der Baron. „Fahren Sie dahin!"

Unser Wagen hielt neben dem anderen Automobil. Die Haustür sprang auf. Mehrere Offiziere rannten heraus und versuchten sich zu verbergen.

„Stillgestanden!" kommandierte der General. „Wieder ins Haus hinein!"

Die Offiziere gehorchten. Er trat nach ihnen ein, indem er sich auf seinen Tashur stützte. Da die Tür offen blieb, konnte ich sehen und hören, was vor sich ging.

„Wehe Ihnen!" flüsterte der Chauffeur. „Die Offiziere wußten, daß der Baron die Stadt mit mir verlassen hatte, was immer eine lange Fahrt bedeutet. Und so hatten sie wohl beschlossen, sich eine vergnügte Stunde zu bereiten. Er wird befehlen, daß sie mit Stöcken totgeprügelt werden."

Ich konnte sehen, daß ein Ende des Tisches mit Flaschen und Konservenbüchsen bedeckt war. An der Tischseite saßen zwei junge Frauen. Beim Eintreten des Generals sprangen sie in die Höhe. Ich hörte, wie die rauhe Stimme Baron Ungerns scharfe, kurze, harte Sätze hervorstieß.

„Ihr Geburtsland geht zu Grunde ... Schmach für Euch Russen alle ... und Sie können es nicht verstehen ... Sie können es nicht fühlen ... Sie haben Wein und Frauen notwendig ... Schurken! Rohlinge ... Einhundertfünfzig Tashur für jeden von Euch!"

Dann fiel die Stimme zu einem Geflüster herab.

„Und Sie, meine Damen, haben Sie kein Gefühl für den Ruin Ihres Volkes? Nein? Ihnen ist das gleichgültig. Und haben Sie kein Gefühl für Ihre Männer an der Front, die gerade jetzt getötet sein mögen? Sie sind keine Frauen! ... Hören Sie auf mich, meine Damen. Noch einmal, und ich werde Sie hängen..."

Er kam zum Wagen zurück und ließ das Horn des Automobils mehrere Male ertönen. Sofort galoppierten mongolische Reiter heran.

„Bringt diese Leute zum Kommandanten! Ich werde später Befehl geben, was mit ihnen geschehen soll."

Auf dem Wege zu der Jurte des Barons waren wir schweigsam. Er war erregt und atmete schwer, indem er sich eine Zigarette nach der anderen anzündete und die angebrannten Zigaretten stets nach wenigen Zügen fortwarf,

„Nehmen Sie das Abendessen mit mir ein," schlug er vor.

Er lud noch seinen Chef des Stabes, einen sehr zurückhaltenden, bedrückten, aber glänzend erzogenen Mann ein. Die Diener servierten ein heißes chinesisches Gericht, dem kaltes Fleisch und Kompott folgten. Der unvermeidliche Tee durfte natürlich nicht fehlen. Wir aßen mit Eßstäbchen. Der Baron war sehr zerstreut.

Vorsichtig begann ich von den Offizieren zu sprechen, die sich vergangen hatten, und versuchte ihr Tun durch den Hinweis auf die außerordentlich schweren Verhältnisse, unter denen sie zu leben hatten, zu entschuldigen.

„Sie sind durch und durch schlecht, demoralisiert und in die tiefsten der Tiefen gesunken," murmelte der General.

Der Chef des Stabes half mir. Schließlich gab ihm der Baron die Weisung, dem Kommandanten zu telephonieren, daß die Offiziere freigelassen werden sollten.

Den nächsten Tag brachte ich mit meinen Freunden zu, indem ich viel in den Straßen herumwanderte und das rege Leben beobachtete. Die große Energie des Barons ließ ihn und jedermann seiner Umgebung immer rührig sein. Er war überall und sah alles, aber mischte sich niemals in die Arbeit seiner Untergebenen ein. Jedermann hatte zu arbeiten.

Am Abend lud mich der Chef des Stabes zu seinem Quartier ein, wo ich viele intelligente Offiziere traf. Ich mußte abermals die Geschichte meiner Reise erzählen. Wir plauderten lebhaft. Plötzlich trat Oberst Sepailoff ein. Er sang vor sich hin. Die übrigen Anwesenden wurden sofort schweigsam und trachteten danach, unter irgendwelchen Vorwänden, einer nach dem anderen den Raum zu verlassen. Sepailoff überreichte unserem Gastgeber einige Dokumente. Dann wandte er sich zu uns: „Ich werde Ihnen eine prächtige Fischpastete und heiße Tomatensuppe zum Abendessen senden."

Als er fortging, rang der Gastgeber die Hände in Verzweiflung und sagte: „Mit diesem Abschaum der Erde sind wir jetzt, nach dieser Revolution, gezwungen zu arbeiten!"

Wenige Minuten später brachte uns ein Soldat von Sepailoff eine

Terrine mit Suppe und die Fischpastete. Als der Soldat sich über den Tisch beugte, um die Schüsseln niederzustellen, gab mir der Chef des Stabes einen Wink mit den Augen und flüsterte mir zu: „Sehen Sie sich das Gesicht an."

Als der Mann draußen war, lauschte der Chef des Stabes, bis seine Tritte nicht mehr zu hören waren.

„Er ist Sepailoffs Scharfrichter. Er hängt und erwürgt die Unglücklichen, die verurteilt worden sind."

Dann schüttete er zu meiner großen Verwunderung die Suppe neben dem Kohlenbecken aus, verließ die Jurte und warf die Fischpastete über den Zaun.

„Es ist Sepailoffs Schmaus und mag, obgleich er sicher sehr schmackhaft ist, Gift enthalten. In Sepailoffs Haus ist es gefährlich, irgend etwas zu essen und zu trinken."

Infolge dieser Vorgänge kehrte ich bedrückt zu meinem Haus zurück. Mein Gastfreund schlief noch nicht, sondern kam mir an der Türe mit erschreckten Blicken entgegen. Meine Freunde waren auch zur Stelle.

„Gott sei Dank!" riefen sie alle aus. „Ist Ihnen nichts zugestoßen?"

„Was ist denn los?" fragte ich,

„Hören Sie," berichtete mein Gastfreund. „Nachdem Sie fortgegangen waren, kam ein Soldat von Sepailoff hierher und holte Ihr Gepäck, indem er sagte, Sie wollten es haben. Wir wußten jedoch, was das bedeutete — daß sie es erst durchsuchen und danach ..."

Ich verstand sogleich die Gefahr. Sepailoff hätte in mein Gepäck tun können, was er wollte, um mich nachher deswegen anzuklagen.

Mein alter Freund, der Agronom, und ich begaben uns sogleich zu Sepailoffs Quartier. Ich ließ meinen Freund außerhalb der Türe stehen.

Als ich hineinging, trat mir derselbe Soldat entgegen, der uns das Abendessen gebracht hatte. Sepailoff empfing mich sofort. Auf meinen Protest erwiderte er, es habe ein Irrtum vorgelegen, und bat mich, während er hinausging, einen Augenblick zu warten. Ich wartete fünf, zehn, fünfzehn Minuten. Niemand kam. Ich klopfte an die Türe, erhielt aber keine Antwort. Dann beschloß ich, mich zu Baron Ungern zu begeben. Als ich zum Ausgang ging, war die Tür verschlossen. Dann versuchte ich es mit der anderen Tür; sie war ebenfalls verschlossen. Ich war in eine Falle gegangen! Ich wollte sogleich meinem Freunde pfeifen, aber da sah ich an der Wand ein Telephon. Ich rief

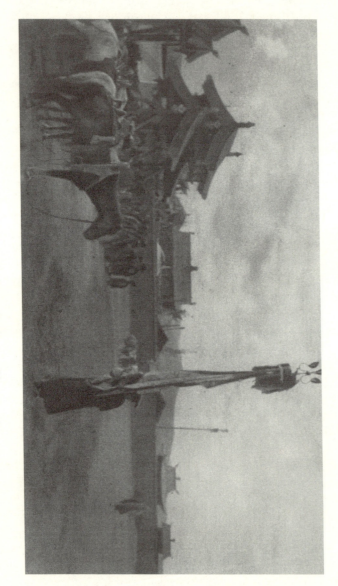

Ruf zum Tempelgebet in Urga.

Baron Ungern an. In wenigen Minuten erschien er zusammen mit Sepailoff.

„Was bedeutet das?" fragte er Sepailoff mit strenger, drohender Stimme und gab ihm, ohne die Antwort abzuwarten, mit seinem Tashur einen so starken Schlag, daß er auf den Boden flog.

Wir gingen hinaus. Der General ließ mein Gepäck heraustragen. Dann brachte er mich zu seiner eigenen Jurte.

„Wohnen Sie hier!" sagte er. „Ich freue mich sehr über dieses Ereignis," fügte er lächelnd hinzu, „denn jetzt kann ich Ihnen alles sagen, was ich sagen möchte."

Das veranlaßte mich zu der Frage: „Und darf ich alles niederschreiben, was ich hier gehört und gesehen habe?"

Er dachte einen Augenblick nach, dann antwortete er: „Geben Sie mir Ihr Notizbuch."

Ich gab ihm das Album, das meine Reiseskizzen enthielt. Er schrieb hinein: „Nach meinem Tode, Baron Ungern."

„Aber ich bin älter als Sie und werde vor Ihnen sterben," warf ich ein.

Er schloß seine Augen, senkte seinen Kopf und flüsterte: „Ach nein. Noch einhundertunddreißig Tage, dann wird es zu Ende sein; dann... Nirwana! Wie bin ich müde mit meinen Sorgen, meinem Kummer und meinem Haß!"

Wir schwiegen lange Zeit. Ich fühlte, daß ich jetzt in Oberst Sepailoff einen tödlichen Feind hatte und Urga so schnell wie möglich verlassen mußte. Es war zwei Uhr nachts. Plötzlich stand Baron Ungern auf.

„Wir wollen zu dem Großen und Guten Buddha gehen," sagte er gedankenvoll und leuchtenden Blickes, während sein ganzes Gesicht zu einem einzigen traurigen, bitteren Lächeln verzogen war. Er ließ das Automobil kommen.

38. Kapitel
Vor dem Antlitz Buddhas

Als wir am Kloster ankamen, verließen wir das Automobil und tauchten in dem Labyrinth von engen Gassen unter, bis wir schließlich vor dem größten Tempel Urgas standen, der tibetanische Mauern und Fenster, aber ein prätentiöses chinesisches Dach hatte. Eine einzige Laterne brannte am Eingang. Das schwere, mit Bronze- und Eisenbeschlag versehene Tor war geschlossen. Als der General auf den großen Messinggong schlug, der neben dem Tore hing, kamen erschreckte Mönche aus allen Richtungen herbeigelaufen. Den „General Baron" sehend, stürzten sie auf den Boden, aus Scheu ihre Gesichter zu dem großen Mann zu erheben.

„Steht auf," sagte der Baron, „und laßt uns in den Tempel ein."

Das Innere war wie in den meisten Lamatempeln, dieselben vielfarbigen Flaggen mit Gebeten, symbolischen Zeichen und Bildern von Heiligen, dieselben großen von der Decke herabhängenden Bänder aus Seidentuch und dieselben Bildnisse von Göttern und Göttinnen. Zu beiden Seiten des Altars standen niedrige, rote Bänke für die Lamas und den Chor. Kleine Lampen warfen ihre Strahlen auf die goldenen und silbernen Gefäße und Leuchter, die auf dem Altar standen. Hinter diesem hing ein schwerer, gelbseidener Vorhang mit tibetanischen Inschriften.

Die Lamas zogen den Vorhang zur Seite. In dem Halblicht, das die flackernden Lampen verbreiteten, ward in dem dahinter erscheinenden Raum die große vergoldete Statue des auf einer goldenen Lotosblume sitzenden Buddha sichtbar. Das Antlitz des Gottes war gleichgültig und ruhig. Ein schwacher Lichtschein gab ihm einiges Leben. Zu beiden Seiten der Statue waren viele tausende geringerer Buddhas aufgestellt, Opfergeschenke frommer Tempelbesucher. Der Baron schlug auf den Gong, um die Aufmerksamkeit des Großen Buddha auf sein Gebet zu lenken, und warf eine Handvoll Münzen in eine große Bronzeschale. Dann schloß dieser Sproß der Kreuzfahrer, der alle Philosophen des Westens gelesen hatte, seine Augen, legte seine Hände vor das Gesicht und betete. Ich bemerkte einen schwarzen Rosenkranz an seinem linken Handgelenk. Er betete ungefähr zehn Minuten lang. Darauf führte er mich zum anderen Ende des Klosters.

Während wir dorthin gingen, sagte er: „Ich liebe diesen Tempel nicht. Er ist neu und wurde errichtet, als der Lebende Buddha blind wurde. Ich kann auf dem Gesicht des Goldenen Buddha weder Tränen noch Hoffnung, noch Kummer noch den Dank des Volkes sehen. Es ist noch nicht genug Zeit vergangen, um solche Spuren auf dem Antlitz des Gottes zurückzulassen. Wir werden uns jetzt zu dem alten Schrein der Prophezeiungen begeben."

Dieser war ein kleines, vom Alter geschwärztes Gebäude, das einem Turm mit glattem, rundem Dach ähnelte. Die Türen standen offen. Zu beiden Seiten der Türe waren drehbare Gebeträder angebracht. Oberhalb der Türe befand sich eine Kupferplatte mit den Zeichen des Zodiacus. In dem Schrein waren zwei Mönche, die heilige Sutras anstimmten. Sie erhoben ihre Augen nicht, als wir eintraten. Der General trat zu ihnen heran und sagte: „Werft die Würfel nach der Zahl meiner Tage!"

Die Priester brachten zwei Schalen herbei, in denen viele Würfel lagen. Die Würfel ließen sie auf einen, niedrigen Tisch rollen. Der Baron sah ihnen zu und rechnete mit ihnen zusammen das Ergebnis aus, dann sagte er: „Einhundertunddreißig! Wieder einhundertunddreißig!"

Indem er an den Altar herantrat, der eine von Indien herbeigebrachte alte Steinstatue Buddhas trug, begann er erneut zu beten.

Als der Tag dämmerte, besuchten wir noch andere Tempel und Schreine, das Museum der Medizinschule, den Turm für astrologische Zwecke und auch den Hof, auf dem die Bandi und jungen Lamas ihre täglichen Morgenübungen im Ringen vollführten. An anderen Stellen übten sich die Lamas im Bogenschießen. Einige der höheren Lamas setzten uns warmes Hammelfleisch, Tee und wilde Zwiebeln vor.

Als wir zur Jurte zurückgekehrt waren, versuchte ich vergeblich zu schlafen. Zu viele Fragen durchzogen meinen Kopf. „Wo bin ich? In welcher Epoche lebe ich?" Ich wußte, daß ich unklar die unsichtbare Berührung irgendeiner großen Idee, irgendeines riesigen Planes, irgendeines unbeschreiblichen menschlichen Wehs fühlte.

Nach unserem Mittagsmahl sagte der General, er wolle mich dem Lebenden Buddha vorstellen. Da es sehr schwierig ist, eine Audienz beim Lebenden Buddha zu erhalten, so war ich über die mir gebotene Gelegenheit sehr erfreut. Unser Automobil fuhr bald am Eingangstor, der den Palast des Gottes umgebenden rot und weiß gestreiften

Mauer, vor. Zweihundert Lamas in gelben und roten Roben rannten herbei, um den Dchiang Dchün, den General, mit unterdrücktem respektvollen Geflüster „Khan! Kriegsgott!" zu begrüßen. Sie führten uns durch eine geräumige Halle, deren harte Linien durch das Halbdunkel gemildert waren. Schwere geschnittene Türen führten in die inneren Teile des Palastes. In der Tiefe der Halle stand ein Dais mit einem mit gelben Seidenkissen bedeckten Thron. Der Rücken des Thrones hatte ein rotes Feld mit goldenem Rande. Zu seinen beiden Seiten waren Wandschirme aus gelber Seide aufgestellt, die verzierte Rahmen aus chinesischem Schwarzholz hatten. Neben dem Thron befanden sich Vitrinen, die allerlei Kunstgegenstände aus China, Japan, Indien und Rußland enthielten. Vor dem Thron stand ein langer, niedriger Tisch, an dem acht mongolische Edle saßen. Ihr Vorsitzender war ein sehr ehrwürdiger alter Mann mit klugem, energischem Gesicht und großen, durchdringenden Augen. Seine Erscheinung erinnerte mich an die Holzbildnisse buddhistischer Heiliger mit Augen aus Edelsteinen, die ich früher einmal in dem Kaiserlichen Museum von Tokio in der Abteilung gesehen hatte, die dem Buddhismus gewidmet ist und in der die Japaner alte Statuen von Amida, Daunichi-Buddha, der Göttin Kwanon und des vergnügten alten Hotei zeigen.

Dieser Mann war der Hutuktu Jahantsi, der Vorsitzende des mongolischen Ministerrats, ein Mann, der weit über die Grenzen der Mongolei hinaus Verehrung genoß. Die übrigen Anwesenden waren Minister, Khane und die höchsten Fürsten von Khalkha. Jahantsi Hutuktu lud Baron Ungern ein, an seiner Seite Platz zu nehmen. Für mich wurde ein europäischer Stuhl herbeigebracht. Baron Ungern kündigte dem Ministerrat durch einen Dolmetscher an, daß er in wenigen Tagen die Mongolei verlassen würde, und ermahnte die Minister, die für die Nachfolger Dschingis Khans erworbene Freiheit zu schützen, denn des großen Kaisers Seele lebe noch immer und fordere von den Mongolen, daß sie erneut ein mächtiges Volk würden und alle asiatischen Königreiche, die er einst regierte, zu einem einzigen großen Mittelasiatischen Staat vereinigten.

Der General erhob sich. Alle übrigen folgten seinem Beispiel. Er nahm von jedem einzelnen getrennt ernsten Abschied. Vor Jahantsi Lama verbeugte er sich tief. Jahantsi Hutuktu legte seine Hände auf des Barons Kopf und segnete ihn.

Von dem Ratszimmer begaben wir uns sogleich zu dem im

russischen Stil gebauten Hause, das der persönliche Wohnort des Lebenden Buddha ist. Das Haus war gänzlich von einer Schar roter und gelber Lamas umringt, Dienern, Räten des Bogdo, Beamten, Wahrsagern, Doktoren und Günstlingen. Zu der Außenmauer des Palastes führte von dem Eingangstor dieses Hauses ein langes rotes Seil, dessen Ende außen über die Mauer hinabhing. Scharen von Pilgern pflegen auf ihren Knien und einem dort stehenden Mönch einen Hatyk aus Seide oder ein Stückchen Silber zu geben. Die Berührung des Seilendes, dessen inneres Ende sich in der Hand des Bogdo befindet, stellt eine direkte Verbindung mit dem heiligen wiedergeborenen Lebenden Gott dar. Man glaubt, daß ein Strom des Segens durch das aus Kamelwolle und Pferdehaar bestehende Seil zu den Betenden hinausfließt. Jeder Mongole, der das mystische Seil berührt hat, trägt zum Zeichen seiner vollbrachten Pilgerfahrt ein rotes Band um den Hals.

Ich hatte sehr viel über den Bogdo Khan gehört, bevor mir die Gelegenheit gegeben wurde, ihn zu sehen. Ich hatte gehört, wie stark er dem Alkoholgenuß zuneige, der für seine Erblindung verantwortlich sei, wie sehr er äußerlich die westliche Kultur liebe, und daß er mit seiner Frau, die in seinem Namen zahlreiche Delegationen und Boten empfange, tief in den Becher zu blicken pflege.

In dem Zimmer, das der Bogdo als sein privates Arbeitszimmer benutzte, befanden sich zwei Lamasekretäre, die hier Tag und Nacht die Truhe zu bewachen haben, in der seine großen Siegel bewahrt werden. In dem Raum herrschte strengste Einfachheit. Auf einem niedrigen chinesischen Lacktischchen lagen das Schreibzeug des Bogdo und eine in gelbe Seide eingehüllte Schachtel mit kleinen Siegeln, die ihm von der chinesischen Regierung und vom Dalai Lama gegeben worden waren. Daneben standen ein niedriger Lehnstuhl und ein Kohlenbecken aus Bronze mit einem eisernen Ofenrohr. An den Wänden waren die Zeichen der Swastica und tibetanische und mongolische Inschriften zu sehen. Hinter dem Lehnstuhl stand ein kleiner Altar mit einer goldenen Buddha-Statue, vor der zwei Talglichter brannten. Der Boden war mit einem dicken gelben Teppich bedeckt.

Als wir eintraten, war der Lebende Buddha in dem kleinen privaten Gebetschrein, der sich in dem anstoßenden Zimmer befand. Niemandem ist es gestattet, dieses Zimmer zu betreten, außer dem Bogdo Khan selber und einem Lama, dem Kanpo-Gelong, der die

Tempelarrangements zu besorgen und dem Lebenden Buddha bei seinen einsamen Gebeten zu assistieren hat. Einer der Sekretäre sagte uns, der Bogdo sei heute früh sehr erregt gewesen. Mittags sei er zu dem Schrein gegangen.

Eine lange Zeit konnten wir die Stimme des Hauptes der Gelben Lehre im ernsten Gebet hören. Dann wurde eine andere unbekannte Stimme klar vernehmbar. In dem Schrein hatte eine Unterredung zwischen dem Buddha der Erde und dem Buddha des Himmels stattgefunden — so erklärten es uns wenigstens die Lamas.

„Wir wollen ein wenig warten," schlug der Baron vor. „Vielleicht wird er bald herauskommen."

Während wir warteten, erzählte mir der General von dem Jahantsi Lama. Er sagte, wenn Jahantsi ruhig sei, so gleiche er einem gewöhnlichen Menschen. Doch wenn er bewegt und in tiefen Gedanken sei, dann werde ein Heiligenschein um seinen Kopf sichtbar.

Nach einer halben Stunde zeigten die Lamasekretäre plötzlich Zeichen großer Furcht. Sie lauschten neben dem Eingang zu dem Schrein. Dann fielen sie mit den Gesichtern auf den Boden. Die Türe öffnete sich langsam. Der Kaiser der Mongolei, der Lebende Buddha, Seine Heiligkeit Bogdo Djebtsung Damba Hutuktu, der Khan der Aeußeren Mongolei trat ein. Er war ein dicker alter Mann mit einem ernsten, glattrasierten Gesicht, das mich an die Kardinale der katholischen Kirche erinnerte. Er trug einen mongolischen Rock aus gelber Seide mit schwarzer Borde. Die Augen des blinden Mannes standen weit offen. Furcht und starres Erstaunen waren in ihnen ausgedrückt. Er sank schwerfällig in den Lehnstuhl nieder und flüsterte: „Schreibt!"

Ein Sekretär nahm sogleich Papier und einen chinesischen Schreibpinsel zur Hand. Der Bogdo diktierte die soeben gehabte Vision, die sehr verwirrt und nichts weniger als klar klang. Er endigte mit den folgenden Worten: „Dies habe ich, der Bogdo Hutuktu Khan, gesehen, als ich mit dem Großen Weisen Buddha sprach, der von den guten und bösen Geistern umgeben war. Weise Lamas, Hutuktus, Kanpos, Marambas und Heilige Gheghens, gebt die Antwort auf meine Vision!"

Nachdem er sein Diktat beendigt hatte, wischte er sich den Schweiß von der Stirn und fragte, wer zugegen sei.

„Der Khan Dchiang Dchün, Baron Ungern und ein Fremder," antwortete einer der Sekretäre kniend.

Jahantsi Hutuktu, der Premierminister der Mongolei.

Der General stellte mich dem Bogdo vor, der als Zeichen des Grußes den Kopf neigte. Der General und der Bogdo sprachen leise miteinander. Durch die offene Türe sah ich einen Teil des Gebetschreines. Ich konnte einen großen Tisch mit einem Haufen Bücher, von denen einige offen waren und andere auf der Erde lagen, ein Kohlenbecken mit rotglühender Holzkohle und einen Korb, der die Schulterblätter und Gedärme eines Schafes zum Wahrsagen enthielt, erkennen. Bald erhob sich der Baron und verbeugte sich vor dem Bogdo. Der Tibetaner legte dem Baron die Hände auf den Kopf, indem er dabei ein Gebet flüsterte. Dann nahm er von seinem eigenen Hals einen schweren Ikon und hängte ihn dem Baron um.

„Sie werden nicht sterben, sondern in der höchsten Form der Lebewesen wiedergeboren werden. Denken Sie daran, Wiedergeborener Kriegsgott, Khan der dankbaren Mongolei." Es wurde mir klar, daß der Lebende Buddha den „blutigen General" vor seinem Tode segnete.

In den nächsten beiden Tagen hatte ich dreimal Gelegenheit, den Lebenden Buddha mit einem Freunde des Bogdo, dem Burjettenfürsten Djam Bolon, zu besuchen. Diese Besuche werde ich im Teil IV meines Buches beschreiben.

Baron Ungern organisierte die Weiterreise zum Stillen Ozean für mich und meine Begleitung. Wir sollten Kamele bis zur nördlichen Mandschurei benutzen. Da ich von Uliassutai aus einen Brief an die französische Gesandtschaft in Peking gerichtet hatte und bei mir einen Brief von der chinesischen Handelskammer jener Stadt trug, in dem mir der Dank dafür ausgesprochen wurde, daß ich Uliassutai vor einem Pogrom bewahrt hatte, so beabsichtigte ich zur nächsten Station an der Ostchinesischen Eisenbahn vorzudringen und mich von dort nach Peking zu begeben. Der dänische Kaufmann E. V. Olufsen sollte mich begleiten, ebenso auch ein gelehrter Turguten-Lama, dessen Reiseziel ebenfalls China war.

Niemals werde ich die Nacht vom 19. auf den 20. Mai 1921 vergessen. Nach dem Abendessen schlug Baron Ungern einen Gang zur Jurte Djam Bolons vor, dessen Bekanntschaft ich am ersten Tage nach meiner Ankunft in Urga gemacht hatte. Djam Bolons Jurte war auf einer erhöhten hölzernen Plattform aufgestellt und befand sich in einem Anwesen, das hinter der russischen Niederlassung lag. Zwei Burjettenoffiziere empfingen uns am Eingang und begleiteten uns in die Jurte hinein. Djam Bolon war ein Mann mittleren Alters, groß und dünn, und hatte ein ungewöhnlich langes Gesicht. Vor dem Weltkrieg war er ein einfacher Schafhirte gewesen, aber er hatte mit Baron Ungern zusammen an der deutschen Front und nachher gegen die Bolschewiki gefochten. Er war ein Großfürst der Burjetten, ein Nachfolger ehemaliger Burjettenkönige, die von der russischen Regierung nach ihrem Versuch, die Unabhängigkeit des Burjettenvolkes durchzusetzen, entthront worden waren.

Die Diener brachten Schüsseln mit Nüssen, Rosinen, Datteln und Käse herein und warteten mit Tee auf.

„Das ist die letzte Nacht, Djam Bolon! Sie versprachen mir..."

„Ich denke daran," antwortete der Burjette. „Alles ist bereit."

Als die Uhr auf Mitternacht zeigte, stand Djam Bolon auf und ging aus der Jurte hinaus.

„Ich will, daß mir mein Geschick noch einmal prophezeit wird," sagte Baron Ungern zu mir, als wenn er sich rechtfertigen wollte. „Im Interesse unserer Sache ist es zu früh für mich zu sterben ..."

Djam Bolon kam zurück in Begleitung einer kleinen Frau mittleren Alters, die auf östliche Weise vor dem Kohlenbecken niederhockte, sich tief verbeugte und begann, Baron Ungern anzustarren. Ihr Gesicht war weißer, schmaler und dünner, als sonst bei mongolischen Frauen zu finden ist. Ihre Augen waren schwarz und scharf. Ihr Anzug sah der Kleidung eines Zigeunerweibes ähnlich. Später erfuhr ich, daß sie eine berühmte Wahrsagerin und Prophetin des Burjettenvolkes, die Tochter einer Zigeunerin und eines Burjetten, war.

Sie zog langsam einen kleinen Beutel aus ihrem Gürtel heraus und nahm aus ihm einige kleine Vogelknochen und eine Handvoll getrocknetes Gras. Dann begann sie abgerissene, unverständliche Worte zu flüstern and von Zeit zu Zeit Gras in das Feuer zu werfen. Das Zelt wurde allmählich mit einem Wohlgeruch angefüllt. Ich fühlte deutlich, wie mein Herz klopfte und in meinem Kopf Nebel aufstiegen. Nachdem die Wahrsagerin all ihr Gras verbrannt hatte, legte sie die Vogelknochen auf das Kohlenbecken, indem sie sie immer wieder von neuem mit einer kleinen Bronzezange umdrehte. Als die Knochen schwarz geworden waren, untersuchte sie sie. Da begann ihr Gesicht auf einmal Furcht und Schmerz auszudrücken. Sie riß nervös das um ihren Kopf gewickelte Tuch herunter, verfiel in Zuckungen und stieß kurze, scharfe Sätze hervor.

„Ich sehe ... Ich sehe den Kriegsgott ... Sein Leben geht zu Ende ... schrecklich ... danach ein Schatten ... schwarz wie die Nacht ... Schatten ... Einhundertdreißig Schritte bleiben noch ... darüber hinaus Finsternis ... nichts ... ich sehe nichts ...Der Kriegsgott ist verschwunden ..."

Baron Ungern senkte seinen Kopf. Die Frau fiel nach hinten auf ihren Rücken mit ausgestreckten Armen. Sie war ohnmächtig geworden, aber es schien mir einmal, als wenn ich unter ihren geschlossenen Lidern eine glänzende Pupille gesehen hätte. Zwei Burjetten trugen die leblose Gestalt hinaus. Darauf herrschte lange Schweigen in der Jurte des Burjettenfürsten. Schließlich stand Baron Ungern auf, und begann um das Kohlenbecken zu wandern, indem er zu sich selbst flüsterte. Dann stand er still und sprach sehr schnell:

„Ich werde sterben! Ich werde sterben ... Aber das macht nichts, macht nichts. Die Sache ist in Bewegung, und sie wird nicht sterben ... Ich kenne die Wege, auf denen diese Sache wandeln wird. Die Stämme der Nachkommen Dschingis Khans sind erwacht. Niemand wird das Feuer in den Herzen der Mongolen auslöschen! In Asien wird es einen großen Staat von dem Pazifischen und Indischen Ozean bis an das Ufer der Wolga geben. Die weise Religion Buddhas wird sich nach Norden und Westen ausbreiten. Es wird der Sieg des Geistes sein. Ein Eroberer und Führer wird erstehen, der stärker und kühner sein wird als Dschingis Khan und Ugadai. Er wird klüger und gnädiger sein als Sultan Baber, und er wird die Macht bis zu dem glücklichen Tage in der Hand behalten, an dem der König der Welt aus seiner unterirdischen Hauptstadt an das Tageslicht heraustreten wird. Warum, warum werde ich mich nicht in den vordersten Reihen der Krieger des Buddhismus befinden? Warum hat Karma das beschlossen? Aber es muß so sein! Rußland muß sich erst von der Schmach der Revolution reinigen, es muß sich mit Blut und Untergang reinigen, und alle Leute, die sich zum Kommunismus bekennen, müssen mit ihren Familien untergehen, damit ihre Nachkommenschaft ausgerottet werde!"

Der Baron hob seine Hand über den Kopf und bewegte sie, als wenn er Befehle und Vermächtnisse an eine unsichtbare Person richtete.

Der Tag dämmerte.

„Meine Zeit ist gekommen!" sagte der General. „Binnen kurzem werde ich von Urga aufbrechen."

Schnell und fest schüttelte er uns die Hände: „Leben Sie wohl für immer. Ich werde einen schrecklichen Tod sterben. Aber die Welt hat niemals einen solchen Terror und ein solches Blutmeer gesehen, wie sie es jetzt sehen wird ..."

Die Türe der Jurte schlug zu. Er war fort. Ich habe ihn niemals wiedergesehen.

„Ich muß auch fortgehen; denn ich reise gleichfalls am heutigen Tage von Urga ab."

„Ich weiß es," erwiderte der Fürst. „Der Baron hat Sie aus einem bestimmten Grunde hiergelassen. Ich werde Ihnen als vierten Begleiter den mongolischen Kriegsminister geben. Es ist notwendig für Sie ..."

Djam Bolon sprach diesen letzten Satz aus, indem er auf jedes einzelne Wort Nachdruck legte. Ich fragte ihn nicht nach dem Grunde; denn ich war an das Mysterium dieses Landes, der Mysterien und der guten und bösen Geister gewöhnt.

39. Kapitel.
„*Der Mann mit dem Kopf wie ein Sattel.*"

Nachdem ich in Djam Bolons Jurte Tee eingenommen hatte, ritt ich schnell zu meinem Quartier zurück, um das wenige Eigentum, das ich hatte, zusammenzupacken. Der Turguten-Lama befand sich bereits dort.

„Der Kriegsminister wird mit uns reisen. Es ist notwendig."

„Schön," antwortete ich und ritt zu Olufsens Haus, um diesen meinen dänischen Reisebegleiter abzuholen. Aber Olufsen teilte mir unerwarteter Weise mit, daß er gezwungen sei, noch einige weitere Tage in Urga zuzubringen. Das war für ihn eine verhängnisvolle Entscheidung, denn einen Monat danach wurde er als von Sepailoff getötet gemeldet, der nach Baron Ungerns Abmarsch als Stadtkommandant in Urga zurückgeblieben war.

Der Kriegsminister, ein untersetzter junger Mongole, schloß sich unserer Karawane an. Als wir ungefähr sechs Meilen geritten waren, sahen wir, daß ein Automobil hinter uns herkam. Der Lama zog sich ängstlich in seinem Mantel zusammen. Ich fühlte — das war ein vertrautes Gefühl —, daß Gefahr im Verzug war. So öffnete ich mein Revolverfutteral und entsicherte den Revolver. Bald danach hielt das Automobil neben uns an. In ihm saß Sepailoff mit lächelndem Gesicht und an seiner Seite seine beiden Scharfrichter, Chestiakoff und Idanoff. Sepailoff grüßte uns äußerst freundlich und fragte: „Sie wechseln die Pferde in Khazahuduk? Führt der Weg dahin über jenen Paß dort vorne? Ich kenne den Weg nicht und muß einen Boten einholen, der dorthin gegangen ist."

Der Kriegsminister antwortete, daß wir am selben Abend in Khazahuduk sein würden und erklärte Sepailoff den Weg. Das Automobil sauste davon. Als es jenseits des Passes verschwunden war, befahl der Kriegsminister einem Mongolen voranzugaloppieren, um zu sehen, ob es jenseits des Passes nicht irgendwo hielte. Der Mongole trieb sein Pferd an und sprengte davon. Wir folgten ihm langsam.

„Was ist los?" fragte ich. „Bitte, erklären Sie es mir!"

Der Minister erzählte mir, Djam Bolon habe gestern die Mitteilung erhalten, daß Sepailoff plane, mich unterwegs einzuholen, um mich zu töten; denn Sepailoff beargwöhne mich, daß ich den Baron gegen ihn aufgehetzt hätte. Djam Bolon habe die Sache dem Baron gemeldet,

Mongolische Flinte. Monglischer Säbel.
Der Rubinring Dschingis Khans.
Skizzen des Verfassers.

der dann zu meiner Sicherheit diese Maßnahmen getroffen hätte.

Der nach vorne gerittene Mongole kam zurück und meldete, daß sich das Automobil außer Sicht befinde.

„Jetzt werden wir," sagte der Minister, „einen anderen Weg einschlagen, so daß der Oberst vergeblich auf uns in Khazahuduk warten wird."

Wir wandten uns in Undur Dobo nach Norden und kamen in der Nacht in dem Lager eines Fürsten an. Hier verabschiedeten wir uns von dem Minister, erhielten prächtige frische Pferde und setzten unsere Reise nach dem Osten mit größter Geschwindigkeit fort, indem wir den „Mann mit dem Kopf wie ein Sattel", vor dem mich der alte Wahrsager in der Nähe von Van Kure gewarnt hatte, weit hinter uns ließen.

Nach zwölf Tagen, während denen ich keine weiteren Abenteuer zu bestehen hatte, erreichten wir die erste Station der Ostchinesischen Eisenbahn. Von dort reiste ich, in mir unglaublich erscheinendem Luxus, nach Peking.

Umgeben von den Annehmlichkeiten des Lebens eines prächtigen Hotels konnte ich indessen den Eindruck nicht überwinden, den die in Urga zugebrachten neun Tage, während denen ich Baron Ungern, den „Wiedergeborenen Kriegsgott", täglich gesehen hatte, in mir hinterließen. Die Zeitungen brachten Berichte von dem blutigen Vormarsch des Barons durch Transbaikalien. So wurden die Erinnerungen in mir immer wieder wachgerufen. Selbst jetzt, wo doch schon mehr als sieben Monate verstrichen sind, kann ich nicht jene Nächte des Wahnsinns, der Eingebung und des Hasses vergessen.

Die Prophezeiungen haben sich erfüllt. Ungefähr einhundertunddreißig Tage nach jenen Ereignissen wurde Baron Ungern infolge Verrats, den seine Offiziere an ihm begingen, von den Bolschewiki gefangen genommen und, wie berichtet wurde, gegen Ende September hingerichtet.

Baron R. F. Ungern v. Sternberg ... Wie ein blutiger Sturm des rächenden Karma zog er über Mittelasien hin. Was hinterließ er? Den strengen, mit der Offenbarung Sankt Johannis schließenden Befehl an seine Soldaten: „Niemand stelle sich der Rache an dem Verderber und Mörder der Seele des russischen Volkes in den Weg. Die Revolution muß in der Welt ausgerottet werden. Vor ihr hat uns die Offenbarung Sankt Johannis gewarnt: „Und das Weib war bekleidet mit Scharlach und Rosinfarbe, und übergüldet mit Gold und edlen Steinen und Perlen und hatte einen güldenen Becher in der Hand, voll Greuels und Unsauberkeit ihrer Hurerei. Und an ihrer Stirn geschrieben den Namen, das Geheimnis: Die große Babylon, die Mutter der Hurerei und aller Greuel auf den Erden. Und ich sah das Weib trunken von dem Blut der Heiligen und von dem Blut der Zeugen Jesu."

Es ist ein menschliches Dokument, ein Dokument russischer Tragödie, vielleicht ein Dokument der Welttragödie.

Aber in den mongolischen Jurten und an den Lagerfeuern der Burjetten, Mongolen, Kirgisen, Kalmücken und Tibetaner werden die Schafhirten weiter die Legende von diesem Sohn der Kreuzfahrer und Seeräuber erzählen:

„Vom Norden kam ein weißer Krieger. Er forderte die Mongolen auf, ihre Sklavenketten zu zerbrechen, die nun auf einem befreiten Boden niederfielen. Dieser weiße Krieger war der Wiedergeborene Dschingis Khan. Er verhieß das Kommen des größten aller Mongolen, der die edle Lehre Buddhas und den Ruhm und die Macht der Nachkommenschaft Dschingis Khans, Ugadais und Kublai Khans ausbreiten wird. So wird es sein!"

Asien ist erwacht und seine Söhne reden jetzt kühne Worte.

Es wird für den Frieden der Welt gut sein, wenn sie als Jünger der weisen Aufbauer, Ugadai und Sultan Baber, aber nicht als die Vertreter der „bösen Dämonen des Zerstörers Kamerlan" auftreten werden.

Teil IV.

Der Lebende Buddha.

40. Kapitel.
In dem glückspendenden Garten der tausend Freuden

In der Mongolei, dem Land der Wunder und Mysterien, wohnt der Bewahrer alles dessen, was geheimnisvoll und unbekannt ist, der Lebende Buddha. Seine Heiligkeit Djebtsung Damba Hutuktu Khan oder Bogdo Gheghen, Oberpriester von Ta Kure. Er ist die Inkarnation des niemals sterbenden Buddha, der Vertreter der ununterbrochenen, geheimnisvoll fortgesetzten Linie geistiger Kaiser, die seit 1670 regieren und in sich den veredelnden Geist Buddha-Amitabhas zugleich mit Chan-ra-zi oder den „mitleidvollen Geist der Berge" in sich bergen.

In ihm fußt alles, der Sonnenmythus, der Zauber der geheimnisvollen Bergspitzen des Himalaya, die Erzählungen von der indischen Pagode, die herbe Majestät der mongolischen Kaiser — der Kaiser über ganz Asien —, die alten nebelhaften Legenden der chinesischen Weisen, das Eindringen in die Gedanken der Brahmanen, die strengen Lebensregeln der Mönche des „Tugendhaften Ordens", die Rache der ewig wandernden Krieger, der Olets mit ihren Khans, Batur Hun Taigi und Gushi, das stolze Vermächtnis Dschingis Khans und Kublai Khans, die klerikale reaktionäre Psychologie der Lamas und das Mysterium der tibetanischen Könige, die mit Srong-Tsang Gampo begannen, und die Gnadenlosigkeit der Gelben Sekte des Paspa. Die ganze verschwommene Geschichte Asiens, der Mongolei, des Pamir, des Himalaya, Mesopotamiens, Persiens und Chinas umgibt den Lebenden Gott von Urga. Es ist kein Wunder, daß sein Name an der Wolga, in Sibirien, in Arabien, zwischen Euphrat und Tigris, in Indochina und an der Küste des Eismeeres geehrt wird.

Während meines Aufenthalts in Urga besuchte ich mehrere Male den Wohnsitz des Lebenden Buddha, sprach mit ihm und beobachtete seine Lebensführung. Seine Günstlinge unter den gelehrten Marambas gaben mir über ihn lange Berichte. Ich sah ihn beim Lesen von Horoskopen, ich hörte seine Prophezeiungen, und ich hatte Gelegenheit, in seine alten Archive von Büchern und Manuskripten zu blicken, die die Lebensbeschreibungen und Prophezeiungen aller Bogdo Khais enthalten. Die Lamas waren mir gegenüber sehr offenherzig; denn der Brief des Hutuktu von Narabantschi hatte mir ihr Vertrauen gewonnen.

Der Lebende Buddha hat, wie alles im Lamaismus, eine doppelte Persönlichkeit. Er ist klug, durchdringend und energisch, aber gleichzeitig gibt er sich der Trunksucht hin, die zu seiner Erblindung geführt hat. Als er blind wurde, wurden die Lamas in einen Zustand der Verzweiflung gestürzt. Einige von ihnen standen auf dem Standpunkt, daß der Bogdo Khan vergiftet werden und eine andere Inkarnation Buddhas an seine Stelle treten müsse. Andere wiesen jedoch auf die großen Verdienste des Hohen Priesters in den Augen der Mongolen und der Anhänger der Gelben Lehre hin. So wurde schließlich beschlossen, die Götter durch Errichtung eines großen Tempels mit einer riesigen Buddha-Statue zu versöhnen. Dies half aber der Sehkraft des Bogdo nicht. Doch gab ihm der Vorfall die Gelegenheit, denjenigen Lamas, die hinsichtlich der vorgeschlagenen Lösung des Problems zu radikale Methoden befürwortet hatten, dazu zu verhelfen, daß sie schneller in das höhere Leben eintreten konnten.

Der Bogdo Khan grübelt immerfort über die Sache der Kirche und der Mongolei nach. Gleichzeitig aber gibt er sich unnützen Spielereien hin. Er hat großes Vergnügen an der Artillerie. Ein ehemaliger russischer Offizier hatte ihm einstmals zwei alte Kanonen geschenkt, wofür der Geber den Titel eines Tumbair Hun erhielt, das bedeutet „meinem Herzen nahestehender Fürst". An Festtagen wurden diese Kanonen zu dem großen Vergnügen des blinden Mannes abgefeuert. Automobile, Grammophone, Telephone, Kristalle, Porzellan, Bilder, Parfüms, Musikinstrumente, seltene Tiere und seltene Vögel, Elefanten, Bären vom Himalaya, Affen, indische Schlangen und Papageien, alles dies war im Palast des „Gottes" zu finden, wurde aber immer wieder bald vergessen.

Nach Urga kommen Pilgrime und Geschenke von der ganzen lamaistischen und buddhistischen Welt. Der Schatzmeister des Palastes, der ehrenwerte Balma Dorji nahm mich einmal mit sich in die große Halle, in der die Geschenke aufbewahrt werden. Sie ist ein völlig einzigartiges Museum kostbarer Gegenstände. Es gibt dort seltene Artikel, die in den Museen Europas völlig unbekannt geblieben sind. Als der Schatzmeister einen mit einem Silberschloß versehenen Schrank öffnete, sagte er zu mir: „Hier liegen reine Goldklumpen von Bei Kern, schwarze Zobelpelze von Kemchick und wundertätige

Hirschhörner. Dies hier ist eine Schachtel, die von den Orochonen geschickt wurde und kostbare Ginseng-Wurzeln und wohlriechenden Moschus enthält. Das hier ist ein Stück Bernstein von der Küste der „zugefrorenen See", das einhundertundvierundzwanzig Liang (ungefähr zehn Pfund) wiegt. Hier sehen Sie Edelsteine aus Indien, wohlriechenden Zebet und geschnitztes Elfenbein aus China."

Er sprach lange von seinen ausgestellten Gegenständen, und es war wirklich wunderbar, was ich hier erblickte. Vor meinen Augen lagen: Bündel seltener Pelze, weiße Biber, schwarze Zobel, weiße, blaue und schwarze Füchse und schwarze Panther; kleine, schön geschnitzte Schachteln aus Schildkrötenschale, die zehn bis fünfzehn Meter lange, aus indischer Seide, so fein wie das Netz der Spinne, gewobene Hatyks enthielten; kleine, aus goldenen Fäden gemachte Taschen, in denen Perlen, Geschenke indischer Rajas, waren; kostbare Ringe mit Saphiren und Rubinen aus China und Indien; große Jadestücke, ungeschliffene Diamanten; elfenbeinerne Elefantenzähne, die mit Gold, Perlen und Edelsteinen besetzt waren; prächtige Kleider mit darauf genähten goldenen und silbernen Fäden; Walroßzähne, die von den primitiven Künstlern an der Küste der Behringstraße in Basrelief geschnitzt waren; und noch viel mehr, das ich nicht beschreiben kann. In einem anderen Zimmer standen Schränke mit Statuen Buddhas, die aus Gold, Silber, Bronze, Elfenbein, Koralle, Perlmutter und aus einem wohlriechenden, eine seltene Farbe zeigenden, Holz gefertigt waren.

„Sie wissen, daß wenn Eroberer in einem Lande einbrechen, in dem die Götter geehrt werden, sie die Bildnisse aufbrechen und niederstürzen. So war es vor mehr als dreihundert Jahren, als die Kalmücken in Tibet einfielen, und das wiederholte sich auch in Peking, als die europäischen Truppen im Jahre 1900 den Palast plünderten. Nehmen Sie einmal eine der Statuen und sehen sie sich genau an."

Ich hob von der mir zunächst gelegenen Kante einen hölzernen Buddha auf und untersuchte ihn. In der Figur war etwas lose und rasselte.

„Hören Sie es?" fragte der Lama. „Das sind Edelsteine und Goldstücke, die Gedärme des Gottes. Aus diesem Grunde brechen Eroberer stets sofort die Götterbildnisse auf. Viele berühmte Edelsteine sind schon in Indien, Babylon und China aus dem Inneren von Götterstatuen herausgekommen."

Mehrere Zimmer des Palastes werden von der Bibliothek eingenommen, in der Manuskripte und Bände verschiedener Epochen, in verschiedenen Sprachen und über die verschiedensten Themen die Regale füllen. Einige von diesen alten Dokumenten werden allmählich zu Zunder und pulverisieren sich; doch die Lamas überstreichen sie jetzt mit einer Lösung, die sie bis zu einem gewissen Grad wieder fest machen kann, um sie gegen die Einflüsse der Luft zu schützen. Dort sind auch Tontafeln mit Inschriften in Keilschrift zu sehen, die offenbar von Babylon stammen. Chinesische, indische und tibetanische Bücher stehen neben Büchern der Mongolei. Werke des alten, reinen Buddhismus; Bücher der „Roten Kappen", des verderbten Buddhismus; Bücher des „Gelben" oder lamaistischen Buddhismus; Bücher der Traditionen, Legenden und Parabeln, alles dies ist hier ausgestellt. Gruppen von Lamas arbeiten stets an diesen Werken, sie studieren sie und schreiben sie ab, um auf diese Weise die alte Weisheit ihrer Vorgänger der Nachwelt zu erhalten und zu ihrer Verbreitung zu dienen.

Eine Abteilung ist den mysteriösen Büchern über die Magie, den Aufzeichnungen der historischen Leben und Arbeiten der einunddreißig Lebenden Buddhas und den Bullen des Dalai Lama, des Hohenpriesters von Tashi Lumpo, des Hutuktu von Utai in China, des Pandita Gheghen von Dolo Nor in der Inneren Mongolei und der hundert chinesischen Weisen gewidmet. Nur der Bogdo Hutuktu und der Maramba Ta-Rimpo-Cha dürfen diesen geheimnisvollen Raum betreten. Die Schlüssel zu ihm ruhen zusammen mit den Siegeln des Lebenden Buddha und dem mit dem Zeichen der Swastica geschmückten Rubinring Dschingis Khans in der Truhe, die sich in dem privaten Arbeitszimmer des Bogdo befindet.

Die Person Seiner Heiligkeit ist von fünftausend Lamas umgeben. Diese werden in viele Rangklassen eingeteilt, von den einfachen Dienern bis zu den „Räten des Gottes", aus denen die eigentliche Regierung besteht. Zu den Räten gehören alle vier Khane der Mongolei und die fünf höchsten Fürsten.

Unter den Lamaklassen gibt es drei Rangstufen, die besonderes Interesse verdienen. Ueber sie erzählte mir der Lebende Buddha selber Einiges, als ich ihn mit Djam Bolon besuchte.

Der „Gott" ist betrübt über das demoralisierte und schwelgerische Leben, das die Lamas führen; denn dadurch würde sich schnell die

Zahl der Wahrsager und Priester mit Zweitem Gesicht vermindern:
„Wenn die Klöster Jahantsi und Narabantschi nicht ihre strengen Regeln bewahrt hätten, dann würde Ta Kure bald ohne Propheten und Wahrsager sein. Barun Abaga Nar, Dorchäul-Jurdok und die anderen heiligen Lamas, die die Macht hatten, das zu sehen, was dem gemeinen Volk verborgen ist, sind mit dem Segen der Götter von uns gegangen."

Die Klasse der Wahrsager ist sehr wichtig; denn, wenn eine bedeutungsvolle Persönlichkeit die Klöster von Urga besucht, dann wird sie zuerst den Lama Tzuren gezeigt, ohne daß der Besucher es weiß. Die Lama Tzuren unterrichten sich über das Geschick des Betreffenden. Der Befund wird dann dem Bogdo Hutuktu mitgeteilt, so daß dieser nun weiß, wie er seinen Gast zu behandeln und welche Politik er ihm gegenüber einzuschlagen hat Die Tzuren sind meist alte Männer, hagere, erschöpfte und strenge Asketen. Doch habe ich auch einige Tzuren getroffen, die jung, geradezu Knaben, waren. Sie waren Hubilgan, „Wiedergeborene Götter", die zukünftigen Hutuktus und Gheghen der verschiedenen mongolischen Klöster.

Die zweite Rangstufe ist die Klasse der Doktoren oder „Ta Lama". Sie haben die Einflüsse der Pflanzen und gewisser animalischer Produkte auf den Menschen zu beobachten, die tibetanische Medizinen und Behandlungsmethoden zu bewahren und Anatomie zu studieren, ohne indessen von der Vivisektion Gebrauch zu machen. Sie sind geschickte Gliedereinrenker, Masseure und gute Kenner des Hypnotismus und animalischen Magnetismus. Die dritte Klasse umfaßt den höchsten Rang der Doktoren. Sie besteht aus Giftmischern, die größtenteils tibetanischen und kalmückischen Ursprungs sind. Diese können die „Aerzte der politischen Medizin" genannt werden. Sie leben von ihren Genossen getrennt und sind die schweigsame Waffe in der Hand des Lebenden Buddha. Man sagte mir, daß ein großer Teil von ihnen stumm sei. Ich habe einen solchen Doktor gesehen, den selben Mann, der den chinesischen Arzt tötete, welcher von dem Kaiser von China von Peking gesandt worden war, um den Lebenden Buddha zu „liquidieren". Er war ein kleiner, weißer alter Kerl mit tief verrunzeltem Gesicht, einem kleinen, weißen Kinnbart und lebhaften Augen, die immer forschend herumsahen. Taucht er in einem Kloster auf, so hört der dortige „Gott" auf zu essen und zu trinken, aus Furcht vor diesem mongolischen Giftmischer. Aber selbst das kann den

Verurteilten nicht retten; denn eine vergiftete Kappe, ein vergiftetes Hemd, vergiftete Stiefel, ein vergifteter Rosenkranz, ein vergifteter Zügel, vergiftete Bücher oder vergiftete religiöse Gegenstände werden sicherlich das erreichen, was der Bogdo Khan mit ihm vorhat.

Den blinden Hohenpriester umgeben tiefste Achtung und tiefster religiöser Glauben. Vor ihm fällt alles auf die Knie. Selbst Khane und Hutuktus nähern sich ihm nur kniend. Um ihn ist alles dunkel, voll von orientalischem Altertum. Der betrunkene alte Mann, der banalen Arien aus dem Grammophon zuhört und seine Diener mit Hilfe eines Dynamo elektrisiert, der tückische alte Bursche, der seine politischen Feinde vergiftet, der Lama, der sein Volk in geistiger Finsternis hält und es durch Prophezeien und Wahrsagen täuscht, dieser Mann ist indessen kein gänzlich gewöhnlicher Mensch.

Eines Tages saßen wir in dem Zimmer des Bogdo. Fürst Djam Bolon übersetzte ihm meine Geschichte des Großen Krieges. Der alte Mann hörte sehr aufmerksam zu. Plötzlich machte er seine Augen weit auf und lauschte auf Laute, die von außerhalb des Zimmers hereindrangen. Sein Gesicht wurde andächtig, flehend und erschreckt.

„Die Götter rufen mich," flüsterte er, indem er langsam nach seinem Privatschrein zuging. Dort betete er laut ungefähr zwei Stunden lang, wie eine Statue unbeweglich kniend. Sein Gebet bestand aus einer Unterhaltung mit den unsichtbaren Göttern, auf deren Fragen er Antwort gab. Er kam bleich und erschöpft, aber befriedigt und glücklich aus dem Schrein zurück. Es war sein persönliches Gebet gewesen.

Während des gewöhnlichen Tempeldienstes nimmt er nicht an den Gebeten teil, denn dann ist er „Gott". Auf seinem Throne sitzend, wird er auf den Altar gesetzt und dort von den Lamas und dem Volk angebetet. Er nimmt nur die Gebete, die Hoffnungen, die Tränen, das Weh und die Verzweiflung des Volkes entgegen, indem er immerfort mit seinen scharfen und glänzenden, aber blinden Augen in den Luftraum starrt. Je nach der Gelegenheit kleiden ihn die Lamas in verschiedene Gewänder, Kombinationen von Gelb und Rot, und wechseln auch seine Kappen. Der Tempeldienst schließt immer in dem Augenblick ab, in dem der Lebende Buddha mit der Tiara auf seinem Haupt der Gemeinde seinen hohenpriesterlichen Segen erteilt, indem er sein Antlitz nach allen vier Windrichtungen wendet und danach seine Hände nach dem Nordwesten ausstreckt, d. h. nach der Richtung von Europa, wohin nach der Anschauung der Gelben Lehre der Glauben des weisen Buddha Verbreitung finden muß.

Nach ernsten Gebeten und langen Tempeldiensten macht der Hohepriester stets einen sehr erschütterten Eindruck. Dann pflegt er seine Sekretäre herbeizurufen und ihnen seine Visionen und Prophezeiungen zu diktieren, die immer sehr verwirrt sind und von ihm nie durch Deduktionen ergänzt werden.

Gelegentlich legt er mit den Worten „Ihre Seelen teilen sich mit" seine weißen Gewänder an und begibt sich zum Gebet in seinen Schrein. Dann werden alle Tore des Palastes geschlossen. Alle Lamas geben sich einer feierlichen mystischen Furcht hin. Alle beten, zupfen an ihren Rosenkränzen, flüstern den heiligen Spruch: „Om! Mane padme hom!" und drehen bei ihrem Gebet und ihren Zaubereien die Gebetsräder. Die Wahrsager lesen die Horoskope, die Priester mit dem Zweiten Gesicht schreiben ihre Visionen nieder, und die Marambas suchen in den alten Büchern nach Erklärungen der Worte des Lebenden Buddha.

41. Kapitel.
Der Staub der Jahrhunderte.

Haben Sie jemals die staubigen Spinngewebe und den Moder in den Kellern eines alten Schlosses in Italien, Frankreich oder England gesehen? Das ist der Staub der Jahrhunderte. Vielleicht hat er einmal die Gesichter, Helme und Schwerter eines römischen Augustus, Ludwigs des Heiligen, des Inquisitors, oder eines König Richard berührt. Ihr Herz zieht sich unwillkürlich zusammen und man empfindet einen tiefen Respekt vor diesen Zeugen längst vergangener Zeiten. Dasselbe Gefühl hatte ich in Ta Kure, nur war es vielleicht noch tiefer und wirklicher. Hier setzt sich das Leben fast so fort, wie es seit acht Jahrhunderten gewesen ist. Hier lebt der Mensch nur in der Vergangenheit. Das Zeitgenössische kompliziert und hindert lediglich das normale Leben.

„Heute ist ein großer Tag," sagte der Lebende Buddha einst zu mir. „Der Tag des Sieges des Buddhismus über alle anderen Religionen. Es war vor langer Zeit, als Kublai Khan an diesem Tage die Lamas aller Religionen zu sich berief und ihnen befahl, ihm auseinanderzusetzen, woran sie glaubten und worauf ihr Glaube beruhte. Bei dieser Zusammenkunft priesen die Lamas der verschiedenen Religionen ihre Götter und ihre Hutukten; Erörterungen und Streitigkeiten begannen; nur ein Lama blieb schweigsam. Schließlich lächelte er spöttisch und sagte: „Großer Kaiser, befehle jedem der Anwesenden, die Macht seiner Götter durch die Vorführung eines Wunders zu beweisen. Danach urteile und wähle."

Kublai Khan handelte entsprechend und befahl allen Lamas, ihm ein Wunder vorzuführen. Doch sie schwiegen alle, so verwirrt und ohnmächtig waren sie.

„Nun," sagte der Kaiser, indem er sich an den Lama wandte, der den Vorschlag gemacht hatte. „Jetzt mußt Du die Macht Deiner Götter beweisen!"

Der Lama blickte den Kaiser lange schweigsam an. Dann wandte er sich um und blickte in ähnlicher Weise auf die Versammlung. Danach streckte er ruhig seine Hand gegen die Anwesenden aus. In diesem Augenblick hob sich der goldene Becher des Kaisers von dem Tisch und berührte die Lippen des Khans, ohne daß ihn eine sichtbare Hand gehalten hätte. Der Kaiser fühlte, wie ein köstlicher Wein seinen Mund benetzte. Jedermann war äußerst erstaunt. Der Kaiser sprach: „Ich werde zu Deinen Göttern beten, und zu Deinen Göttern müssen alle Völker beten, die mir Untertan sind. Wie nennst Du Deinen Glauben? Wer bist Du und woher kommst Du?"

„Meine Lehre ist der Glaube des weisen Buddha. Ich bin Pandita Lama, Turjo Gamba, von dem entlegenen und berühmten Kloster Sakkia in Tibet, wo der Geist Buddhas, seine Weisheit und seine Macht in einem menschlichen Körper inkarniert lebt. Wisse, o Kaiser, daß die Völker, die diesen Glauben haben, das ganze westliche Weltall besitzen und innerhalb von achthundertundelf Jahren die Lehre Buddhas durch die ganze Welt verbreiten werden."

Dies trug sich am heutigen Tage vor vielen Jahrhunderten zu. Lama Turjo Gamba kehrte nicht nach Tibet zurück, sondern wohnte von dann ab in Ta Kure, wo es damals nur einen kleinen Tempel gab. Von hier reiste er zu dem Kaiser nach Karakorum und später mit ihm auch nach der Hauptstadt Chinas, um ihn im Glauben zu befestigen, ihm die Zukunft vorauszusagen und ihm nach dem Willen der Götter die notwendige Erleuchtung zu geben."

Der Lebende Buddha blieb eine Zeitlang schweigsam. Nachdem er ein Gebet geflüstert hatte, fuhr er fort: „Urga, das alte Nest des Buddhismus ... Mit Dschingis Khan zogen die Olets und Kalmücken auf den europäischen Eroberungszug aus. Sie blieben fast vierhundert Jahre in der Fremde, wo sie in den Steppen Rußlands lebten. Dann kehrten sie nach der Mongolei zurück, da sie von den Gelben Lamas zum Kampf gegen die Könige von Tibet und die Lamas der Roten Kappen gerufen wurden, die das Volk bedrückten. Die Kalmücken haben der Gelben Lehre große Dienste geleistet. Sie erkannten, daß Lassa im Verhältnis zu der übrigen Welt zu abgelegen ist und daß daher unser Glaube von dort aus nicht über die Erde verbreitet werden kann. Infolgedessen brachte der Kalmück Gushi Khan von Tibet einen heiligen Lama, Undur Gheghen, mit sich, der den König der Welt besucht hatte. Von jenem Tage ab hat der Bogdo Gheghen ununterbrochen in Urga als Beschützer der Freiheit der Mongolei und der chinesischen Kaiser, die mongolischen Ursprungs waren, gelebt. Undur Gheghen war der erste Lebende Buddha im Lande der Mongolen. Er hinterließ uns, seinen Nachfolgern, den Ring Dschingis Khans, der von Kublai Khan dem Dalai Lama in Anerkennung für das vom Lama Turjo Gamba gezeigte Wunder geschickt worden war. Er hinterließ uns ferner die Schädeldecke eines schwarzen mysteriösen Wundertäters aus Indien, aus der Strongtsan, ein König von Tibet, vor eintausendsechshundert Jahren bei den Tempelzeremonien getrunken hatte, wie auch eine alte Steinstatue Buddhas, die von Delhi durch den Gründer der Gelben Lehre, Paspa, herbeigebracht worden war."

Der Bogdo klatschte mit den Händen. Einer seiner Sekretäre nahm darauf aus einem roten Tuchbündel einen großen silbernen Schlüssel. Mit diesem öffnete der Lebende Buddha die Siegeltruhe. Er griff in die Truhe hinein und zog eine kleine geschnitzte Elfenbeinschachtel heraus, aus der er einen großen Goldring mit einem prächtigen, das Zeichen der Swastika tragenden Rubin herausnahm.

„Dieser Ring ist immer von Dschingis Khan und Kublai Khan an der rechten Hand getragen worden," sagte der Bogdo.

Nachdem der Sekretär die Truhe wieder verschlossen hatte, befahl ihm der Bogdo, seinen Lieblingsmaramba zu rufen, den er dann einige Seiten aus einem alten auf dem Tisch liegenden Buche vorlesen ließ. Der Lama las mit monotoner Stimme.

„Als Gushi Khan, das Haupt aller Olets, den Krieg mit den Roten Kappen beendigt hatte, brachte er den wundertätigen „schwarzen Stein" mit sich, der dem Dalai Lama von dem König der Welt gesandt worden war. Gushi Khan wollte die Hauptstadt der Gelben Lehre in der Westmongolei errichten. Doch die Olets befanden sich damals wegen des chinesischen Kaiserthrons im Kriege mit den Mandschukaisern und erlitten dabei Niederlage auf Niederlage. Der letzte Khan der Olets, Amursana, entkam nach Rußland, sandte aber vor seiner Flucht den heiligen „schwarzen Stein" hierher nach Urga. Solange dieser Stein in Urga blieb und der Lebende Buddha mit ihm das Volk segnen konnte, waren die Mongolen und ihr Vieh von Krankheit und Unglück verschont. Aber vor hundert Jahren wurde der heilige Stein gestohlen. Seit jener Zeit haben ihn die Buddhisten vergeblich in der ganzen Welt gesucht. Seit seinem Verschwinden hat das mongolische Volk begonnen allmählich dahinzusterben."

„Genug," bedeutete ihm der Bogdo Gheghen, „Unsere Nachbarn verachten uns. Sie vergessen, daß wir einstmals ihre Herren gewesen sind. Wir aber bewahren unsere heiligen Traditionen, und wir wissen, daß der Tag des Triumphes der mongolischen Stämme und der Gelben

Lehre kommen wird. Die Schützer unseres Glaubens sind die Burjetten. Sie sind die treuesten Bewahrer des Vermächtnisses Dschingis Khans."

So sprach der Lebende Buddha, und so haben die alten Bücher gesprochen!

42. Kapitel.
Das Buch der Wunder.

Fürst Djam Bolon bat einen Maramba, uns die Bibliothek des Lebenden Buddha zu zeigen. Sie besteht aus einem großen Raum, in dem Dutzende von Schreibern die alten Werke bearbeiten, und die Wunder der Lebenden Buddha aufzeichnen. Sie beginnen dabei mit Undur Gheghen und hören mit den Gheghen und Hutuktus der verschiedenen mongolischen Klöster der Gegenwart auf. Diese Bücher werden danach in allen Lamaklöstern und Tempeln und den Schulen der Bandis verteilt. Aus den Aufzeichnungen las uns der Maramba zwei Stücke vor: „... Der selige Bogdo Gheghen hauchte einen Spiegel an. Sofort erschien auf ihm wie in einem Nebel das Bild eines Tales, in dem viele Tausende von Kriegern miteinander fochten ..."

„Der weise und von den Göttern begünstigte Lebende Buddha verbrannte Weihrauch und betete zu den Göttern, um von ihnen eine Offenbarung über das Geschick der Fürsten zu erhalten. In dem blauen Rauch sahen alle ein finsteres Gefängnis und die bleichen gemarterten Leichen der toten Fürsten ..."

Ein besonderes Buch, von dem bereits Tausende von Exemplaren angefertigt worden sind, befaßt sich mit den Wundern des gegenwärtigen Lebenden Buddha. Fürst Djam Bolon erzählte mir einiges von dem Inhalt dieses Werkes.

„Es gibt einen alten hölzernen Buddha mit offenen Augen. Er wurde von Indien hierher gebracht. Der Bogdo Gheghen stellte ihn auf den Altar und begann zu beten. Nachdem der Bogdo aus dem Schrein herausgekommen war, ließ er auch die Buddha-Statue herausbringen. Alles war äußerst erstaunt; denn die Augen des Gottes waren geschlossen, Tränen fielen aus ihnen herab. Auf dem hölzernen Leib erschienen grüne Keime. Der Bogdo sagte: „Weh und Freude erwarten mich. Ich werde blind werden, aber die Mongolei wird frei sein."

Diese Prophezeiung hat sich erfüllt. — Ein anderes Mal ließ der Lebende Buddha, als er sich eines Tages im Zustande großer Erregung befand, ein Wasserbecken bringen, das er vor den Altar setzte. Er rief die Lamas um sich und begann zu beten. Plötzlich zündeten sich die Altarkerzen und Lampen von selbst an und das Wasser in dem Becken begann in den Regenbogenfarben zu schillern."

Der Fürst erklärte mir auch, wie der Bogdo Khan die Zukunft aus frischem Blut liest, indem nämlich, für ihn sichtbar, auf der Oberfläche Worte und Bilder erscheinen, oder aus den Gedärmen von Schafen und Ziegen, aus deren Anordnung der Bogdo das Geschick der Fürsten zu erkennen und ihre Gedanken zu erfahren vermag, oder aus Steinen und Knochen, die den Lebenden Buddha mit großer Genauigkeit das Los aller Menschen wissen lassen, und aus den Sternen, deren Stellung zu einander der Bogdo bei der Zubereitung von Amuletten gegen Kugeln und Krankheit berücksichtigt.

„Frühere Bogdo Khans verkündeten die Zukunft nur mit Hilfe des „schwarzen Steins," sagte der Maramba, „Auf der Oberfläche des Steins erschienen nämlich tibetanische Inschriften, aus denen die Bogdos das Los ganzer Nationen erfuhren."

Als der Maramba von dem schwarzen Stein sprach, auf dem tibetanische Legenden erschienen sein sollten, kam mir sofort zum Bewußtsein, daß in dieser Erzählung etwas lag, was eine natürliche Erklärung finden kann. Im südöstlichen Urianhai, in Ulan Taiga, kam ich an eine Stelle, wo es schwarzen, im Verfall befindlichen Schiefer gab. Die Stücke dieses Schiefers waren mit einer besonderen weißen Flechte bedeckt, die eine sehr komplizierte Linienanordnung zeigte und mich an ein venezianisches Spitzenmuster oder mysteriöse Runen erinnerte. Wenn der Schiefer feucht war, verschwanden diese Zeichen. Sobald er trocken wurde, kamen sie jedoch wieder zum Vorschein.

Niemand hat das Recht, den Lebenden Buddha zu bitten, ihm wahrzusagen. Der Bogdo prophezeit nur, wenn er die Eingebung dazu empfindet oder wenn ein besonderer Delegierter mit einer entsprechenden Bitte vom Dalai Lama oder vom Tashi Lama zu ihm kommt. Als der russische Zar Alexander I. unter den Einfluß der Baronin Krüdener und ihres extremen Mystizismus kam, sandte er einen Sonderboten zum Lebenden Buddha, um sein Geschick zu erfahren. Der damalige Bogdo Khan, der ein ganz junger Mann war, machte die Prophezeiung nach dem schwarzen Stein und sagte voraus, daß der Weiße Zar sein Leben unter sehr kummervollen Wanderungen, allen unbekannt und überall verfolgt, beschließen würde. In Rußland glaubt noch heute das Volk, daß Alexander I. die letzten Tage seines Lebens als Wanderer im europäischen Rußland und in Sibirien unter dem Pseudonym von Feodor Kusmitch zugebracht und dabei Gefangenen, Bettlern und anderem leidenden Volk Hilfe und Trost gespendet habe, aber daß er selbst verfolgt und ins Gefängnis geworfen worden und schließlich in Tomsk in Sibirien gestorben sei, wo noch heute sein Wohnhaus gezeigt und sein Grab, Stätten von Pilgerfahrten und Wundern, geheiligt werden. Die Dynastie der Romanows hat für die Biographie von Feodor Kusmitch großes Interesse gezeigt, was die Ansicht bestätigt, daß Kusmitch wirklich Alexander I. war, der diese schwere Buße auf sich genommen hatte.

Der Lebende Buddha.

(Eine chinesische Aufnahme)

43. Kapitel.
Die Geburt des Lebenden Buddha.

Der Lebende Buddha stirbt nicht. Seine Seele geht manchmal in den Körper eines Kindes über, das an seinem Todestage geboren wird, manchmal, noch während des Lebens des Buddha, auch in den Körper eines anderen Wesens. Dieser neue sterbliche Wohnsitz des geheiligten Geistes Buddhas wird fast immer in der Jurte einer armen tibetanischen oder mongolischen Familie gefunden. Dafür sprechen politische Gründe. Wenn der Buddha in der Familie eines reichen Fürsten in Erscheinung treten würde, dann könnte das zu dem Emporkommen einer Familie führen, die vielleicht nicht geneigt wäre, dem Klerus Gehorsam zu erweisen. (Das ist in der Vergangenheit tatsächlich vorgekommen.) Wenn indessen eine arme, unbekannte Familie auf den Thron Dschingis Khans kommt und auf diese Weise Reichtümer erwirbt, so wird sie im allgemeinen bereit sein, sich dem Willen der Lamas zu unterwerfen. Nur drei oder vier Lebende Buddhas sind bisher rein mongolischen Ursprungs gewesen. Alle übrigen waren Tibetaner.

Einer der Räte des Lebenden Buddha, Lama-Khan Jassaktu, hat mir das Folgende erzählt:

„In den Klöstern von Lassa und Tashi Lumpo ist man ständig durch Briefe von Urga über den Gesundheitszustand des Lebenden Buddha unterrichtet. Sobald der menschliche Körper des Bogdo alt wird und der Geist Buddhas das Bestreben zeigt, eine Wanderung anzutreten, beginnen besondere Tempeldienste in den tibetanischen Tempeln, bei denen versucht wird, mit astrologischen Mitteln die Zukunft zu bestimmen. Diese Riten zeigen die besonders frommen Lamas an, die entdecken können, wo der Geist Buddhas von neuem inkarniert zu werden wünscht. Die so gefundenen frommen Lamas haben dann das ganze Land abzureisen und Beobachtungen anzustellen. Oft gibt ihnen Gott selber die notwendigen Zeichen. Gelegentlich wird ein weißer Wolf in der Nähe der Jurte eines armen Schafhirten erscheinen oder es wird ein Lamm mit zwei Köpfen geboren werden oder ein Meteor vom Himmel fallen. Einige Lamas pflegen Fische aus dem heiligen See Tangri Nor zu nehmen und auf deren Schuppen den Namen des neuen Bogdo Khan zu lesen. Andere greifen Steine auf, deren Risse ihnen anzeigen, wo sie den neuen Buddha zu suchen haben. Andere wiederum ziehen sich in die Einsamkeit enger Bergschluchten zurück, um den Stimmen der Berggeister zu lauschen, die ihnen den Namen des von den Göttern neu Erwählten verkünden. Wenn der neue Bogdo gefunden ist, dann wird heimlich alles Wissenswerte über seine Familie eingezogen und dem hochgelehrten Tashi Lama unterbreitet, der den Namen Erdeni, „der große Edelstein des Wissens", führt und der nach den Runen Ramas die Wahl nachzuprüfen hat. Wenn er sie billigt, dann sendet er einen Geheimbrief an den Dalai Lama, der im Tempel des „Geistes der Berge" einen besonderen Opferdienst abhält und die Wahl bestätigt, indem er sein großes Siegel auf den Brief des Tashi Lama setzt.

Sollte der alte Lebende Buddha noch leben, so wird der Name seines Nachfolgers streng geheim gehalten.

Wenn jedoch der Geist Buddhas den Körper des Bogdo Khan bereits verlassen hat, dann erscheint eine Sonderdelegation von Tibet mit dem neuen Lebenden Buddha. Das gleiche Verfahren wird bei der Wahl der Gheghen und Hutuktus aller lamaistischen Klöster der Mongolei befolgt. In diesem Fall aber liegt das Recht der Bestätigung der Wahl bei dem Lebenden Buddha. Die Wahl wird lediglich nach Vollziehung aller Formalitäten nach Lassa gemeldet.

44. Kapitel.
Aus dem Leben des gegenwärtigen Lebenden Buddha.

Der gegenwärtige Bogdo Khan der Aeußeren Mongolei ist ein Tibetaner. Er entstammt einer armen Familie, die in der Nähe von Sakkia Kure in Westtibet lebt. Seit seiner frühesten Jugend hat er ein stürmisches, eigentlich ganz ungeistiges Naturell gezeigt. Er war stets von dem Gedanken der Unabhängigkeit und der Verherrlichung der Mongolei und der Nachfolger Dschingis Khans beseelt. Das gab ihm von vornherein einen großen Einfluß über die Lamas, Fürsten und Khane der Mongolei und auch über die russische Regierung, die stets versucht hat, ihn auf ihre Seite zu ziehen. Er fürchtete sich nicht, gegen die Mandschu-Dynastie in China aufzutreten, und hatte dabei stets die Hilfe Rußlands, Tibets, der Burjetten und der Kirgisen, die ihm Geld, Waffen, Krieger und diplomatische Hilfe gewährten. Die chinesischen Kaiser suchten einen offenen Krieg mit dem Lebenden Gott zu vermeiden, um nicht die Proteste der chinesischen Buddhisten herauszufordern. Einmal sandten sie zum Bogdo Khan einen Doktor, der ein geschickter Giftmischer war. Der Lebende Buddha verstand indessen sofort die Bedeutung dieser medizinischen Aufmerksamkeit und trat, da er die Kraft asiatischer Gifte kannte, sogleich eine Rundfahrt nach den mongolischen Klöstern und nach Tibet an. Als seinen Vertreter ließ er einen Hubilgan zurück, der mit dem chinesischen Doktor Freundschaft schloß und von diesem den genauen Zweck seines Herkommens erfuhr. Bald danach starb der Chinese infolge irgendeiner unbekannten Ursache. Der Lebende Buddha konnte also nach seiner Hauptstadt zurückkehren.

Noch bei einer anderen Gelegenheit befand sich der Lebende Gott in Gefahr. Das war, als Lassa gefunden hatte, daß der Bogdo Khan eine Politik führte, die von Tibet zu unabhängig war. Der Dalai Lama trat in Verhandlungen mit mehreren Khanen und Fürsten ein und gewann sie für den Plan, die Uebersiedelung des Geistes Buddhas in eine andere menschliche Form zu beschleunigen. Die betreffenden Fürsten kamen nach Urga, wo sie von dem Bogdo Khan mit Ehren und Kundgebungen der Freude empfangen wurden. Ein großes Festmahl wurde für sie gerichtet, und die Verschwörer glaubten bereits,

Die Frau des lebenden Buddha.
(Eine chinesische Aufnahme)

Vollstrecker des Befehls des Dalai Lama werden zu können. Nach dem Ende des Festes hatten sie jedoch ganz andere Gefühle. Sie starben schon in der folgenden Nacht. Der Lebende Buddha ließ ihre Leichen unter hohen Ehrungen zu ihren Familien senden.

Der Bogdo Khan kennt jeden Gedanken, jede Bewegung der Fürsten und Khane und jede gegen ihn geplante Verschwörung. Der Gegner wird gewöhnlich freundlichst eingeladen, nach Urga zu kommen, von wo er niemals an seinen Wohnsitz zurückkehrt.

Einstmals hatte die chinesische Regierung entschieden, daß die fortlaufende Linie der Lebenden Buddhas zu Ende kommen solle. Indem sie den offenen Streit mit dem Hohenpriester von Urga abbrach, dachte sie sich zur Erreichung ihres Zieles folgendes aus: Peking forderte den Pandita Gheghen von Dolo Nor und das Haupt der chinesischen Lamaisten, den Hutuktu von Utai, die beide nicht die Oberherrschaft des Lebenden Buddha anerkennen, auf, nach der Hauptstadt zu kommen. Diese fanden heraus, nachdem sie alte buddhistische Bücher zu Rate gezogen hatten, daß der gegenwärtige Bogdo Khan der letzte Lebende Buddha sei; denn der Teil des Geistes Buddhas, der in den Bogdo Khans wohne, könne nur einunddreißig Mal in einem menschlichen Körper wiedergeboren werden. Der gegenwärtige Bogdo Khan aber ist der einunddreißigste inkarnierte Buddha seit der Zeit Undur Gheghens. Mit ihm müßte nach diesem Befund die Dynastie der Hohenpriester von Urga eigentlich aussterben. Als der Bogdo Khan von dieser Entscheidung hörte, machte er jedoch aus alten tibetanischen Manuskripten die Feststellung, daß einer der tibetanischen Hohenpriester verheiratet gewesen und sein Sohn deshalb ein natürlicher inkarnierter Buddha war. So heiratete der Bogdo Khan und hat jetzt einen Sohn, der ein sehr tüchtiger und energischer junger Mann ist. Auf diese Weise wird also der religiöse Thron Dschingis Khans nach seinem Dahinscheiden nicht leer bleiben. Die Dynastie der chinesischen Kaiser ist von der politischen Schaubühne verschwunden, aber der Lebende Buddha fährt fort, der Mittelpunkt des panasiatischen Gedankens zu bleiben.

Die neue chinesische Regierung hielt den Lebenden Buddha im Jahre 1920 in seinem eigenen Palaste in Haft. Doch zu Beginn des Jahres 1921 überquerte Baron Ungern den heiligen Bogdo-Ol und kam an den Palast von hinten heran. Tibetanische Reiter erschossen die chinesischen Wachposten mit Pfeilen. Danach drangen die Mongolen in den Palast ein und stahlen ihren „Gott", der darauf sofort die ganze Mongolei aufrief und die Hoffnungen der asiatischen Völker und Stämme zum Erwachen brachte.

In dem großen Palast des Bogdo Khan zeigte mir ein Lama einen, mit einem kostbaren Teppich, bedeckten Korb, in dem die Bullen des Dalai Lama und Tashi Lama, die Dekrete der Kaiser Rußlands und Chinas und die Verträge zwischen der Mongolei, Rußland, China und Tibet aufbewahrt werden. In dem gleichen Korb befindet sich eine Kupferplatte, die die mysteriösen Zeichen des Königs der Welt trägt, sowie eine Aufzeichnung der letzten Vision des Lebenden Buddha.

45. Kapitel.
Die Vision des Lebenden Buddha vom 17. Mai 1921.

„Ich betete und sah, was den Augen des Volkes verborgen ist. Eine weite Ebene, die von Bergen umgeben war, lag vor mir. Ein alter Lama trug einen mit schweren Steinen angefüllten Korb. Er konnte kaum von der Stelle kommen. Da erschien vom Norden ein Reiter, der weiße Gewänder trug und auf einem weißen Pferde saß. Dieser ritt an den Lama heran und sagte zu ihm: „Gib mir Deinen Korb. Ich werde Dir helfen, ihn zum Kure zu tragen."

Der Lama überreichte ihm seine schwere Last. Aber der Reiter konnte sie nicht bis zu seinem Sattel heben, so daß der alte Lama den Korb wieder auf seine Schulter stellen und, unter seinem schweren Gewicht gebeugt, den Marsch fortsetzen mußte. Dann kam von Norden ein zweiter Reiter. Dieser hatte schwarze Gewänder an und ritt auf einem schwarzen Pferde. Auch er näherte sich dem Lama und sagte: „Wie dumm! Warum trägst Du diese Steine, wo sie doch hier überall auf dem Boden herumliegen?" Mit diesen Worten stieß er den Lama mit der Brust seines Pferdes um, so daß alle Steine auf den Boden fielen. Als die Steine die Erde berührten, wurden sie zu Diamanten. Da stürzten sich alle drei nieder, um sie wieder aufzuraffen. Aber keiner von ihnen konnte sie von dem Boden lösen. Verzweifelt rief der alte Lama aus: „O Götter! Mein ganzes Leben habe ich diese schwere Last getragen, und jetzt, wo nur noch eine so geringe Wegstrecke übrig geblieben ist, habe ich sie verloren. Helft mir, große, gute Götter!"

Plötzlich tauchte ein zitternder alter Mann auf. Er tat alle Diamanten ohne die geringste Schwierigkeit in den Korb zurück, wischte von ihnen den Staub ab, hob die Last auf seine Schulter und machte sich auf den Weg, indem er zu dem Lama sagte: „Ruh Dich ein wenig aus. Ich habe gerade meine Last ans Ziel getragen und freue mich, Dir mit der Deinigen helfen zu können."

Die beiden setzten den Marsch fort und waren bald außer Sehweite. Währenddessen begannen die Reiter miteinander zu kämpfen. Sie fochten einen ganzen Tag und danach noch eine ganze Nacht. Als die Sonne über der Ebene aufstieg, war keiner von ihnen weder tot noch lebendig zurückgeblieben. Sie hatten keinerlei Spur hinterlassen.

Dies habe ich, der Bogdo Hutuktu Khan, in einer Unterredung mit dem Großen und Weisen Buddha, der von den guten und bösen Dämonen umgeben war, gesehen! Weise Lamas, Hutuktus, Kampos, Marambas und Heilige Gheghen, gebt die Antwort auf meine Vision!"

Dies wurde in meiner Gegenwart am 17. Mai 1921 nach dem Diktat des Lebenden Buddha niedergeschrieben. Ich weiß nicht, was die Hutuktus und Gheghen, die Wahrsager, die Zauberer und die Priester mit dem Zweiten Gesicht geantwortet haben. Aber liegt die Antwort nicht klar zutage, wenn man über die gegenwärtige Lage Asiens nachdenkt?

Das erwachende Asien ist voll von Rätseln; aber es ist auch voll von den Antworten auf die Fragen, die von dem Geschick der Menschheit gestellt werden. Dieser große Kontinent mysteriöser Hohenpriester, Lebender Götter, Mahatmas und Leser des furchtbaren Buches Karmas wacht auf, und der Ozean von Hunderten von Millionen menschlicher Leben wird von riesigen Wellen gepeitscht.

Teil V.

Das Mysterium der Mysterien. Der König der Welt.

46. Kapitel.
Das unterirdische Königreich.

„Halten Sie an!" flüsterte mein alter mongolischer Führer, als wir eines Tages die Steppe in der Nähe von Tzagan Luk durchquerten. „Halten Sie an!"

Er ließ sich von seinem Kamel hinabgleiten, das sich ohne Weisung des Reiters niederlegte. Der Mongole legte seine Hände zum Gebet vor das Gesicht und begann immer wieder den heiligen Spruch: „Om! Mane, Padme Hom!" zu sagen. Auch die anderen Mongolen hielten sofort ihre Kamele an und begannen zu beten.

„Was hat sich zugetragen?" dachte ich, als ich über das zarte, grüne Gras zu dem wolkenlosen Himmel und den träumerischen, weichen Strahlen der Abendsonne hinaufblickte.

Die Mongolen beteten eine Zeitlang. Dann flüsterten sie, zogen die Riemen der Packkamele an und setzten den Marsch fort.

„Haben Sie gesehen," fragte der Mongole, „wie unsere Kamele furchtsam die Ohren bewegten? Wie die Pferdeherde auf der Steppe aufmerksam lauschte und wie die Schaf- und Viehherden hingekauert am Boden lagen? Haben Sie bemerkt, daß die Vögel aufhörten zu fliegen, daß die Murmeltiere auf der Stelle liegen blieben und die Hunde nicht mehr bellten? Die Luft wurde leicht bewegt und trug von weither die Musik eines Gesanges herbei, der in die Herzen von Menschen, Tieren und Vögeln eindrang. Erde und Himmel hörten auf zu atmen. Der Wind blies nicht mehr und die Sonne stand still. In einem solchen Augenblick bleibt der Wolf, der sich an das Schaf heranmacht, dort liegen, wo er sich gerade befindet, hält die aufgescheuchte Antilopenherde plötzlich ihren rasenden Lauf an, fällt das Messer des Schafhirten, das die Kehle des Schafes aufschneiden wollte, aus seiner Hand und hört das gierige Wiesel auf, sich an die arglose Salga heranzuschleichen. Alle Lebewesen werden unwillkürlich in eine Gebetsstimmung versetzt und erwarten ihr Schicksal. So war es gerade in diesem Augenblick. Das ist immer der Fall, wenn der König der Welt in seinem unterirdischen Palast betet und das Geschick der Völker auf der Erde ergründet."

In dieser Weise sprach der alte Mongole, ein einfacher, rauher Schafhirte und Jäger, zu mir.

Die Mongolei mit ihren nackten und fürchterlichen Bergen und ihren grenzenlosen Steppen, die mit den Gebeinen der Vorfahren des mongolischen Geschlechts bedeckt sind, hat dem Mysterium Geburt gegeben. Ihr Volk, das von den stürmischen Leidenschaften der Natur in Schrecken versetzt oder durch ihren todähnlichen Frieden eingelullt wird, fühlt ihr Mysterium. Ihre Roten und Gelben Lamas bewahren ihr Mysterium und umgeben es mit Dichtung. Die Hohenpriester von Lassa und Urga sind im Besitz ihres Mysteriums.

Auf meiner Reise durch Mittelasien hörte ich zum ersten Male von dem „Mysterium der Mysterien". Ich kann ihm keinen anderen Namen geben. Anfänglich schenkte ich ihm nicht viel Beachtung und maß ihm nicht so viel Bedeutung bei, wie ich es später tat, nachdem ich mancherlei sporadische, nebelhafte und oft widersprechende Hinweise von seiner Existenz analysiert und gesammelt hatte.

Alte Leute am Ufer des Amylflusses erzählten mir, daß einer alten Legende zufolge ein gewisser mongolischer Stamm, um den Anforderungen Dschingis Khans zu entgehen, sich in dem unterirdischen Land verborgen habe. Ein Sojot, der aus der Nähe des Sees Nogan Kul stammte, zeigte mir das rauchende Tor, das einen Eingang zum Königreich von Agharti darstellen soll. Durch dieses Tor sei früher einmal ein Jäger in das Königreich gekommen. Nach seiner Rückkehr habe er zu erzählen begonnen, was er dort gesehen hatte. Darauf hätten ihm die Lamas die Zunge ausgeschnitten, um ihn daran zu hindern, das Mysterium der Mysterien preiszugeben. Als er alt geworden sei, sei er dann zu der Eingangsstelle der Höhle zurückgekommen und, angezogen durch die alten Erinnerungen, in dem unterirdischen Königreich verschwunden.

Ueber diese Frage erhielt ich realistischere Mitteilungen vom Hutuktu Jelyb Djamsrap des Narabantschi Kure. Er erzählte mir die Geschichte des mehr irdisch aufgefaßten Kommens des mächtigen Königs der Welt aus dem unterirdischen Königreich, von seiner Erscheinung, von seinen Wundern und seinen Prophezeiungen. Erst dann begann ich zu verstehen, daß in dieser Legende, mag es Hypnose oder Massenvision sein, nicht nur Mysterium, sondern auch eine realistische und mächtige Kraft verborgen liegt, die befähigt ist, die Entwicklung des politischen Lebens Asiens zu beeinflussen. Von da ab begann ich Erkundigungen einzuziehen.

Der Lieblingsgelong des Fürsten Hultun Beyli und der Fürst selber erzählten mir einiges von dem unterirdischen Königreich.

„Alles in der Welt," sagte der Gelong, „befindet sich beständig in einem Zustand der Wandlung und des Uebergangs — die Völker, die Wissenschaft, die Religionen, die Gesetze und die Sitten. Wie viele große Kaiserreiche und glänzende Kulturen sind schon untergegangen! Das, was allein unverändert bleibt, ist das Böse, das Werkzeug der bösen Geister. Vor mehr als sechzigtausend Jahren verschwand ein Heiliger mit einem ganzen Menschenstamm unter dem Erdboden, um sich niemals wieder an der Erdoberfläche zu zeigen. Viele Leute haben indessen seitdem dieses Königreich besucht, Sakkia Mouni, Undur Gheghen, Paspa, Khan Baber und andere; aber niemand weiß, wo sich das Königreich befindet. Die einen sagen in Afghanistan, andere in Indien. In ihm ist das Volk gegen das Böse geschützt. Verbrechen gibt es nicht innerhalb seiner Grenzen. Die Wissenschaft hat sich in ihm ruhig entwickelt, nichts ist in ihm durch Zerstörung bedroht. Das unterirdische Volk hat das höchste Wissen erreicht. Das Land unter der Erde ist jetzt ein großes Königreich. Zu ihm gehören Millionen von Menschen. Sein Herrscher ist der König der Welt. Dieser kennt alle Kräfte der Welt und vermag in den Seelen der Menschheit und in dem großen Buch ihres Geschickes zu lesen. Unsichtbar regiert er über die achthundert Millionen Menschen, die auf der Erdoberfläche leben. Sie sind jedem seiner Befehle unterworfen."

Fürst Hultun Beyli fügte hinzu: „Dieses Königreich ist Agharti. Es erstreckt sich über alle unterirdischen Gänge der Welt. Ich hörte, wie ein gelehrter Lama aus China dem Bogdo Khan erzählte, daß die unterirdischen Höhlen in Amerika von der ehemaligen Bevölkerung dieses Kontinents bewohnt seien. Alle unterirdischen Völker und unter der Erde befindlichen Räume werden von Herrschern regiert, die dem König der Welt Untertan sind. Darin liegt nichts allzu Wunderbares. Sie wissen ja, daß es früher in den beiden größten Ozeanen des Ostens und Westens zwei Kontinente gegeben hat, die unter der Wasseroberfläche verschwanden. Deren Bevölkerung gehört jetzt zu dem unterirdischen Königreich. In den Höhlen unter der Erdoberfläche herrscht ein besonderes Licht, dem es zu danken ist, daß dort Getreide und Pflanzen wachsen und die Menschen ein langes, von Krankheiten freies Leben führen können. Es gibt dort mancherlei verschiedenartige

Völker und Stämme. Ein alter buddhistischer Brahmane von Nepal führte den Willen der Götter aus, indem er einem alten Königreich Dschingis Khans — Siam — einen Besuch abstattete. Dort traf er einen Fischer, der ihm befahl, in seinem Boot Platz zu nehmen und mit ihm auf das Meer hinauszufahren. Am dritten Tage erreichten sie eine Insel, auf der der Brahmane Menschen vorfand, die zwei Zungen hatten und deshalb in zwei verschiedenen Sprachen sprechen konnten. Diese Menschen zeigten ihm ganz sonderbare Tiere, Schildkröten mit sechzehn Füßen und mit einem Auge, riesige Schlangen mit sehr schmackhaftem Fleisch und Vögel, die Zähne hatten, so daß sie für die Inselbevölkerung Fische fangen konnten. Diese Leute erzählten ihm, daß sie von dem unterirdischen Königreich emporgestiegen seien, und beschrieben ihm gewisse Teile desselben."

Der Turguten - Lama, der mit mir von Urga nach Peking reiste, gab mir weitere Einzelheiten.

„Die Hauptstadt von Agharti ist von Städten umgeben, die von Hohenpriestern und Männern der Wissenschaft bewohnt sind. Sie erinnern einen an Lassa, wo der Palast des Dalai Lama, der Pohla, die Spitze eines Berges darstellt, der mit Klöstern und Tempeln bedeckt ist. Der Thron des Königs der Welt ist von Millionen inkarnierter Götter umringt. Diese sind die Heiligen Panditas. Der Palast selber wird eingefaßt von den Palästen der Goro, die alle sichtbaren und unsichtbaren Kräfte der Erde, der Hölle und des Himmels beherrschen und für das Leben und Sterben der Menschen alles tun können. Wenn unsere wahnsinnige Menschheit einen Krieg gegen das unterirdische Königreich beginnen sollte, so wäre dieses imstande, die ganze Oberfläche unseres Planeten in die Luft zu sprengen und sie in eine Einöde zu verwandeln.

Die Bewohner von Agharti können Meere trocken legen, Kontinente in Ozeane verwandeln und Berge zu Wüstenstaub machen. Unter dem Befehl des Königs der Welt können Gräser und Büsche entstehen, werden alte und schwache Menschen wieder jung und kräftig und werden die Toten wieder zum Leben erweckt. In Wagen, die uns fremd sind, rasen die Bewohner des unterirdischen Königreichs durch die engen Spalten im Innern unseres Planeten. Einige indische Brahmanen und tibetanische Dalai Lamas haben bei ihren mühevollen Versuchen, die Spitzen von Bergen zu erreichen, die noch nie ein menschlicher Fuß betreten hat, auf den Felsen Inschriften und in dem Schnee Fuß-

und Wagenspuren entdeckt. Der gesegnete Sakkia Mouni hat auf einer Bergspitze Steintafeln gefunden, die Worte trugen, die nur er im hohen Alter verstehen konnte. Danach ist er zum Königreich Agharti vorgedrungen, von wo er Bruchstücke des heiligen Wissens, die in seinem Gedächtnis haften geblieben waren, mit auf die Welt brachte. In Agharti leben in Palästen, die aus wunderbaren Kristallen gebaut sind, die unsichtbaren Herrscher über alle frommen Menschen, der König der Welt oder Brahytma, der mit Gott sprechen kann, so wie ich jetzt mit Ihnen spreche, und seine beiden Gehilfen, Mahytma, der die Zwecke aller zukünftigen Ereignisse kennt, und Mahynga, der die Ursachen dieser Ereignisse beherrscht.

Die Heiligen Panditas studieren die Welt und alle ihre Kräfte. Gelegentlich treten die gelehrtesten unter ihnen zusammen und senden ihre Boten an Stellen, an die menschliche Augen niemals gedrungen sind. Dieser Vorgang ist von einem Tashi Lama beschrieben worden, der vor achthundertundfünfzig Jahren gelebt hat. Das Verfahren ist folgendes: Die höchsten Panditas bedecken ihre Augen mit einer Hand, die andere Hand legen sie unter den Hinterkopf jüngerer Männer, die sie so in tiefen Schlaf versetzen. Dann waschen sie die Körper der Schlafenden mit einem Aufguß aus Gras, machen sie gegen jeden Schmerz unempfindlich und härter als Stahl, wickeln sie in magische Tücher ein und binden sie. Dann beten sie zu dem Großen Gott. Die versteinerten Jünglinge liegen mit offenen und wachsamen Augen da. Sie hören, sehen und behalten alles, was um sie vorgeht. Darauf tritt ein Goro an sie heran und heftet einen langen, festen Blick auf sie. Langsam erheben sich sodann ihre Körper von der Erde und verschwinden im Luftraum. Der Goro sitzt währenddessen da und starrt mit festem Blick in die Richtung, in die er die Boten entsandt hat. Unsichtbare Fäden verbinden seinen Willen mit ihnen. Einige von ihnen bewegen sich unter den Sternen und beobachten die dortigen Ereignisse, die unbekannte Bevölkerung der Sternenwelt, ihr Leben und ihre Gesetze. Sie hören, was die Sternenmenschen zu sagen haben, lesen deren Bücher, verstehen ihr Geschick und Leid, ihre Heiligkeit und ihre Sünden, ihre Frömmigkeit und ihre Uebel. Andere der Boten kommen in Berührung mit den Flammen und sehen dort, wie das wilde Feuer entsteht, das ewig kämpft, die Metalle in der Tiefe der Planeten zerschmilzt und zerschlägt, das Wasser für die Geiser und die heißen Quellen kocht, Felsen zerbricht und durch die Berglöcher Lavaströme über die Erdoberfläche gießt. Andere wiederum stürmen mit den unendlich kleinen, durchsichtigen Luftwesen dahin und dringen in die Mysterien ihrer Existenz und in die Zwecke ihres Lebens ein. Andere tauchen in die Tiefen der Meere unter und beobachten das Königreich der weißen Wasserwesen, die über die ganze Erde angenehme Wärme tragen und die Winde, Wellen und Stürme beherrschen... In Erdeni Dzu hat es einmal einen Pandita Hutuktu gegeben, der von Agharti gekommen war. Als er starb, erzählte er von der Zeit, in der er nach dem Willen der Goro auf einem roten Stern im Osten gelebt, auf dem eisbedeckten Ozean getrieben und zwischen den stürmischen Feuern in der Tiefe der Erde geschwebt hatte."

Das sind die Erzählungen, die ich in den mongolischen Jurten der Fürsten und in den lamaistischen Klöstern gehört habe. Alle diese Geschichten wurden im feierlichen Ton vorgetragen, in einem Ton, der Widerspruch ausschloß.

Mysterium!

47. Kapitel.
Der König der Welt vor dem Antlitz Gottes.

Auch während meines Aufenthaltes in Urga versuchte ich eine Erklärung der Legende des Königs der Welt zu erhalten. Der Lebende Buddha hätte mir natürlich am meisten darüber sagen können. Deshalb versuchte ich von ihm etwas in Erfahrung zu bringen. Bei einer Unterhaltung, die ich mit ihm hatte, erwähnte ich den Namen des Königs der Welt. Als ich das tat, wandte der alte Hohepriester seinen Kopf scharf nach mir um und richtete seine unbeweglichen blinden Augen auf mich. Gegen meinen Willen wurde ich schweigsam. Unser Schweigen dauerte lange. Danach setzte der Hohepriester die Unterhaltung in solcher Weise fort, daß ich verstand, daß er nicht auf meine Anregung eingehen wollte. Auf den Gesichtern der anderen Anwesenden las ich infolge meiner Worte Staunen und Furcht. Dies traf besonders in Bezug auf den Hüter der Bibliothek des Bogdo Khans zu. Man wird verstehen, daß dies meinen Eifer nur bestärken konnte.

Als ich das Arbeitszimmer des Bogdo Hutuktu verließ, stieß ich mit dem Bibliothekar zusammen, der vor mir hinausgegangen war. Ich bat ihn, mir die Bibliothek des Lebenden Buddha zu zeigen. Das gab mir die Gelegenheit zur Anwendung eines sehr einfachen Tricks.

„Hören Sie, mein lieber Lama," sagte ich, „eines Tages ritt ich gerade zu der Stunde über die Steppe, als der König der Welt mit Gott sprach. Ich fühlte die eindrucksvolle Majestät dieses Augenblicks."

Zu meiner Verwunderung antwortete mir der alte Lama sehr ruhig: „Es ist nicht recht, daß die Buddhisten und unsere Gelbe Lehre es verbergen. Das Wissen von der Existenz des heiligsten und mächtigsten Mannes, des gesegneten Königreichs und des großen Tempels der heiligen Wissenschaft ist ein solcher Trost für unsere sündigen Herzen und unser verderbtes Leben, daß es eine Sünde ist, es vor der Menschheit zu verbergen ... Hören Sie, was ich sage," fuhr er fort. „Das ganze Jahr hindurch leitet der König der Welt die Arbeiten des Panditas und Goros von Agharti. Nur gelegentlich begibt er sich zu der Tempelhöhle, in der der einbalsamierte Körper seines Vorgängers in einem Sarg aus schwarzem Stein liegt. Diese Höhle ist immer dunkel. Aber wenn der König der Welt sie betritt, dann erscheinen Flammenstreifen auf ihren Wänden und aus dem Sargdeckel treten Flammenzungen hervor. Der älteste Goro steht mit bedecktem Haupt und bedecktem Gesicht und mit Händen, die über die Brust gefaltet sind, vor dem König der Welt da. Dieser Goro entblößt niemals sein Gesicht, denn sein Kopf ist ein nackter Schädel mit lebenden Augen und redender Zunge. Er steht in Verbindung mit den Seelen aller, die dahingegangen sind.

Der König der Welt betet eine Zeitlang. Dann tritt er an den Sarg heran und streckt seine Hand aus. Darauf brennen die Flammen noch heller. Die Feuerstreifen an den Höhlenwänden verschwinden und kommen wieder. Sie zeigen Unterbrechungen und bilden so mysteriöse Zeichen des Vatannan-Alphabets. Von dem Sarg ergießen sich durchsichtige Bänder eines kaum erkenntlichen Lichtscheines. Diese werden von den Gedanken des Vorgängers des Königs der Welt gebildet. Bald ist der König der Welt auf diese Weise von einem Strahlenglanz eingehüllt. Feurige Buchstaben schreiben auf den Wänden die Wünsche und Befehle Gottes nieder. In diesem Augenblick steht der König der Welt in Berührung mit den Gedanken aller Männer, die das Los und Leben der Menschheit beeinflussen, mit den Königen, Zaren, Khanen, kriegerischen Führern, Hohenpriestern, Männern der Wissenschaft und allen anderen starken Persönlichkeiten. Er versteht ihre Gedanken und Pläne. Wenn diese Gott gefällig sind, so wird der König der Welt sie fördern. Wenn sie aber Gott mißfallen, dann vereitelt sie der König. Diese Macht ist Agharti durch die mysteriöse Wissenschaft des Om verliehen worden, mit dem wir alle unsere Gebete beginnen, Om ist der Name eines alten Heiligen, des ersten Goro, der vor dreihundertunddreißigtausend Jahren lebte. Er war der erste Mensch, der Gott kannte und der die Menschheit Glauben und Hoffnung und den Kampf mit dem Bösen lehrte. Darauf gab ihm Gott die Macht über alle Kräfte, die die sichtbare Welt beherrschen.

Nach dieser Unterhaltung mit seinem Vorgänger beruft der König der Welt den Großen Rat Gottes ein, beurteilt die Handlungen und Gedanken großer Menschen und unterstützt sie oder vernichtet sie. Mahytma und Mahynga wissen diese Handlungen und Gedanken in den Ursachen zu bestimmen, die die Welt beherrschen. Hierauf begibt sich der König der Welt zu dem großen Tempel und verrichtet ein einsames Gebet. Feuer erscheint auf dem Altar, das sich allmählich zu den in der Nähe stehenden Altären ausbreitet Durch die brennenden Flammen hindurch wird das Antlitz Gottes sichtbar. Der König der Welt vermeldet Gott daraufhin ehrfurchtsvoll die Entscheidung und Beschlüsse des Rates Gottes und empfängt seinerseits die göttlichen Befehle des Allmächtigen. Wenn er aus dem Tempel heraustritt, dann strahlt der König der Welt in göttlichem Lichte."

48. Kapitel.
Wirklichkeit oder religiöse Phantasie?

"Hat jemand den König der Welt gesehen?" fragte ich.

"O ja," antwortete der Lama. "Während der feierlichen Festtage des alten Buddhismus in Siam und Indien ist der König der Welt fünfmal erschienen. Er saß in einem prächtigen Wagen, der von weißen Elefanten gezogen wurde und mit Gold, Edelsteinen und dem feinsten Kunstwerk verziert war. Er war in einen weißen Mantel gekleidet und trug eine rote Tiara mit herunterhängenden Diamantenfäden, die sein Gesicht verdeckten. Er segnete das Volk mit einem goldenen Apfel, auf dem die Gestalt eines Lammes ruhte. Daraufhin konnten die Blinden wieder sehen, die Stummen sprechen, die Tauben hören, die Verkrüppelten sich frei bewegen, und wo auch immer die Augen des Königs der Welt ruhten, standen die Toten zu neuem Leben auf. Der König der Welt erschien auch vor fünfhundertundvierzig Jahren in Erdeni Dzu. Er war ebenfalls in dem alten Sakkia Kloster und in Narabantchi Kure.

Einstmals empfing einer der Lebenden Buddhas und einer der Tashi Lamas eine Botschaft von ihm, die mit unbekannten Zeichen auf goldene Tafeln geschrieben war. Niemand vermochte diese Zeichen zu lesen Daraufhin betrat der Tashi Lama den Tempel, legte die goldenen Tafeln auf sein Haupt und begann zu beten. Auf diese Weise wurde herbeigeführt, daß die Gedanken des Königs der Welt in sein Hirn eindrangen. So konnte der Tashi Lama, ohne die rätselhafte Inschrift gelesen zu haben, die Botschaft des Königs verstehen und ausführen."

"Wie viele Menschen sind jemals in Agharti gewesen?" fragte ich den Lama.

"Sehr viele," antwortete dieser. "Aber sie alle haben geheim gehalten, was sie dort sahen. Nachdem die Olets Lassa zerstört hatten, drang eine ihrer Abteilungen in den Bergen des Südwestens in das Randgebiet von Agharti ein. Hier lernten die Olets einige der geringeren mysteriösen Wissenschaften kennen und brachten sie mit sich auf die Erdoberfläche zurück. Das ist der Grund, warum die Olets und Kalmücken so geschickte Zauberer und Propheten sind. Auch aus den Gebieten des Ostens drangen einige Stämme schwarzen Volkes in

Agharti ein und lebten dort mehrere Jahrhunderte hindurch. Später wurden sie aus dem Königreich ausgewiesen und kehrten auf die Erde zurück. Sie besaßen nun das Geheimnis der Wahrsagungen nach Karten, Gräsern und den Linien der Hand. Diese Leute sind die Zigeuner ... Irgendwo im Norden Asiens gibt es einen Stamm, der jetzt ausstirbt und der auch von den Höhlen von Agharti kam. Er ist besonders befähigt, die Geister von Toten zurückzurufen, wenn sie durch die Luft schweben."

Der Lama schwieg. Dann fuhr er, als wenn er meine Gedanken beantworten wollte, fort: „In Agharti schreiben die gelehrten Panditas alle Wissenschaften unseres Planeten und der übrigen Welten auf Steintafeln nieder. Die gelehrten chinesischen Buddhisten wissen das. Ihre Wissenschaft steht am höchsten und sie ist die reinste. Einmal in jedem Jahrhundert versammeln sich einhundert Weise Chinas an geheimer Stelle am Strande des Meeres. Aus der Tiefe des Meeres kommen dann einhundert ewig lebende Schildkröten heraus. Auf deren Schalen schreiben die Chinesen die Entwicklung der göttlichen Wissenschaft während des Jahrhunderts nieder."

Während ich diese Zeilen schreibe, muß ich unwillkürlich an eine Geschichte denken, die mir einstmals ein alter Chinese im Himmelstempel von Peking erzählte. Er sagte mir, daß die Schildkröten mehr als dreitausend Jahre, ohne Nahrung zu sich zu nehmen und ohne Luft zu atmen, leben könnten und daß aus diesem Grunde alle Säulen des blauen Tempels des Himmels auf Schildkröten ruhten, um das Holz vor dem Verfaulen zu bewahren.

„Mehrere Male haben die Hohenpriester von Lassa und Urga Boten zum König der Welt entsandt," sagte der Lama-Bibliothekar, „aber diese konnten ihn nicht finden. Nur ein gewisser tibetanischer Führer fand nach einer Schlacht mit den Olets eine Höhle, deren Eingang die Inschrift trug: „Dies ist das Tor von Agharti." Aus der Höhle trat ein gut aussehender Mann heraus, der dem Tibetaner eine goldene Tafel mit mysteriösen Inschriften überreichte und sagte: „Der König der Welt wird vor allem Volk erscheinen, wenn die Zeit für ihn gekommen sein wird, um die guten Menschen der Welt gegen die schlechten zu führen. Doch diese Zeit ist noch nicht gekommen. Die schlechtesten Menschen sind noch nicht geboren worden."

Dchiang Dchün Baron Ungern hat zweimal den jungen Fürsten Poulzig auf die Suche nach dem König der Welt entsandt. Das erste

Mal kehrte der Prinz mit einem Brief vom Dalai Lama in Lhassa zurück. Als der Baron ihn ein zweites Mal aussandte, kam er nicht wieder.

49. Kapitel,
Die Prophezeiung des Königs der Welt im Jahre 1890.

Der Hutuktu von Narabantchi erzählte mir folgendes, als ich ihn in seinem Kloster zu Beginn des Jahres 1921 besuchte: „Als der König der Welt vor dreißig Jahren vor den von Gott begünstigten Lamas in unserem Kloster erschien, machte er für das bevorstehende halbe Jahrhundert folgende Prophezeiung:

„Mehr und mehr werden die Menschen ihre Seelen vergessen und auf ihr leibliches Wohl bedacht sein. Die größte Sünde und Verderbtheit wird auf der Erde herrschen. Die Menschen werden wie wilde Tiere sein und nach dem Blut und dem Tod ihrer Brüder dürsten. Der Halbmond wird düster werden und seine Gefolgschaft wird in Bettlertum und endlosen Krieg versinken. Seine Eroberer werden den Sonnenstich erleiden und werden nicht weiter aufsteigen können. Zweimal werden sie von schwerstem Mißgeschick heimgesucht werden, das ihnen zur Schmach in den Augen der anderen Völker gereichen wird. Die Kronen von Königen, großen und kleinen, werden fallen ... Eins, zwei, drei, vier, fünf, sechs, sieben, acht ... Eine schreckliche Schlacht wird unter allen Völkern stattfinden. Die See wird sich röten ... Die Erde und der Meeresboden werden mit Knochen bedeckt sein ... Königreiche werden der Auflösung verfallen ... Ganze Völker werden dahinsterben ... Und Hunger, Krankheit und Verbrechen, wie die Welt sie vorher nie gesehen hat, werden herrschen.

Die Feinde Gottes und des Göttlichen Geistes im Menschen werden kommen. Derjenige, der die Hand eines anderen ergreift, wird umkommen. Die Vergessenen und Verfolgten werden aufstehen und die Aufmerksamkeit der ganzen Welt auf sich ziehen. Es wird Nebel und Stürme geben. Nackte Berge werden plötzlich mit Wäldern bedeckt sein. Erdbeben werden kommen ... Millionen werden ihre Sklavenfesseln und ihre Erniedrigung mit Hunger, Krankheit und Tod vertauschen. Die alten Straßen werden von Mengen bedeckt sein, die von Platz zu Platz wandern. Die größten und schönsten Städte werden im Feuer vergehen ... Eins, zwei, drei ... Der Vater wird gegen seinen Sohn, der Bruder gegen seinen Bruder und die Mutter gegen ihre Tochter aufstehen ... Laster, Verbrechen und die Zerstörung von Leib und Seele werden folgen ... Familien werden auseinandergerissen. Glauben und Liebe werden verschwinden ... Unter zehntausend Menschen wird nur einer übrig bleiben, und er wird nackt und toll und ohne Kraft und ohne die Kenntnis, wie er sich ein Haus bauen und Nahrung finden kann, sein ... Er wird heulen wie der wütende Wolf, Leichen verschlingen, sich ins eigene Fleisch beißen und Gott zum Kampfe herausfordern ... Die ganze Erde wird leer werden. Gott wird sich von ihr abwenden und über ihr wird es nur Nacht und Tod geben. Dann werde ich ein Volk, ein jetzt unbekanntes Volk senden, das das Unkraut der Tollheit und des Lasters mit starker Hand ausreißen und diejenigen, die dem Geiste der Menschheit treu geblieben sind, zum Kampf gegen das Böse anführen wird. Dieses Volk wird auf der durch den Tod der Nationen gereinigten Erde ein neues Leben begründen. Im fünfzigsten Jahre werden drei große Königreiche in Erscheinung treten, die einundsiebzig Jahre lang glücklich bestehen werden. Danach wird es achtzehn Jahre des Krieges und der Zerstörung geben. Dann werden die Völker von Agharti aus ihren unterirdischen Höhlen auf die Oberfäche der Erde kommen ..."

Als ich später durch die Ostmongolei nach Peking reiste, dachte ich oft: „Und was, wenn? Was, wenn ganze Völker verschiedener Farben, Glaubensbekenntnisse und Stämme die Wanderung nach dem Westen antreten würden?"

Jetzt, während ich diese Schlußzeilen niederschreibe, wenden sich meine Augen unwillkürlich dem Herzen Asiens zu, über das sich die Spuren meiner Wanderungen schlingen. Durch wirbelnden Schnee und die treibenden Sandwolken der Gobi ziehen sie zurück zu dem Antlitz des Narabantchi Hutuktu, der mir seine innersten Gedanken mit ruhiger Stimme, indem er mit seiner zarten Hand gegen den Horizont wies, also eröffnete:

„In der Nähe von Karakorum und an dem Ufer von Ubsa Nor sehe ich riesige, vielfarbige Lager, Herden von Pferden und Rindern und die blauen Jurten der Führer. Darüber sehe ich die alten Banner Dschingis Khans, der Könige von Tibet, Siams, Afghanistans und indischer Fürsten, die heiligen Zeichen aller lamaistischen Hohenpriester, die Wappen der Khane der Olets und die einfachen Zeichen der nordmongolischen Stämme. Ich höre nicht den Lärm der erregten Menge. Die Sänger singen nicht die eintönigen Gesänge der Berge, Steppen und Wüsten. Die jungen Reiter erfreuen sich nicht an dem

Wettlauf ihrer flinken Rosse ... Da stehen zahllose Scharen alter Männer, Frauen und Kinder, und jenseits im Norden und Westen ist der Himmel, so weit das Auge blicken kann, rot wie eine Flamme. Dort sind das Gebrüll und das Krachen des Feuers und wilder Kampfeslärm zu hören. Wer führt diese Krieger an, die unter dem geröteten Himmel ihr eigenes Blut und das Blut anderer vergießen? Wer führt diese Scharen unbewaffneter alter Männer und Frauen an? Ich sehe strenge Ordnung, tiefes religiöses Verstehen der Zwecke, Geduld und Ausdauer ... Eine neue große Wanderung der Völker, den letzten Marsch der Mongolen ..."

Karma mag in der Geschichte ein neues Blatt aufgeschlagen haben!

Und wie wäre es, wenn der König der Welt mit ihnen wäre?

Aber dieses größte Mysterium der Mysterien bewahrt sein eigenes tiefes Schweigen.

Fremdwörter-Verzeichnis

Amour sayn	Lebe wohl
Ataman	Kosakenhäuptling
Bandi	Schüler in einer buddhistischen Religionsschule
Chaidje	Hoher lamaistischer Priester, aber kein inkarnierter Gott
Dalai Lama	Oberste Hohe Priester des Lamaismus, lebt in Lhassa
Dchiang dchün	ein chinesischer Titel für General
Dugun	chinesische Handelsniederlassung
Dzuk	hinlegen
Fangtze	ein Chinesenhaus
Fatil	eine seltene Wurzel, die bei den Chinesen und Tibetanern hohen medizinischen Wert besitzt
Gelong	Lamaistischer Priester, der das Recht besitzt, Gott zu opfern
Getul	Dritte Rangklasse der lamaistischen Mönche
Goro	Hohepriester des Königs der Welt
Haiyk	ein längliches blaues oder gelbes Seidenstück, das geehrten Gästen, Häuptlingen, Lamas und Göttern dargebracht wird. Auch eine Münze im Werte von 1—2 Goldmark
Hong	eine chinesische Handelsfirma
Hun	der niedrigste Fürstenrang bei den Mongolen
Hunghutze	nordchinesische Räuber
Hushun	eine umzäunte Niederlassung von Kolonisten
Hutuktu	der höchste Rang der lamaistischen Mönche; ein inkarnierter Gott; heilig
Jurte	mongolisches Zelt aus Filz
Kanpo	der Abt eines Lamaklosters
Kanpo-Gelong	der höchste Rang der Gelongs; auch ein Ehrentitel
Karma	die Personifikation der buddhistischen Nemesis
Khan	König
Lama	ein lamaistischer Priester
Maramba	ein Doktor der Theologie
Merin	ein Polizeivorsteher bei den Sojoten

Mende	„Guten Tag" bei den Sojoten
Nagan-hushun	eine umzäunte Niederlassung chinesischer Kolonisten
Naida	eine Art von Lagerfeuer, die von sibirischen Holzfällern angewandt wird
Noyon	ein Fürst, ein vornehmer Herr
Obo	heilige Maler an gefährlichen Wegstellen in der Mongolei
Om! Mani Padme Hom	„Om" hat zwei Bedeutungen. Es ist einmal der Name des ersten Goro; dann bedeutet es auch „Heil". Der ganze Spruch bedeutet: „Heil, Großer Lama in der Lotosblume."
Oulatschen	die Begleiter der mongolischen Postpferde
Ourton	eine mongolische Poststation, auf der Pferdewechsel stattfindet
Pandita	hoher Rang buddhistischer Mönche
Paspa	Gründer der „Gelben" Sekte
Sait	ein mongolischer Gouverneur
Sayn	mongolischer Gruß
Taiga	sibirischer Urwald
Ta Lama	wörtlich: Großer Lama; im allgemeinen Wortgebrauch: Arzt
Tashnr	ein starker Bambusstock
Tzagan	weiß
Tzara	ein Dokument, das zur Benutzung von Postpferden berechtigt
Tsirik	ausgehobene mongolische Soldaten
Tzuren	ein Giftdoktor
Ulan	rot
Urga	ein mongolisches Lasso, daher auch die Reisemethode, bei der man direkt von Herde zu Herde (anstatt von Station zu Station) reist
Vatannan	die Sprache im unterirdischen Reich des Königs der Welt

Nachwort

von Martin Compart

DER MYSTERIÖSE PROFESSOR

Ferdinand Ossendowski war eine mysteriöse Figur. Nicht unbedingt sympathisch, wie schon Sven Hedin kritisierte, der besonders die brutale Art monierte, mit der Ossendowski Tiere behandelte. Er hatte seine Finger in einigen schmutzigen Affären, politischen Intrigen und geheimdienstlichen Operationen.

Bei näherer Beschäftigung stößt man auch immer wieder auf den Verdacht oder das Gerücht, dass er ermordet wurde. In den 20er Jahren gehörte er zu den erfolgreichsten Autoren der Zeit. Mit dem vorliegenden Buch hatte er einen Weltseller, und bis heute gilt es als Klassiker der Okkultismus-Literatur.

In bestimmten Kreisen ist es zu einem Mythos geworden. Seine Fluchtreise und seine Beschreibung lamaistischer Mysterien schlagen noch heute hartgesottene Reporter und Old Asiahands in Bann. Ein so renommierter Journalist und Reiseschriftsteller wie Terziano Terzani widmet ihm gar ein ganzes Kapitel in seinem Asienbuch FLIEGEN OHNE FLÜGEL; nämlich über seinen Besuch in Urga, bzw. Ulan Bator. Trotz aller seit den 20er Jahren zu Recht erklungenen Kritik an Ossendowski ist Terzani ihm geradezu jüngerhaft zugetan: „Als ich mit Ossendowskis Buch unterm Arm, das ich soeben wieder und wieder gelesen hatte, in Ulan Bator aus dem Zug stieg, hatte ich das Gefühl, mit einem Gespenst auf sehr vertrautem Fuß zu stehen: Das Buch war er selbst, Ossendowski. Ich blieb eine ganze Woche in Ulan Bator, und während dieser Zeit trennten wir uns nicht einen Augenblick. Er beschrieb die Orte von einst, die wir dann gemeinsam aufsuchten. Er erzählte von bestimmten Riten, und gemeinsam sahen wir uns nach jemandem um, der sie noch praktizierte."

Richtig rührend wird es, nachdem Terzani unter einigen Mühen endlich die alte Tempel- und Klosteranlage Gandan gefunden hat: „Einer plötzlichen Regung folgend, legte ich Ossendowski auf den Boden, setzte mich mit überkreuzten Beinen vor den Thron und wandte mich an ihn: 'Ich habe mein Versprechen gehalten, wir sind da. Kein Hauch war zu spüren, doch dann strich ein leichter Luftzug durch die bunten Seidenbänder, die seitlich von einem Tanka herabhingen, und sie ließen eine andere Zeit zum Leben erwachen. Ich spürte die Anwesenheit Hutuktus auf dem Thron, die Anwesenheit Ungerns neben Ossendowski und anderer hinter ihnen ... Gern hätte ich, und sei es für wenige Augenblicke, in dieser anderen Zeit gelebt, der ich mich häufig weitaus enger verbunden fühlte als der meinigen. Aber ich dachte an den Wärter, der bald kommen und nachsehen würde, was ich tat... und die Vision verschwand. Nur Ossendowski blieb bei mir, der mich bis hierher begleitet hatte und nun wieder lebendig geworden war. Indem ich dieses Buch wiederentdeckt hatte, hatte ich seine Existenz verlängert ... Unleugbar war, dass ich durch meine Neugier dieses Buch aus seinem Todesschlaf erweckt, dass ich es lebendig gemacht hatte, dass es nun etwas anderes geworden war als einfach nur ein Gegenstand, ein Buch unter vielen. Aber nahmen denn die malaiischen Kris nicht auf dieselbe Weise eine Seele in Besitz?"

Zweifellos gibt es nicht allzu viele Bücher, die Jahrzehnte nach ihrer Veröffentlichung eine derartige Magie ausstrahlen können. Wenige Bücher - von den Klassikern abgesehen - berühren noch die Menschen nächster Generationen. Das sollte man bei all den berechtigten Einwänden und Vorwürfen gegen Ossendowski bedenken.

Ferdinand Ossendowski wurde am 27. Mai 1876 in Witebsk, Polen geboren.

Sein Vater Martin war Arzt, seine Mutter Wiktoria eine geborene Bortkiewicz. Angeblich waren die Ossendowskis eine alte adelige Familie, ursprünglich aus Ossendowice. Nachdem Ferdinand das Gymnasium absolviert hatte, ging er an die mathematisch-naturwissenschaftliche Fakultät der Universität von Petersburg.

Er erwarb sich während des Studiums wertvolle Kenntnisse über die Goldgruben und Erzminen Sibiriens. 1899 reiste er erstmals nach Sibirien, als Assistent von Professor Stanislaw Zaleski, der den Regierungsauftrag hatte, die Salz- und Mineralseen der Steppen von Chulyma-Minusinsk zu erforschen. Diese Reise schilderte er u.a. in seinem Buch IN DEN DSCHUNGELN DER WÄLDER UND MENSCHEN (1924). Anschließend studierte er in Paris weiter. Von 1901 bis 1903 war er Sekretär der Wissenschaftlichen Gesellschaft zur Erforschung der Armur-Region und gleichzeitig an der Universität von Tomsk Professor für Chemie und Physik. Im Russisch-Japanischen Krieg diente er unter General Kuropatkin als Marineangehöriger und Dezernent für die Brennstoffversorgung der russischen Armee. Bis 1905 gehörte er auch zum Beraterstab des Grafen Witte; er war Beirat und Assistent für industrielle Angelegenheiten. Als Professor für organische Chemie unterrichtete er am Polytechnikum von St.

Petersburg, bevor er 1905 in die russische Revolution gerissen wurde. Sein Freund Lewis Pahlen dazu: „Ein Kapitel seiner Lebensgeschichte, das ... mit seinem rasch reagierenden Temperament durchaus in Einklang steht, ist seine Präsidentschaft in der Revolutionsregierung des fernen Ostens zu Charbin in den letzten Tagen des Jahres 1905. Als der Zar sein am 17. Oktober 1905 dem Volke gegebenes Versprechen verleugnete, fühlte sich auch Ossendowski, wie so viele russische Untertanen, aufs bitterste enttäuscht. So kam es, dass er sich bereit erklärte, die Leitung jener Bewegung im Osten zu übernehmen, die die Trennung Ostsibiriens von Russland anstrebte. Nur 60 Tage lang wirkte er an der Spitze der Organisation für die Verwirklichung jenes Planes, unterstützt von Subkomitees in Wladiwostok, Blagowestschensk und Tschita.

Als die Revolution von 1905 zusammenbrach, riss sie in ihrem Fall natürlich auch diesen östlichen Vorposten mit sich. Dr. Ossendowski mit seinen Helfern wurde gefangen genommen und vor Gericht gestellt. In der Nacht vom 15. auf den 16. Januar 1906 wurden er und die Ingenieure S. Nowakowski, W. Lepeschinski, Maksimoff, Wlasenko und K. Dreyer, der Jurist A. Koslowski und noch siebenunddreißig andere verhaftet. Obwohl er gewarnt worden und für sein Entkommen Vorsorge getroffen war, zog Ossendowski es vor, das Schicksal seiner Genossen zu teilen, indem er sich dem Gerichte stellte. Dieses verurteilte ihn zum Tode, doch wurde auf Fürsprache des Grafen Witte die Todesstrafe in eine zweijährige Gefängnishaft umgewandelt. Nach seiner Verhaftung und Einkerkerung am 16. Januar war Ossendowski abwechselnd in den russischen Gefängnissen zu Charbin, Chabarowsk, Nikolajewsk und Wladiwostock, schließlich in der Peter- und Paulsfestung zu Petersburg interniert.

Dadurch, dass er einen Teil seiner Strafzeit in den Gefängnissen des Ostens abdiente, verkürzte er jene zwei Jahre um ungefähr fünf Monate, so dass er am 27. September 1907 aus der Festung an der Newa entlassen werden konnte."

Sein Verleger und Freund Pahlen berücksichtigt natürlich nicht die Gerüchte, dass Ossendowski vielleicht ein Agent des russischen Geheimdienstes, der berüchtigten Ochrana, gewesen war, der besonders revolutionäre Elemente auszuspionieren hatte. Seine durchgehenden politischen Überzeugungen, die Umwandlung von Todesstrafe zu einer milden Haftstrafe lassen zumindest aus kultureller und historischer Distanz Verdacht aufkommen. Auch Ossendowskis spätere Aktivitäten liefern für seine Nähe zur Geheimpolizei einige Indizien. Anders ist es kaum zu erklären, dass Ossendowski sich so intensiv von den Roten verfolgt fühlte. Nach seiner Freilassung lebte er bis 1917 vor allem in St. Petersburg, wo er seiner Lehr- und Forschungstätigkeit nachging und zahlreiche Artikel und wissenschaftliche Untersuchungen veröffentlichte.

Unter dem Pseudonym Mzura schrieb er 1914 für eine Petersburger Zeitung eine Reihe von Artikeln, in denen er Adolf Dattan, Direktor der Firma Kunst & Albert in Wladiwostok, als deutschen Geheimagenten diskriminierte. Dattan wurde verhaftet und später nach Tomsk abgeschoben. Seine Unschuld stellte sich schließlich heraus, und Viktor Panow, Redakteur einer Zeitung in Wladiwostok, beschuldigte Ossendowski der bewussten Verleumdung.

Bei Ausbruch des Weltkriegs war er „vortragender Rat im Marineministerium", und während des Krieges schickte man ihn auf eine Forschungsreise in die Mongolei, bei der er die ersten Kenntnisse der Landessprache erwarb.

Zusammen mit einem Partner war Ossendowski maßgeblich an der Sisson-Affäre, an den sogenannten Sisson-Papers beteiligt. Edgar Sisson war ein Propagandaexperte der Hearst-Presse und im Sonderauftrag an der amerikanischen Botschaft tätig. Regelmäßig berichtete er in vertraulichen Papieren über die Zustände in Russland dem amerikanischen Außenministerium.

In den an Präsident Woodrow Wilson gerichteten Berichten hieß es, dass der deutsche Generalstab die russische Revolution mitgeplant habe und die Deutsche Bank deren Finanzierung betriebe. Sisson schmuggelte diese „Beweise„ im März 1918 über den Finnischen Meerbusen in den Westen. In ihrem Buch RUSSISCH ROULETTE (Das Neue Berlin, 1998) analysierten die Autoren Gerhard Schieser und Jochen Trauptmann die Affäre: „Ossendowski hieß der polnisch-russische Kujau, der zusammen mit einem russischen Partner eine in den Details höchst unzuverlässige, im Grundsatz aber richtige Nachricht aufblies und häppchenweise für viel Geld an den Diplomaten Sisson verkaufte." Eine Episode, die den umstrittenen Professor zumindest als begabten Fälscher auswies.

1918 flüchtete er vor der Revolution nach Sibirien und schloss sich der Verwaltung der Koltschak-Regierung in Omsk an. Er war

Mitglied des Finanz- und Ackerbauministeriums. Ein ziemlich korrupter Haufen, wie die gesamte Regierung und Verwaltung des weißen Admirals Koltschak. Nach Zusammenbruch des konterrevolutionären Koltschak-Regimes, musste er weiterfliehen. Die Geschichte dieser Flucht ist in dem vorliegenden Buch eindrucksvoll berichtet.

Lewis Stanton Pahlen erzählte, wie das Buch zu Stande kam: „Ich bin im Herbst 1921 auf ein und demselben Dampfer mit Dr. Ossendowski, also bald nach der erfolgreichen Flucht des letzteren vor den Bolschewisten, von Asien nach den Vereinigten Staaten gefahren. Wir reisten dann zusammen nach New York. Anfangs hatte mir Dr. Ossendowski niemals etwas von seinen sibirischen und mongolischen Abenteuern erzählt. Dieser Mann prahlt eben nicht mit seinen Erlebnissen. Eines Abends aber brachte er mir einen wissenschaftlichen Artikel über die Flora und Fauna in Arianhai in der nördlichen Mongolei und bat mich, ihm zu helfen, die Arbeit aus dem Russischen ins Englische zu übertragen.

Er erzählte mir, er müsse Geld verdienen, um seine Familie aus Russland herauszubekommen, denn die Bolschewisten hätten ihm alles weggenommen. Als ich mit ihm den Artikel durchlas, gab ich ihm zu verstehen, dass wir durch eine derartige gelehrte Abhandlung kaum die Schreibgebühren verdienen könnten, geschweige denn die Hotelausgaben, die wir während unserer Arbeit machen würden. Gereizt rief der Doktor aus: 'Wie oft muss ein Mensch sein Leben aufs Spiel setzen, bevor er genügend Material erlangen kann, um von dem lieben amerikanischen Publikum Geld zu verdienen?"

Es ist interessant, wie zynisch Pahlen den Markt einschätzt. Das sollte allen zu denken geben, die meinen, früher hätte es keine so geschmacklosen PR-Veranstaltungen oder kalkulierte Bestseller gegeben. Pahlen weiter: „,Ihre Aquarelle sonderbarer Pflanzen und Ihre Beschreibungen der Tiere der Mongolei zeigen nicht gerade, dass Sie große Gefahren zu bestehen hatten', sagte ich darauf scherzend. Nun begann Ossendowski zum erstenmal von den Erlebnissen seiner Flucht zu sprechen. Durch immer neue Fragen reizte ich ihn, so dass er die halbe Nacht hindurch erzählte. Als der Morgen graute, erklärte ich ihm: 'Sie brauchen bloß das aufzuschreiben, was Sie erlebt haben - damit werden Sie Ihre Familie retten.' Die Antwort, die er gab, war abermals für den Mann charakteristisch. 'Nein, ich will nicht aus meinen Erlebnissen und Leiden Kapital schlagen.' Erst nach langem

Drängen willigte er ein, sich die Sache zu überlegen. Am nächsten Tag während des Mittagessens entschloss er sich.

Das war die Entstehungsstunde des Buches. Wir arbeiteten in der folgenden Zeit mit großer Eile, hauptsächlich in der Nacht. Denn tagsüber war er in seiner Gesandtschaft beschäftigt, ich hatte im Statedepartment zu tun. Die Zeit drängte, denn Dr. Ossendowski musste schon in wenigen Wochen nach Europa zurückkehren. Ossendowski schöpfte im allgemeinen aus dem Gedächtnis. Er hatte vor sich zwei Notizbücher, in die er lediglich Eintragungen über die Pflanzen- und Tierwelt der Mongolei und das Hauptsächlichste seiner Unterredungen mit Baron Ungern von Sternberg gemacht hatte."

Pahlen verfasste diesen Bericht als Erwiderung auf die Angriffe Sven Hedins gegen Ossendowski und veröffentlichte ihn am 11. Oktober 1924 im Börsenblatt des Deutschen Buchhandels. „Wenn dabei, etwa im Abschnitte Tibet, einige geographischen Fehler in der Fluchtbeschreibung Ossendowskis unterlaufen sind, so ist das einzig und allein der Entstehungsart des Buches zuzuschreiben. Zudem: Dr. Ossendowski hatte nicht wie Dr. Sven Hedin einen großen wissenschaftlichen Apparat zur Verfügung, er war nichts als ein von feinen Feinden, den Bolschwisten, durch die entlegenen Gebiete Innerasiens gehetztes Wild."

Da fragt man sich natürlich wieder, warum wohl die Bolschewisten soviel Wert auf Ossendowskis Gefangenschaft oder Tod gelegt haben sollen? Andererseits könnten seine Verwicklungen in Intrigen dafür sprechen, dass die Kommunisten mehr Gründe hatten Ossendowski gefangennehmen zu wollen, als uns der Professor wissen ließ. Zahlreiche Auseinandersetzungen in Frankreich und Deutschland machten Ossendowski zwar das Leben schwer, halfen aber auch dem Absatz des Buches. Besonders Sven Hedin arbeitete minutiös falsche geographische Angaben und ethnische Wertungen heraus. Während Ossendowskis Abenteuer in der Mongolei (und sein Portrait Ungern-Sternbergs) nicht angezweifelt wurde, waren seine Tibet-Darstellungen höchst umstritten. Ossendowski reagierte wenig überzeugend auf diese Angriffe. Er verstieg sich sogar zu der Äußerung, dass Hedin und seine Helfer von Moskau bezahlt würden, da dem Roten Regime an seinen Berichten nicht gelegen sein konnte. Sven Hedin weist in dem Bändchen OSSENDOWSKI UND DIE WAHRHEIT ziemlich genau nach, dass viele geographische Schilderungen und Erlebnisse nicht stimmen. Und das der Teil MYSTERIUM DER MYSTERIEN „von Anfang bis zu Ende gestohlen ist, nur mit dem Unterschied, dass der Schauplatz von Indien nach der Mongolei verlegt worden ist." Gestohlen oder abgeschrieben aus dem Buch MISSION DE L'INDE EN EUROPE EN ASIE, das Buch, das den Sambala-Mythos in Europa einführte. Der Franzose Alexandre Saint Yves d'Alveydre war der erste Europäer, der in seinem Buch MISSION DE L'INDE EN EUROPE die Legende von Agartha verbreitete.

Obwohl man es besser wissen müsste, halten sich die Gerüchte von einem geheimen und mysteriösen Land im Inneren Asiens, das nur Auserwählten zugänglich ist. Die moderne Tibetschwärmerei hat damit zu tun. Gerüchte über dieses unzugängliche Reich verbreiteten sich seit der Mitte des letzten Jahrhunderts in Europa (wahrscheinlich vermischt mit den Berichten über das schwer zugängliche Tibet). Forscher und Abenteurer stießen immer wieder auf Sagen oder von ihnen falsch interpretierte Legenden. Diese Reiche haben so klangvolle Namen wie Shambbala, Kalapa oder Agartha. Sie sollen unter der Erde liegen und ihre Eingänge irgendwo versteckt im Himalaya.

Nach dem gigantischen Erfolg von TIERE, MENSCHEN, GÖTTER ließ Ossendowski weitere Reiseberichte folgen. Das vieldiskutierte und vielgekaufte Buch fand einen ganz besonders zweifelhaften Fan: Heinrich Himmler. Himmler hatte bekanntlich eine besondere Ader für alles Okkulte. Gut vorstellbar, dass Himmlers Interesse an Tibet, das mehrere SS-Expeditionen zur Folge hatte, durch die Lektüre von Ossendowskis Buch ausgelöst wurde. Auch für die Mongolen begeisterte sich der Reichsführer SS, und er empfahl immer wieder enthusiastisch Michael Prawdins Dschingis-Khan-Bücher.

Ossendowski ging zurück nach Polen, lebte bei Warschau und war Lehrer an der Militärakademie des Generalstabs und der Handelsschule. Seine Ehefrau Zofia Iwanowska galt als Violinenvirtuosin. Immer wieder unternahm er Reisen - etwa nach Afrika - und berichtete von ihnen in Bestsellern. Aber vor allem seine Sibirienbücher und eine äußerst zweifelhafte Lenin-Biographie festigten seine Popularität.

Er starb am 3. Januar 1945 in Zolwin, in der Nähe von Warschau. Es gibt Gerüchte, die besagen, er wurde ermordet. Wenn es der KGB gewesen sein sollte - was naheliegend ist -, hätte ihn zu guter letzt Moskaus langer Arm doch noch erreicht.

ZWEI MASSENMÖRDER:
UNGERN-STERNBERG UND ATAMAN SEMJONOW

Der balten-deutsche Adelige wurde am 29. Dezember 1885 in Reval, Estland geboren; sein voller Name lautete Roman Nicholas Max Feodorovitch, Baron von Ungern-Sternberg. Ganz der Tradition seiner militaristischen Sippe verpflichtet, besuchte er eine Kadettenanstalt. Bei Ausbruch des Russisch-Japanischen Krieges meldete er sich zur Armee des Zaren und wurde dem 91. Infanterieregiment in der Mandschurei zugeteilt. Als er nach der Reise mit der transsibirischen Eisenbahn dort ankam, war der Krieg bereits vorbei. Nach dem Krieg absolvierte er die Infanterieakademie „Paul I" (angeblich wurde er nach einem Händel, bei dem er einen Säbelhieb über den Kopf erhielt, rausgeworfen). Dann zog es ihn zur Kavallerie, und er wurde einem Kosakenregiment in Transbaikalien zugeteilt.

Sven Hedin zitiert Hermann Graf Keyserling, der mit einer Ungern-Sternberg verheiratet war und den Baron gut gekannt haben will, als Quelle folgender Aussagen: „Keyserling schilderte den Baron als ein Genie, als einen, der das Zeug zu einem neuen Dschingis Khan hatte, als einen Abenteurer, dessen Grausamkeit bis zum Äußersten ging und dessen Gedankenkreis alles zwischen Himmel und Erde umfasste. In dieser Seele regte sich eine recht eigenartige Mischung von hohen und niedrigen Impulsen. Er hatte die Gewohnheit, in planmetrischen Symbolen zu reden, ein fürwahr höchst unangenehmes Leiden.

Er trug sich mit genialen Gedanken und Ideen - aber sein Verstand reichte nicht hin, sie zu verarbeiten und zu verwirklichen. So konnte er in einem Augenblick wie ein verzehrendes Feuer aufflammen, aber nur, um bald zu vergessen, worum es sich gehandelt hatte. Mehrere Male hatte er gefreit und das Jawort erhalten, aber dann gänzlich vergessen, dass er verlobt war.

In den Jahren 1912 bis 1914 reiste er unter allerhand wunderbaren Abenteuern in der Mongolei umher, wo er sich bald als Lama, bald als Räuberhauptmann betätigte. Von 1914 bis 1917 nahm er am Weltkrieg teil, anfangs unter Rennenkampf, später auf wechselnden Kriegsschauplätzen.

Als die Revolution am wildesten raste, war er in Petersburg und ging von dort nach Estland, wo er auf Straßen und Plätzen - den

Bolschewiki zum Trotz - sich in voller Paradeuniform zeigte, mit allen seinen kaiserlichen russischen Orden auf der Brust und seinem Ehrensäbel an der Seite.

Später begab er sich nach Sibirien und trat bei Koltschak ein. Als dieses Abenteuer vorüber war, richtete er seine Aufmerksamkeit auf Urga, und er soll mit dem großartigen Plan umgegangen sein, sich zum Kaiser der Mongolei zu machen. Er war auf dem besten Weg dazu, als das Schicksal ihn zu Boden schlug.„

Vor dem 1. Weltkrieg bereiste Ungern-Sternberg Westeuropa und besuchte Berlin, Paris und London. Im Weltkrieg diente er unter dem Kommando Wrangels bei den Nerchinski-Kosaken in den Waldkarpaten Rumäniens, bei denen auch der Buryate Semjonow diente. Er kam 1915 erstmals an die Front.

Sofort nach der Februarrevolution verließ er, damals Kavallerie-Major, die Armee und kämpfte gegen Lwow und Kerenski. 1917 ging er zu Semjonow nach Transbaikalien, wo sie das erste Konterrevolutionäre Regiment gründeten.

Im Dezember 1917 versuchten die beiden Menschenschlächter den ersten Umsturz des Sowjet von Transbaikalien. Er scheiterte und Semjonov musste mit seinen Truppen in die Mandschurei flüchten. Dort gewährten ihm die lokalen chinesischen Machthaber und der CER Vorstandsvorsitzende und Gouverneur der Eisenbahnzone, General Horvath, Asyl. Mit Unterstützung der Japaner rekrutierten Semjonow und Ungern-Sternberg burjatische Mongolen, zaristische Offiziere und Chabarowsker Kadetten zu einer Kampftruppe.

Im Januar 1918 griffen sie Transbaikalien erneut an. Die erste Aktion war ein Überfall auf den Bahnhof Mandschurija. Semjonow und seine Bande peitschten mit Nagaikas zahlreiche Einwohner aus, nahmen mehrere sowjetische Funktionäre fest und folterten sie zu Tode. Die Leichen der Ermordeten schickten sie in einem verplombten Waggon an den Sowjet der Arbeiter- und Soldatendeputierten in Tschita.

Von Januar 1918 an versuchten sie ihr Glück mit grenzüberschreitenden Raubzügen, hatten jedoch wenig Erfolg, bis die Bolschewisten von der Tschechischen Legion in die Flucht geschlagen wurden. Nominell unterstellten sich die beiden Banditen der konterrevolutionären Regierung von Admiral Koltschak in Omsk. In Wirklichkeit machten sie, was sie wollten und nahmen höchstens Anweisungen der Japaner entgegen.

In der Nacht zum 1. April 1918 nahmen Semjonow und Ungern-Sternberg an der Spitze der Ussuri- und Transbaikal-Kosaken Daurija ein, die wichtigste Station an der Ostchinesischen Bahn. Daurija liegt strategisch äußerst günstig, nahe an der Vierländergrenze, wo Russland, die Mandschurei, China und die Mongolei aneinanderstoßen. Ungern-Sternberg schlug hier sein Hauptquartier auf und baute den Ort zu einer Festung aus. In der Nähe war auch ein deutsches Kriegsgefangenenlager (Borsa). Es war die Richtstätte von Semjonow. Täglich wurden Hunderte dorthin gebracht und ermordet. Ein Augenzeuge berichtete: „Als wir (im August 1918) Chabarowsk einnahmen, ließ Semjonow Hunderte zu Tode peitschen. Als ihm jemand meldete, dass auf dem Bahnhof ein paar Waggons mit Nahrungsmitteln und Kleidungsstücken vom Roten Kreuz ständen, stellte er den schwedischen Delegierten Dr. Hedblom und seinen norwegischen Sekretär, die zu Verhandlungen über die Rückführung deutscher Kriegsgefangener gekommen waren, wegen Spionage vor ein Kriegsgericht. Sie hatten 1.600.000 Rubel für Kriegsgefangene bei sich. Semjonow ließ sie beide in ihrem eigenen Waggon erhängen, mit Stricken erwürgen wie junge Hunde." Chabarowsk wurde das Hauptquartier von Iwan Kalmykow, einem weiteren wahnsinnigen Massenmörder, der ebenfalls unter Wrangel in den Karpaten gedient hatte.

Nachdem Semjonow mit seiner Bande Tschita, die Hauptstadt des Gouvernements Transbaikalien, erobert hatte, dehnte er seine Macht rasch auf große Teile Transbaikaliens aus. Präsident Wilson schrieb am 11. Mai 1918 an Lansing: „Achten Sie bitte sehr aufmerksam auf die Erfolge Semjonows und darauf, ob man ihn nicht irgendwie auf legale Weise unterstützen kann." (R. S. Baker: Woodrow Wilson. Life and Letters, Bd.VIII, Nr. 4, 1959, S.153.) Mit Tschita als Hauptstützpunkt an der Einmündung der Armurbahn in die Chinesische Ostbahn, hatte er die Möglichkeit Koltschaks Nachschub aus dem Osten jederzeit zu unterbrechen. Er tat dies in regelmäßigen Abständen auf Geheiß der Japaner. In den Jahren seiner Herrschaft hatte er alle öffentlichen Gebäude in Tschita mit seinen Initialen versehen lassen, dem verschlungenen AS - monarchische Allüren, wie seine Gegner unter den Weißen sagten. In der Umgebung von Tschita ließ er unschuldige Menschen aufgehängt an Telegrafenmasten baumeln, damit der Reisende gleich wusste, dass er sich in Semjonows Hoheitsgebiet befand. Er sorgte für Ausschreitungen aller Art und schuf eine Atmosphäre, in der Faulheit, Prahlerei, Trunk, Requirierungen und die Ermordung unschuldiger zum guten Ton gehörten. Seine Banditen raubten Banken aus, plünderten Dörfer und Züge. Er lebte mit Mascha, einer jüdischen Schauspielerin, zusammen und hielt Hof wie ein König. Das einzige Gute, was sich über ihn sagen lässt, ist, dass er aus Rücksicht gegenüber der Geliebten keine Judenpogrome anzettelte. Sie rettete so manchen Todgeweihten und war die Einzige, die auf ihn Einfluss ausüben konnte. Einmal ließ er einen seiner Gefolgsleute Hunderte Gefangene erschießen, um zu beweisen, daß „Erschießungen sonntags ebensogut durchgeführt werden können, wie an jedem anderen Tag.". Nach eigenen Angaben konnte er nachts nicht schlafen, wenn er nicht im Lauf des Tages jemanden umgebracht hatte.

Auf den Schienen der Transsib kontrollierte Semjonow sein Reich in gepanzerten Waggons, die mit Maschinengewehren und leichter Artillerie bestückt waren. Sein Zug *Der Zerstörer* hatte fünfundsiebzig Mann und Offiziere, zehn Maschinengewehre, zwei Einpfünderkanonen und mehr. Zwei Lokomotiven waren nötig, um ihn zu bewegen. Die Bronewiki (Panzerzüge) waren es, die den Armeen an allen Fronten des russischen Bürgerkrieges ihre erschreckende Macht verliehen. Sie waren keine sibirische Erfindung, aber dort hatte sich ihre Entwicklung zu Vernichtungsmaschinen zum Extrem gesteigert. Selbst die mächtigen Lokomotiven waren in drei Zentimeter dicke Panzerplatten gekleidet. Die Wohn- und Stallwaggons für die Kosaken, die Maschinengewehrwaggons mit geschlitzten Schießscharten, die Plattformwaggons mit drehbaren Geschütztürmen und die gepanzerten Transportwaggons für die Kettenpanzer und Kommandowagen und Motorräder waren mit Stahl gepanzert.

Man konnte die Bronewiki aufhalten, in dem man sie zum Entgleisen brachte. Außerdem fuhren sie nicht schneller als 25 km/h, weil der Unterbau der Gleise nicht stabil genug für diese schweren Züge war. Wenn die Ankündigung eines Panzerzugs eine Stadt an der Eisenbahn erreichte, floh die gesamte Bevölkerung sofort aus dem Ort. Wer blieb, erblickte ein schwerfälliges, schwarzers Ungeheuer, das mit zischendem Seufzen seiner Bremsblöcke zum Stillstand kam. Dann flogen die Geschützpforten auf, Karabiner schoben sich durch die Schießscharten, Artillerie drehte sich in den Geschütztürmen, und das Ganze dröhnte mit bösartiger Langsamkeit durch die Stadt.

Schließlich krachten die Rampen der Stallwaggons herunter und die Kosakenkavallerie donnerte mit erhobenen Säbeln herunter in die Stadt. Der ehemalige Kriegsgefangene Edwin Erich Dwinger berichtete in seinem Buch ZWISCHEN WEISS UND ROT: „Haben Sie am Bahnhof seine Panzerzüge gesehen? Sie sind seine schlimmste Waffe. Jede Woche fahren sie mindestens einmal aus. Bleibt eines der Dörfer oder Städtchen in seinem Herrschaftsgebiet mit Lieferungen rückständig, wird einer dieser Züge geschickt und ein paar Offiziere kommandieren sie. Dann wird der Dorfstarosk in Stücke gehauen und von den Einwohnern jeder zehnte Mann erschossen. Noch schlimmer geht es bei Aufständen zu. Ein uferloses Denunzieren ist die Folge. Täglich werden dann Hausdurchsuchungen gemacht. Kontra-Raswjedka heißt die Institution, die diese Hausdurchsuchungen befiehlt; manche nennen sie auch Weiße Tscheka. Jetzt finden die Hausdurchsuchungen nur noch nachts statt. Man erschießt die Denunzierten auch nicht mehr vor Ort. Sie werden nach Daurija zu Ungern-Sternberg gebracht, zum rasenden Baron. In die Berge schicken heißt das auf Semjonowschisch. Die Panzerzüge sind praktisch eingerichtet wie altertümliche Folterkammern. Überall stehen lange Bänke mit Riemen zum Festbinden. Darauf schnallt man die Aufgegriffenen, völlig nackt, auch die Frauen. 25, 50 oder 75 Schläge mit einer Nagaika, deren Schwänze Bleikugeln haben, heißt es dann. Beim dritten Schlag reißen sie schon Fetzen aus dem Fleisch, 60 bis 70 sind gewöhnlich tödlich. Wird einer vorher vor Schmerz ohnmächtig, bekommt er einen Kübel kaltes Wasser über den Kopf, und nachdem er wieder wach ist, geht es weiter. Der Boden des Wagens ist mit Brettern belegt, die lauter tiefe Ablaufrillen haben, wie in einer Waschküche oder Schlachterei. In denen fließt das Blut zu den Kanälen, die unterhalb ins Frei führen. Eine richtige Kanalisation. Wenn ein solcher Zug fährt - Semjonov hat sechs, sieben davon - und gerade ein halbes hundert Verurteilte bei sich hat, läuft aus den Abflusslöchern ununterbrochen ein dünner Blutstrom. Die Geleise um Tschita haben daher auch rechts und links alle einen breiten schwarzen Streifen aus vertrocknetem Blut."

Manchmal wurden die Opfer vor die Schornsteine der Lokomotiven gebunden und erfroren während der Fahrt. Oder man warf sie in die glühende Brennkammer einer Dampflokomotive. Ein Panzerzugführer hatte eine neue Tötungsart erfunden: die gefangenen Kommissare wurden kreuzförmig auf die Schienen gebunden, dann ließ er die Lokomotive ganz langsam darüberfahren. „Die Vierteilung im Zeitalter der Technik", nannte es Semjonow.

1919 verkündete er die Autonome Buryatische Republik in Tschita. Am 19. August 1919 überfielen Semjonows Kosaken einen Zug der Weißen mit roten Kriegsgefangenen. Aus Ärger darüber, dass es keine Beute gab, metzelten sie die 3000 Menschen aus den fünfzig Waggons nieder. Im Tal der Selenga hatte es so gut wie keine Partisanen gegeben - bis Semjonow im Dezember 1919 500 Kosaken und 2000 Mongolen in das Gebiet schickte, die dort eine Orgie der Gewalt veranstalteten und mit 4000 Schlittenladungen voller Beutegut von dannen zogen.

Am 17. Dezember 1919 übermittelte Koltschak aus Krasnojarsk an Semjonow verschlüsselt den Befehl, den Rückzug der Tschechischen Legion um jeden Preis zu unterbinden, notfalls durch Sprengungen der Brücken und Tunnel. Doch die Tschechen entschlüsselten die Botschaft und blockierten die Züge Koltschaks westlich von Irkutsk weitere zwei Wochen. Als Koltschak einsah, dass er keinen Rückhalt mehr hatte, dankte er als Oberster Regent ab. Er übertrug sein Amt auf General Denikin und ernannte Semjonow in der Ukas vom 4. Januar 1920 aus Werchneudjinsk zum militärischen und zivilen Oberbefehlshaber aller russischen Streitkräfte in Ostsibirien.

Die letzten Wochen der Herrschaft Semjonows waren mit die Schlimmsten in Tschita: Einmal wurde ein junges Mädchen, das einem Offizier nicht genügend ausgewichen war, sofort von ihm in einen Hausflur gezerrt, dort mit vorgehaltenem Revolver vergewaltigt. In einem Gitterkäfig für wilde Tiere hatte man vierzig „verdächtige" Frauen und Männer eingepfercht. Als Semjonows Bande eines Nachts wie irrsinnig getrunken hatte, fiel ihr ein, in brüllender Korona vor diesen Käfig zu ziehen, mit ihren Säbeln solange durch die Gitterstäbe zu stechen, bis alles nur mehr ein blutiger Haufen war. Einmal wurden etwa hundert Partisanen gefangen und waffenlos in einen Keller getrieben. Auf ein Kommando warfen sich vierzig Kosaken in das Loch und machten einen nach dem anderen nieder. Unbegreiflich: diese tapferen Partisanen, die hundert Kämpfe mitgemacht hatten, wehrten sich mit keiner Bewegung. Alle ließen sich ohne Laut abschlachten.

Am 25. Juli räumten die Japaner Tschita und am 22. Oktober 1920 marschierten Truppen der Fernöstlichen Republik in Tschita ein. Semjonow verlegte seine persönliche Republik nach Daurija, zehn Meilen von der Mandschurischen Grenze entfernt. Im November vertrieb die Rote Armee die letzten Gefolgsleute von Semjonow und Kapell aus Daurija über die Grenze in die Mandschurei.

Damit war Transbaikalien befreit. Semjonow setzte sich mit einem Flugzeug in die Mandschurei ab. Am 14. März 1922 traf er in Vancouver ein, auf der Durchreise in die USA. Die US-Einwanderungsbehörde gewährte Semjonow schließlich ein Touristenvisum, das ihm aber nach einem Hearing des Committee of Education and Labour des Senats wieder entzogen wurde. Auch wenn die kanadische Einwanderungsbehörde keine Bedenken hatte, Semjonow Asyl zu gewähren, zog es dieser vor, seine sibirische Beute in Europa durchzubringen. Nach der Besetzung der Mandschurei durch die Japaner folgte der ehemalige Ataman seinen alten Gönnern. Die Russische Faschistische Partei (RFP) gab es in den 30er Jahren nur in Deutschland und in der Mandschurei, wo sie vollständig von der japanischen Armee, genauer: vom Geheimdienst der Kwantung-Armee abhängig war. Auf Geheiß der Japaner musste die RFP mit Semjonow zusammenarbeiten, der sich in der Mandschurei niedergelassen hatte. Semjonow vertrat zwar rechtsextremistische Positionen, war aber vom Nazismus wenig beeindruckt. Er vertraute auf die Solidarität der Kosaken, denn viele seiner Anhänger hatten sich ebenfalls in der Mandschurei niedergelassen. Abgesehen von Charbin, war Semjonows Gruppe stärker als die RFP. Hinzu kam, dass die Japaner ihm etwas mehr trauten als der RFP und ihrem Führer Konstantin Rodsajewskij. Nach dem Sieg über Japan und der Zerschlagung der Kwantungarmee wurde Semjonow festgenommen und im August 1945 durch sowjetische Sicherheitskräfte nach Moskau geflogen. Vom 26. bis zum 29. August verhandelte ein Militärtribunal über ihn. Er wurde mit Rodsajewskij in derselben Gerichtsverhandlung zum Tode verurteilt und am 30. August 1945 gehängt.

Im Februar 1919 hatte unter Semjonows Vorsitz in Tschita die große pan-mongolische Konferenz stattgefunden, an der die Japaner teilnahmen, um durch einen großmongolischen Staat ihre Vormachtbestrebungen im Fernen Osten voranzutreiben. Auf Seiten der Japaner verhandelte ein Major Suzukui. Die Mongolen waren durch den

Ultranationalisten Nem Gegen vertreten. Geplant war eine Mongolei, die vom Baikalsee bis Tibet, und von der Mandschurei bis Turkestan reichen sollte. Der Baron erhielt den Auftrag zur militärischen Durchsetzung dieser Ziele.

„Man muss den Hass auszunutzen wissen. Noch immer brennt das einst von Attila und Dschingis Khan entzündete Feuer in den Herzen der Mongolen. Sie warten nur auf einen Anführer, der sie in den heiligen Krieg führt. Jeder Krieg ist heilig! Das Gesetz der Stärke ist das einzig wahre Gesetz dieser Welt. Wenn es einen Gott gibt, so kann das nur der Gott des Kampfes sein. Gut und Böse existieren ebenso Seite an Seite wie das Leben und der Tod. Es gibt nur eine sinnvolle Tat: den Kampf", fasste der baltische Unmensch seine Philosophie zusammen.

Mit einer etwa 10.000 Mann starken Armee, der Asiatischen Division, griff Ungern-Sternberg im Herbst 1920 die Mongolei an. Er eroberte am 3. 2. 1921 die Hauptstadt Urga. Als Ursupator errichtete er eine zügellose Terrorherrschaft; dazu hat sich Ossendowski bereits ausgelassen.

Die Rote Armee besiegte ihn am 7. Juli 1921; seine mongolischen Gefolgsleute sagten sich von ihm los und setzten ihn in der Wüste aus. Die Roten spürten ihn auf und nahmen ihn gefangen. Mit einem Zug wurde er nach Novosibirsk verfrachtet. An jeder Haltestelle zeigte man ihn nackt in einem Käfig. Dann wurde ihm der Prozess gemacht, und am 15. September wurde er erschossen. Sein Gehirn wurde zu Studienzwecken entfernt.

DER RÄCHER LAMA

Seine Legende wirkt bis heute in der Mongolei fort. Der Mann war und ist bekannt unter vielen Namen und Schreibweisen: Dja Lama, Dscham Lama, Tushegun Lama - alles Bezeichnungen für „Rächer Lama" oder „den rächenden Lama".

Der Mann war hager und von unbestimmbarem Alter. Er hatte auffällig vorspringende Backenknochen und darüber schräg stehende Augen. Den Augen konnte man sich nicht entziehen. Fast meinte man, durch diese Augen direkt in die Hölle blicken zu können. Er trug ein prächtiges gelbes Gewand, das ihn als hohen Lama auswies. Darüber eine blaue Schärpe unter der er allerhand Mordwerkzeuge versteckt hielt. Dieser Mann hatte die Fähigkeit, nur durch seine Erscheinung Angst zu erzeugen. Dieser Mann war nicht nur menschlich; er konnte sicherlich ein paar Dämonen zu seinen Vorfahren rechnen. Er war unberechenbar und galt sogar unter den Steppenvölkern als besonders grausam und rachsüchtig. Niemand zwischen Altai und Pazifik drängte sich danach, ihn zum Feind zu haben.

Sein mumifizierter Kopf wird im Völkerkundemuseum in St. Petersburg als Stück Nr. 3394 unter der Bezeichnung „Kopf des Mongolen" aufbewahrt. Mumifiziert nach alter Tradition: Geräuchert und eingesalzt. Den Kopf hatte der Orientalist Vladimir Kazakievitch im Auftrag des KGB (damals noch Tscheka) nach der Ermordung des Lamas in einem Koffer aus der Mongolei geholt. Kazakievitch, der sich intensiv mit diesem mysteriösen Mann beschäftigt hatte, hinterließ wichtige Aufzeichnungen, die heute in den wieder geschlossenen KGB-Archiven verstauben.

Für die Kommunisten war Dscham Lama ein reaktionärer Abenteurer, für andere galt er als Freiheitskämpfer oder Verfechter eines Panmongolismus. Der Panmongolismus wurde seit Anfang des 20. Jahrhunderts von Japan geschürt, die Mongolen gegen Russen und Chinesen aufhetzten, um ihre eigenen Interessen eines großasiatischen Reiches voranzutreiben. So gesehen war Dscham Lama ebenso wie Ungern-Sternberg oder Ataman Semjonow ein Handlanger der Japaner.

Nach dem Volksglauben „war Dja Lama ein rotmütziger Lama, ein Priester des Herrn der Welt, der die geheimnisvollen Klöster des ewigen Lebens besucht hatte, den Wohnsitz der unsterblichen

Lamas. Diese sind selbst den Gesetzen der Schwerkraft nicht unterworfen und zergehen in Luft, wenn es ihnen gefällt" (Forbath, S. 91).

Geboren wurde er als Dambin Jansang oder Dambijantsan zwischen 1860 und 1870. 1920 soll er bereits über 60 Jahre alt gewesen sein. Als Sohn des kalmückischen Nomadenstammes der Durbete wuchs er im zu Russland gehörenden Altai Gebirge an der Grenze zur Mongolei auf. Er studierte den tibetischen Lamaismus, engagierte sich schon bald gegen sowohl russische wie auch chinesische Unterdrückung der Nomadenvölker. Revolutionäre Propaganda brachte ihn ins Gefängnis und in die sibirische Verbannung. „Viele Geschichten über ihn gingen im Volke um. So erzählte man sich zum Beispiel, dass er auf seiner Flucht aus Sibirien erkannt und von einem Trupp Kosaken verfolgt wurde. Dscham wurde hierbei gegen das Ufer des Sur Nor-Sees gejagt und hatte nun die Fläche des Sees vor sich und die Verfolger hinter sich. Die Bewohner eines kleinen Nomadenlagers beobachteten dies mit angehaltenem Atem und erwarteten jeden Augenblick, dass Dscham von den Kosaken erschlagen werden würde. Zu ihrem größten Erstaunen änderten aber die Kosaken plötzlich ihre Richtung. Anstatt weiter hinter Dscham herzureiten, der ruhig ein paar Meter vor ihnen stand, galoppierten sie um den See herum. 'Da ist er!' schrien die Kosaken. 'Da ist er!' Aber dieses 'da' bezeichnete für jeden einen anderen Punkt. Sie ritten nach verschiedenen Richtungen auseinander, dann trafen sie sich wieder und fielen nun mit ihren langen Lanzen übereinander her. Dscham Lama stand unterdessen am Ufer und sah zu, wie einer den anderen umbrachte; jeder von den Kosaken schien fest überzeugt, den verfolgten Dscham vor sich zu haben" (Forbath, S. 221).

Er floh südlich in die Mongolei und tauchte 1890 in Tibet auf, wo er sich mehrere Jahre intensiv mit dem lamaistischen Buddhismus beschäftigte. Er lernte die einflussreichen Lamas kennen und befreundete sich eng mit dem Dalai Lama. „Es gab in der Tat das Gerücht, dass der Gottkönig von Lhasa den militanten Kalmüken honoriert habe" (Trimondi, S. 608). Anschließend ging er nach Indien, um sich die Kenntnisse der indischen Joghis anzueignen. Als Freiheitskämpfer soll er auf Ceylon gewesen sein. Er sprach Sanskrit, Russisch, Mongolisch, Chinesisch und Englisch. Später arbeitete er am Astronomischen Institut in Peking, zu dessen Aufgaben die Präzisierung des mongolischen Kalenders gehörte. „Nach einer abenteuerlichen Flucht ging er nach Tibet und Indien, wo er sich in der tantrischen Magie ausbildete. In den Neunziger Jahren beginnt er seine politische Tätigkeit in der Mongolei. Ein irrender Ritter des Lamaismus, Steppendämon und Tantriker in der Art des Padmasambhava, erweckte er dumpfe Hoffnungen bei den einen, Furcht bei den anderen, scheute vor keinem Verbrechen zurück, ging aus jeder Gefahr wohlbehalten hervor, so dass er für unverwundbar und unangreifbar galt, kurz, er hielt die ganze Gobi in seinem Bann", drückt es Robert Bleichsteiner in seinem noch immer bedeutenden Buch aus (Bleichsteiner, S. 110).

Um 1900 erschien er als Priester in der Mongolei und machte mit einer Gruppe von Gefolgsleuten Propaganda für die Befreiung der Mongolei von den Chinesen, die er auch blutig bekämpfte. Dann musste er sich vor den chinesischen Behörden verbergen. Während dieser Jahre reistet er im Auftrag des russischen Forschers Koslow nach Tibet.

Die Mongolei war zu einer chinesischen Provinz verkommen. 1911 kam es zur Rebellion, und der „lebende Buddha„ wurde zum ersten Staatschef der autonomen Mongolei ausgerufen, zum „Bogdo Khan". Er galt als die achte Inkarnation eines Buddha. Wie Tibet war die Mongolei zu einer Buddhokratie geworden mit der Inkarnation eines Gottes als Staatsoberhaupt. Dieser Khan und Großlama war kein gebürtiger Mongole: Jabtsundamba Khutuktu (1870-1924) war der Sohn eines hohen Beamten in Lhasa. Gegen seine Untertanen war er brutal, oft grausam, und man beschuldigte ihn zahlreicher Giftmorde. Dem Alkohol und dem weiblichen Geschlecht war er ebenso zugetan wie infantilen Spielzeugen. Er erklärte die Unabhängigkeit von China, und der Dscham Lama rüstete zu blutigen Aufständen gegen die chinesischen Garnisonen von Uljassutai und Kobdo. Damals arbeitete er erstmals mit Ungern-Sternberg zusammen, der die mongolische Kavallerie des Bogdo Gigen geführt haben soll.

„Als Dscham Lamas Horden nach Uljassutai kamen, suchten die chinesischen Kaufleute vor der Wut der Mongolen bei den Russen Zuflucht, wobei sie ihren ganzen irdischen Besitz mit sich schleppten. Die Russen versteckten alles sehr gut samt den Chinesen, aber als die Mongolen ihre Häuser durchsuchten, empfingen sie sie mit lächelnden Mienen und schmeichelnden Worten, auf einmal erzbereit, den Mongolen zu dienen. 'Ist eine Chinese hier?' war die ständige Frage der Mongolen ... Die Russen verrieten sie fast alle. Die Mongolen erbrachen die Türen der Keller und Kammern, und Blutvergießen und Todesgestöhn war die Folge der russischen Freundschaft. Die Russen kümmerte es wenig, dass die Chinesen ihr Leben lassen mussten; sie kümmerten sich nur um die chinesischen Waren, die sie vor den Mongolen wohl zu verbergen wussten. Wochen und Monate dauerten diese blutigen Chinesenverfolgungen, bis schließlich das ganze Vermögen der Chinesen in russische Hände gelangt war." (Forbath S.128) Diese Waren nutzten die Russen nun zum Aufbau eines neuen Kreditsystems, das die Mongolen alsbald in unglaubliche Schuldknechte verwandelte und die Russen so „beliebt„ machte wie die Chinesen. Aus diesem Fremdenhass sog der Dscham Lama einen Großteil seiner Macht.

Auch Kobdo wurde genommen und drei Tage geplündert. Von den zehntausend Chinesen blieb keiner am Leben. Hundert schlachtete der Dscham Lama in zeremonieller Weise zur Feier des Sieges persönlich. „Die Kriegsführung von Dambijantsan war von kalkulierter Grausamkeit, die von ihm jedoch als religiöse Tugendtat angerechnet wurde. Am 6. August 1912 ließ er nach der Einnahme von Kobdo gefangene Chinesen und Sarten innerhalb eines tantrischen Ritus schlachten. Er stieß ihnen in vollem Ornat wie ein aztekischer Opferpriester das Messer in die Brust und riss mit der Linken die Herzen heraus. Diese legte er zusammen mit Teilen des Hirns und einigen Innereien in Schädelschalen, um es als Bali-Opfer den tibetischen Schreckensgöttern darzubringen." (Trimondi, S. 609)

In den nächsten zwei Jahren übte er in der ganzen Westmongolei seine Schreckensherrschaft aus. Sein Einfluss im Lande wuchs, und Bogdo Gigen, der Heilige Kaiser, ernannte ihn zum Fürsten. Nominell war er lediglich ein Stadthalter oder Gouverneur des Khutuku, aber er herrschte wie ein absolutistischer Despot. An den Wänden seiner Jurte hängte er die abgezogenen Häute seiner Feinde. Seine Grausamkeit und sein maßloser Stolz machten ihm auch Feinde. Durch ihn war erstmals die Vorherrschaft des Bogdo Gigen über alle mongolischen Stämme des Westens herausgefordert worden.

1914 begann er gegen die angebahnten freundlichen Beziehungen zwischen Russland und der Mongolei zu hetzen. Die russische Regierung schickte eine Kosakenabteilung über die Grenze. Mit einem Überraschungsangriff eroberten sie Kobdo. Sie fanden den Dscham Lama in seiner Jurte sitzend auf einem Thron aus den Häuten der abgeschlachteten Chinesen. Nach einigen Schwierigkeiten und durch Verrat gelang es den Russen ihn zu überwältigen und gefangen nach Russland zu schaffen. Hierzu taucht in der Legende eine Variante der oben erzählten Geschichte auf: Eine Abteilung soll er mit seinen hypnotischen Kräften irre gemacht haben. Die Kosaken fielen plötzlich in großer Wut über ihren Rittmeister her und schlugen ihn tot, weil sie glaubten, er sei der Dscham Lama. Bis zum Ausbruch des Bürgerkrieges blieb Dscham in Russland im Gefängnis.

Die mongolische Unabhängigkeit hatte gerade mal zwei Jahre gedauert.Russen und Chinesen arbeiteten zusammen, um das Land unter sich aufzuteilen. Bogdo Khan erntete die Frucht seiner Ausschweifungen und wurde zu einem siphillistischen, fast erblindeten Mann. Die Mongolei war einer der unangenehmsten und gefährlichsten Orte der Welt Anfang der 20er Jahre. Das Gefängnis von Urga - die Zellen waren so groß wie hochkant gestellte Särge - galt als das schlimmste der Welt.

Nach der Revolution ließen ihn die Bolschewisten, die seine Fähigkeiten kannten, gegen das Versprechen frei, in der Mongolei für die bolschewistische Idee Propaganda zu machen. Rastlos durchstreifte er die Mongolei. Die Stämme fürchteten oder feierten ihn als Wiedergeburt des legendären Freiheitshelden Amursana, der im 18.Jahrhundert gegen die Manchus focht. Angeblich hatte dieser Amursana den schwarzen Stein des Königs der Welt nach Urga zum Bogdo Gigen gesandt. 1918 gründete er einen unabhängigen Staat „in der Gegend von Kobdo, indem er sich selbst zum König ernannte und die Anerkennung jeder anderen Autorität neben sich verweigerte. Zuweilen fiel es ihm auch ein, die Befehle des Bogdo Gigen zu übersehen. Und wenn es sich um Durchführung seiner Pläne handelte, war er in seinem Vorhaben nicht sanft. Wer es wagte, sich ihm entgegenzustellen, wurde rücksichtslos entfernt. Die Anhänger des geheimnisvollen Kalmücken wurden blinde Werkzeuge in seinen Händen, die in abergläubischer Furcht vor ihm zitterten ...

Dscham hatte keine Schwierigkeit, seine Macht in der Provinz Kobdo zu festigen und zu vergrössern. Er hielt sich endlich für größer als den Bogdo Gigen und gehorchte ihm nur noch, wenn es ihm gefiel. Mit Behaarlichkeit bereitete er sich auf die große Abrechnung mit den Fremden vor, die sich in der Mongolei niedergelassen hatten. Er

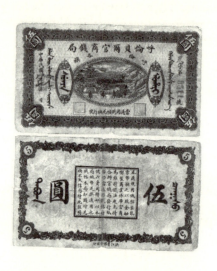

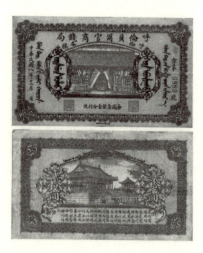

tauchte an den verschiedensten Stellen des Landes überraschend auf, und wo das geschah, fand man überall seine Spur – Russen und Chinesen mit durchschnittenen Kehlen. Es war unmöglich, schien es, ihm Widerstand zu leisten; seine hypnotische Macht schlug seinen Opfern die Verteidigungswaffe aus der Hand. Es war auch unmöglich, ihn festzunehmen oder gar zu töten, denn das Volk schützte ihn und betete ihn an" (Forbath, S. 222f.). Seinen Gegnern stach er die Augen aus und bewahrte sie in einem Säckchen auf und führte die gefolterten Kreaturen, die er mit einer bestialischen Methode lebend verwesen ließ, mit sich. Wenn der Fäulnisgestank der armen Geschöpfe unerträglich geworden war, tötete er sie und ließ Überzüge aus ihrer Haut machen.

1919 schloß er sich der Soldateska von Ungern-Sternberg an, der 1920 mit seiner etwa 1000 Mann starken Armee aus Weißrussen, Mongolen, Burjaten, Chinesen und Tibetern in die Mongolei einfiel. Angeblich stellte er dem blutigen Baron eine Leibgarde aus besonders grausamen Tibetern zur Seite. „Später, nicht gar solange nach meinem Besuch, als die Mongolen sich gegen die blutsaugerischen Fremden erhoben, erging es den Russen nicht anders wie den Chinesen. Vergeblich erwarteten sie damals Baron Ungern-Sternberg als Erlöser, der mordend und plündernd die Mongolei durchzog." (Forbath, S.130)

Im Westen hatte Dscham Lama die Provinz Kobdo von der restlichen Mongolei inzwischen vollständig abgespaltet. Der nur pro forma mächtige Bogdo Khan hatte die Raserei Ungern-Sternbergs und Dscham Lamas bald satt. Wahrscheinlich fürchtete er inzwischen selbst um sein Leben. Er verbündete sich heimlich mit Sukke Bator und der Volkspartei. Er verfasste einen Hilferuf, den Sukke Bator versteckt im Griff einer Bullenpeitsche aus der Mongolei schmuggelte.

Dschamsaramo, Sukke-Bator, der wahnsinnige Koibalsan und andere Kommunisten und Unabhängigkeitskämpfer reisten nach Moskau, um die Bolschewisten gegen Ungern und Dscham Lama zu Hilfe zu holen. Ein guter Grund für Trotzki, die Rote Armee in die Mongolei zu schicken und die Bindung des künftigen Regimes an Moskau zu festigen. An der Spitze der Roten Armee kam Sukke Bator zurück. Ungern hatte inzwischen das ruinierte Urga verlassen um gegen Russland zu ziehen und im Norden die Schlacht zu suchen. Die Einnahme Urgas war unproblematisch und Sukke benannte die Stadt zu seinen Ehren einen Augenblick zögerte, würde er dem hypnotischen Zauber des Ungeheuers verfallen. Aber das Glück war auf seiner Seite. Sein erster Schuss genügte, um das Leben des großen Empörers auszulöschen. Noch in derselben Nacht jagte ein Urton Reiter mit einem an den Sattel gebundenen Sack nach Urga. Der Sack enthielt Dscham Lamas Kopf, den Baldan Dorsche der nationalen Regierung mit Respekt übersandte." (Forbath, S. 224f.)

Eine etwas andere Version seines grausamen, aber verdienten Endes findet sich bei Trimondi: „Die Russen schickten einen mongolischen Fürsten vor, der sich als ein Gesandter des lebenden Buddha ausgab und deswegen das Lager unbeschadet betreten konnte. In Front des ahnungslosen Rächerlamas schoss er sechs Revolverkugeln auf diesen ab. Dann riss er dem Ermordeten das Herz aus dem Leibe und verschlang es vor allen Augen, um - wie er nachträglich sagte - dessen Anhänger in Angst und Schrecken zu versetzen. So gelang ihm die Flucht. Später kehrte er mit den Russen an den Ort zurück und holte den Kopf von Dambijantsan als Beweisstück ab. Aber das Herausreißen und Essen des Herzens war in diesem Fall nicht nur ein grausames Mittel, um Furcht zu verbreiten, sondern ein traditioneller Kult der mongolischen Kriegerkaste, der schon unter Dschingis Khan praktiziert wurde und die Jahrhunderte überlebt hatte." (Trimondi, S. 609) Die Kommunisten schafften die barbarischen Kulte genauso ab, wie die frühere Gesetzgebung gegenüber Dieben: Die Hand des Verurteilten wurde in einen Sack mit wilden Zwiebeln gebunden. Dann schnürte man den Sack so fest ab, daß die Hand abstarb und mit den Zwiebeln verfaulte. Dies bedeutete wochenlange Qualen, die meistens mit dem Tod endeten.

BIBLIOGRAPHIE:

Baker, R. S.:	Woodrow Wilson. Life and Letters, Bd. VIII, Nr. 4, 1959.
Bleichsteiner, Robert:	Die Gelbe Kirche. Wien: Josef Belf Verlag, 1937.
Borissov, Boris:	Daljnoi Vostok, Wien: 1921
Dwinger, Edwin Erich:	Zwischen Weiss und Rot. Jena: Eugen Diederichs Verlag, 1930.
Fleming, Peter:	The Fate of Admiral Kolchak. London: Rupert Hart-Davis, 1963.
Forbath, Peter:	Die neue Mongolei. Berlin: Schützen-Verlag, o.J..
Golinkow, David:	Fiasko einer Konter-Revolution. Berlin: Dietz Verlag, 1982.
Graves, William S.:	America's Sibirian Adventure 1918-1920. New York: Cape and Smith, 1931.
Hedin, Sven:	Ossendowski und die Wahrheit. Leipzig: Brockhaus, 1925.
Juzefovic, Leonid:	Samoderzec pustyni : fenomen sud'by barona R.F. Ungern-Sternberga. Moskau: Ellis Lak, 1993.
Kislov, Aleksei Nikanorovich:	Razgrom Ungerna : o boevom sodruzhestve sovetskogo i mongol´skogo narodov. Moskau : Voen. izd-vo, 1964.
Kniazev, N. N.:	Legendarnyi baron. 1942
Kozlov, Pjotr:	Mongolija i mjortvoi gorod Hara-Hoto. Paris, 1927
Krauthoff, Berndt:	... Ich befehle: Kampf und Tragödie des Barons Ungern-Sternberg. Leipzig, B. Tauchnitz, 1944.
Levakovskaia, Evgeniia:	Kochui schastlivo!.. Moskau, „Khudozhestvennaia literatura„, 1939.
Luckett, Richard:	The White Generals. London: Longman, 1971.
Mabire, Jean:	Le Dieu de la guerre. Paris: Impr. Pailhé, 1987.

Mabire, Jean:	Ungern - L'Heritier Blanc de Gengis Khan. Rouen: Les Éditions du Veilleur, 1997.
MacLaren, Roy:	Canadians in Russia 1918-19. Toronto: Macmillan of Canada, 1976.
Makeev, A. S.:	Bog voiny-baron Ungern; vospominan͞iia byvshago adþþiutanta nachalþnika Az͞iatskoi konnoi diviz͞ii. Shankhai, Knvo A. P. Malyk i V. P. Kamkina, 1934.
Michalowski, Witold Stanislaw:	Testament barona Witold. St. Michalowski. Warschau: Warszawa Ludowa Spóldzielnia Wydawnicza, 1973
Michalowski, Witold Stanislaw:	Tajemnica Ossendowskiego. Montreal :Polska Ksiegarnia Wysylkowa, 1983.
Norton, Henry Kittredge:	The Far Eastern Republic of Sibiria. Westport: Hyperion, 1981.
Noskov, Konstantin:	Avantiura. 1930
Ossendowski, Ferdynand A.:	Schatten des dunklen Ostens. Wien : Eurasia, 1924.
Ossendowski, Ferdynand A.:	In den Dschungeln der Wälder und Menschen. Frankfurt : Societäts-Druckerei, 1924.
Ossendowski, Ferdynand A.:	Lenin. Berlin : Sieben-Stäbe-Verl., 1930.
Ossendowski, Ferdynand A.:	Im Land der Bären. Baden-Baden : Stuffer 1946.
Ossendowski, Ferdynand A.:	Im sibirischen Zuchthaus. Frankfurt a. Main: Frankfurter Societäts-Dr., 1925.
Ossendowski, Ferdynand A.:	Unter dem Gluthauch der Wüste. Berlin: Franke, ca. 1930.
Ossendowski, Ferdynand A.:	Flammendes Afrika. Berlin: Franke, 1929.
Ossendowski, Ferdynand A.:	Sklaven der Sonne. Dresden : Reissner, 1928.
Ossendowski, Ferdynand A.:	Hinter Chinas Mauer. Dresden : Reißner, 1929.
Ossendowski, Ferdynand A.:	Schattenbilder aus dem neuen Rußland. Wien : Phaidon-Verl., 1928.

Ossendowski, Ferdynand A.:	Die Diktatur des Proletariats. In: Prozess der Dikatur. Zürich: Amalthea-Verlag, 1930.
Ossendowski, Ferdynand Antoni:	Puszcze polskie. Poslowie: Wierny las, Zofia Kossak. Londyn: Wydawn. Polskie: Tern (Rybitwa) Book, 1953.
Palen, Lewis Stanton:	The lost sword of Shamyl. London, John Lane, 1925.
Pozner, Vladimir:	Bloody Baron, the story of Ungern-Sternberg. NewYork: Random House, 1938.
Pratt, Hugo:	Corto Maltese in Sibirien. Hamburg: Carlsen, 1984
Prawdin, Michael:	Tschingis-Chan und sein Erbe. Stuttgart: Deutsche Verlags-Anstalt, 1938.
Remsu, Olef:	Tsingis-khaan on Ungern-Sternberg. Tallin, 1997
Remsu, Olef:	Kindralleitnant Robert Roman Ungern-Sternberg. Tallin: o.V., 1999.
Remsu, Olef:	Ungern-Sternberg – sõjajumal I osa. Tallin: o.V., 1999.
Remsu, Olef:	Ungern-Sternberg – sõjajumal II osa. Tallin: o.V., 1999.
Roerich, Juri:	Trails to Inmost Asia. New Haven, 1931.
Roerich, Nikolai:	Osnovo buizma. Ulan-Bator, 1926.
Startsev, Vitalii Ivanovich:	Nenapisannyi roman Ferdinanda Ossendovskogo. Sankt-Peterburg : Minerva, 1994.
Terzani, Terziano:	Fliegen ohne Flügel. Hamburg: Hoffmann u.Campe, 1996.
Trimondi, Victor u.Victoria:	Der Schatten des Dalai Lama. Düsseldorf: Patmos Verlag, 1999.
Tsobikov, Grigori:	Dnevnik poezdki v Urgu v 1927. Novosibirsk, 1991.
Ungern-Sternberg, Arvid v.:	Molodostj moego kuzena generala Ungern-Sternberga. Toyohara-Vladimirovka, 1938.
Wrangel, General Baron P. N.:	Memoirs. London: o.J.

Zviagin/ Makarchuk/ Sergienko: Istoriia „beloi„ Sibiri : tezisy vtoroi nauchno konferentsii. Kemerovo: Kuzbassvuzizdat, 1997.

Archiv-Quellen:

Ajaloo Keskarhiiv Tartus
Greiner, Artur: Meine Erinnerungen über Baron Ungern-Sternberg. Fond 1423, toimik 1, säilik 192
Ungern-Sternberg, Emilie: Briefe. Fond 1423, toimik 1, säilik 191

Stanford, Hoover Institut of War, Revolution and Peace
Volkov, Boriss: Ob Ungerne. CSUZ36008-A
Ungern Sternberg, Roman: Letters captured from Baron Ungern in Mongolia. CSUZHHS53-A
Riabukin, Nikolai: The Story of Baron Ungern-Sternberg – Told by his Staff Physician. CSUHH697

Library of Congress
Government Printing Office: Deportation of Gregorie Semenoff, Hearing before the Committee of Education and Labour, US-Senate, 76. Congress, Second Session, April 12.-18., 1922, Part I (Part II gilt als verloren)

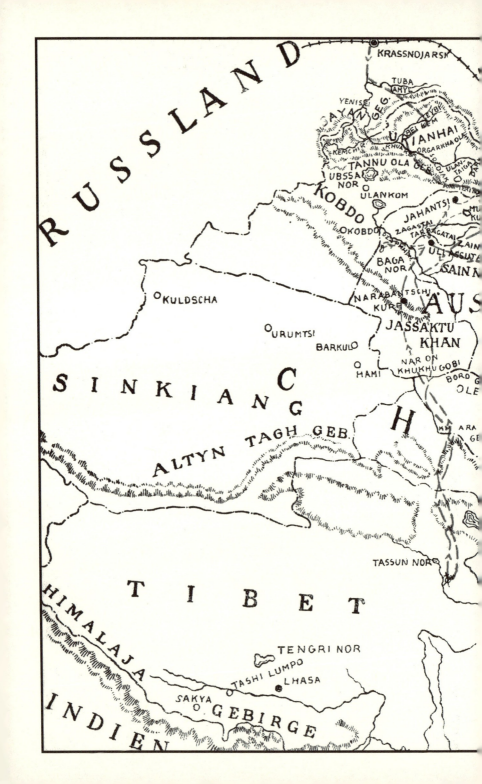

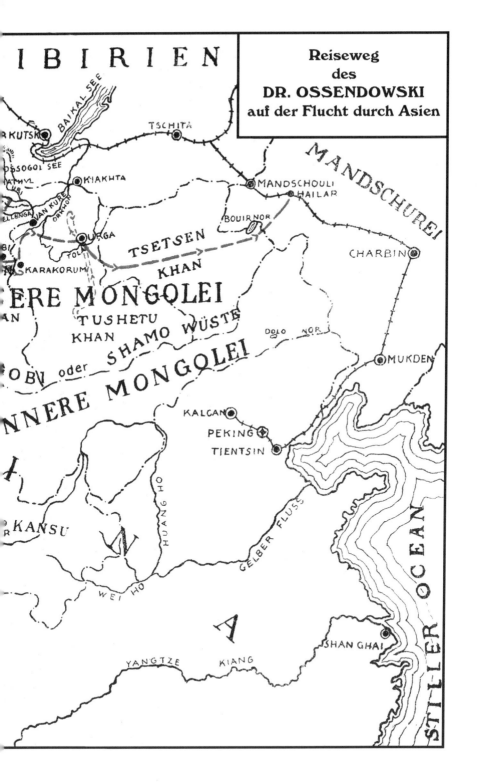